DIE EIDESREFORM IN STRAFPROZESS UND STRAFRECHT

VON

DR. MARGRIT BOEHRINGER
RECHTSANWALT

BERLIN UND LEIPZIG 1931

WALTER DE GRUYTER & CO.

VORMALS G. J. GÖSCHEN'SCHE VERLAGSHANDLUNG — J. GUTTENTAG, VERLAGSBUCHHANDLUNG — GEORG REIMER — KARL J. TRÜBNER — VEIT & COMP.

W. IAMBURGER, WIEN, VI.

MARIA PLUM

Vorwort.

In der vorliegenden Arbeit wird versucht, einen möglichst vollständigen Überblick über die Grundfragen und die komplizierten Einzelfragen der Reform des Strafprozesses im Beeidigungsverfahren und dem damit unmittelbar zusammenhängenden Teil der Eidesreform im Strafrecht zu geben.

Hiebei wurde ein wesentlicher Bestandteil der Aufgabe in der Systematisierung dieser meist so unübersichtlich und durcheinanderlaufend behandelten Probleme gesehen, und weiter versucht, durch möglichst vollständige Literaturangabe und Behandlung ein sachliches Urteil zu ermöglichen.

Der I. Teil der Arbeit war fertiggestellt und abgeschlossen, als im Mai 1930 in den Tübinger Abhandlungen zum Öffentlichen Recht eine Arbeit des Tübinger Professors Hegler: Die Eidesreform, und etwa gleichzeitig eine weitere Arbeit auf diesem Gebiet von Dr. Ernst Loewenthal: Der Gerichtseid, erschien.

Hegler referiert gedrängt über den Reformverlauf in sämtlichen Prozeßarten und im Strafrecht und bringt in zahlreichen, sehr gründlichen und umfangreichen Anmerkungen — die als Anhang behandelt sind — reiche Literaturangaben, insbesondere auch rechtsvergleichender Art. Sehr eingehend beschäftigt sich Hegler mit den religiös-philosophischen Problemen. Als Belege hiezu gibt er außerordentlich viel Literatur religionsphilosophischer und rein philosophischer Art und religiöse Schriften an (insbesondere S. 59 ff., Anmerkung 143 ff.). Auf diese, wie auf die religions= und rechtsphilosophischen Ausführungen und Literaturangaben Loewenthals, die auch in dessen Monographie eine wesentliche Rolle spielen, sei hier, insbesondere im Zusammenhang mit dem I. Teil, Kapitel 1, vorliegender Arbeit besonders hingewiesen.

Ebenfalls nach beendigter Ausarbeitung des I. Teiles beriet — nachdem der Reichsrat im April 1930 zu den Fragen Stellung genommen hatte*) — der Unterausschuß des Reichstags in seiner Tagung vom 22. und 23. Mai 1930 nochmals über die Eidesdelikte. Hiebei beschäftigte er sich auch wieder mit den prozessualen Fragen. Soweit sachlich Neues vorgeschlagen wurde, ist dies in der folgenden Arbeit noch in Anmerkungen vermerkt. Von einer Einarbeitung der Diskussion der 138. Sitzung vom 23. Mai 1930, die sich fast ausschließlich mit dem Problem der religiösen Bedeutung des Eides und seiner Wirkung auf die Volkspsyche befaßt, wurde jedoch abgesehen, da sachlich Neues nicht vorgebracht, vielmehr weiterhin mit den gleichen alten, in der folgenden Arbeit ausführlich angeführten Überlegungen argumentiert wurde. Endlich erschienen noch in den letzten Junitagen in den „Verhandlungen des 36. deutschen Juristentages, 1. Bd., 2. Lieferung, 1930“ die Gutachten, die den für Herbst 1930 in Lübeck geplanten Juristentag vorbereiten sollten. Hierin liegt unter anderem von österreichischer Seite von Prof. Dr. Hans Sperl, und von deutscher Seite von Landgerichtsdirektor Dr. W. Püschel zu der Frage: „Empfehlen sich gesetzliche Maßregeln zur Verminderung der Eidesleistungen im Zivilprozeß und im Strafverfahren“ eine Arbeit vor, die im wesentlichen vom Zivilprozeß ausgeht und sich auch über diese Frage hinaus mit den zivilprozessualen Problemen: Grundsätzliche Einschränkung des Zeugenbeweises, uneidliche oder eidliche Vernehmung der Partei oder Parteieid, befaßt. Zur strafprozes=

*) Vgl. RR. Drs. 18. Sitzg. 1930. S. 180—182.

sualen Frage werden in den Gutachten einige neue Vorschläge gemacht. Beide gehen davon aus, daß die Einschränkung der Eide geboten sei. Beide meinen, daß mit einer uneidlichen Vernehmung in der Regel durchzukommen sei, und beide wollen — in verschiedener Art — grundsätzlich die Möglichkeit der Beeidigung von dem Ermessen des Richters abhängig machen.

Die grundsätzlichen wie auch die anknüpfenden Einzelvorschläge werden wohl durch eine Diskussion beim Juristentag noch weiter geklärt werden.

Die Auflösung des Reichstages im Juli 1930 hat wieder einmal die Hoffnung auf eine baldige Reform zerstört. Wie weit es doch noch gelingen wird, im neuen Reichstag die Ergebnisse der vielen Arbeit, die bisher auf diesem Gebiet geleistet worden ist, zu verwerten, bleibt abzuwarten.

Inhaltsverzeichnis.

Literaturverzeichnis.

Gesetze. Gesetzesmaterialien. Beratungen.

Entwurf eines Gesetzes betr. Änderungen der Civilprozeßordnung u. d. Strafprozeßordnung sowie die Bestrafung falscher uneidlicher Aussagen. Nr. 108, Reichstag, 10. Legislatur-Periode, I. Session, 1898/99.	NE. I. 1898/99.
Protokolle der Kommission für die Reform des Strafprozesses. Herausgegeben vom Reichsjustizamte, I. Band, 1. Lesung, Berlin 1905.	Prot. d. Reform-Komm. 1. Bd. 1. Lesg. 1905.
II. Band, 2. Lesung und Zusammenstellung der Beschlüsse, Berlin 1905.	Prot. d. Reform-Komm. 2. Bd. 2. Lesg. 1905.
Entwürfe: 1. eines Gesetzes, betr. Änderungen des Gerichtsverfassungsgesetzes, 2. einer Strafprozeßordnung, 3. eines zu beiden Gesetzen gehörenden Einführungsgesetzes; Nr. 1310, Reichstag, 12. Legislatur-Periode, I. Session, 1907/09	NE. II 1907/09
und Begründung zu den Entwürfen eines Gesetzes, betr. Änderungen des Gerichtsverfassungsgesetzes, einer Strafprozeßordnung und eines Einführungsgesetzes zu beiden Gesetzen. Zu Nr. 1910/A.	Begr. zum NE. II 1907/09
Bericht der 7. Kommission zur Vorberatung der Entwürfe, 1. eines Gesetzes, betr. Änderung des Gerichtsverfassungsgesetzes, 2. einer Strafprozeßordnung, 3. eines zu beiden Gesetzen gehörenden Einführungsgesetzes. 1. Teil Drucksache Nr. 638, 12. Legislatur-Periode, II. Session, 1909/11.	N. Komm. B., I. Teil, 1909/11

Bericht der 7. Kommission. Zusammenstellung der Entwürfe, 4. Teil, Nr. 638; 12. Legislatur-Periode, II. Session, 1909/11.	N. Komm. B., 4. Teil, 1909/11
Entwurf eines Gesetzes zur Änderung des Gerichtsverfassungsgesetzes und Entwurf eines Gesetzes über den Rechtsgang in Strafsachen nebst Begründung. Veröffentlicht auf Anordnung des Reichsjustizministeriums, Berlin 1920.	NE. III, 1920 Begr. zum NE. III, 1920
Verhandlungen des 26. Deutschen Juristentags 1902. Berlin 1903.	
Vorentwurf zu einem Deutschen Strafgesetzbuch, 1909.	VE. 1909
Begründung zum Vorentwurf eines Deutschen Strafgesetzbuchs, 1909.	Begr. z. VE. 1909
Gegenentwurf zum Vorentwurf eines allgemeinen deutschen Strafgesetzbuchs nebst Begründung, Berlin 1911 (Kahl, von Lilienthal, von Liszt und Goldschmidt).	
Gutachtliche Äußerungen über den Vorentwurf zu einem allgemeinen deutschen Strafgesetzbuch, gefertigt im Justizamt, Berlin 1911.	
Entwürfe zu einem deutschen Strafgesetzbuch (veröffentlicht auf Anordnung des Reichsjustizministeriums, 1921): I. Teil: Entwurf der Strafrechtskommission 1913; II. Teil: Entwurf von 1919; III. Teil: Denkschrift zu dem Entwurf von 1919.	
Amtlicher Entwurf eines allgemeinen deutschen Strafgesetzbuchs nebst Begründung, 1925.	AE. 1925
Entwurf eines allgemeinen deutschen Strafgesetzbuchs nebst Begründung und zwei Anlagen, 1927.	E. 1927 Begr. z. E. 1927 Anl. zu E. 1927

Verhandlungen des Reichstags, III. Wahlperiode, 1924/28, 32. Ausschuß, 53. bis 56. Sitzung, 57. und 62. Sitzung (Reichsstrafgesetzbuch).	32. Aussch. . . . te Sitzg.
Verhandlungen des Reichstags, IV. Wahlperiode, 1928, 21. Ausschuß, 43. bis 48. und 137./138. Sitzung (Reichsstrafgesetzbuch).	21. Aussch. . . . te Sitzg.
Antrag des Unterausschusses, Reichstag, III. Wahlperiode, 1924/28, 32. Ausschuß, Nr. 250 (Reichsstrafgesetzbuch).	Drs. Nr. 250
Reichstag, IV. Wahlperiode, 1928, 21. Ausschuß, Anlage zum Protokoll der 43. Sitzung vom 21. Februar 1929, Nr. 175 der Ausschuß-Drucksachen, vorgelegt vom Reichsjustizministerium.	Drs. Nr. 175
Reichstag, IV. Wahlperiode, 1928, 21. Ausschuß, Entwurf eines allgemeinen deutschen Strafgesetzbuchs, Nr. 3390 der Drucksachen der III. Wahlperiode, 1924/28, und Nr. 175 der Ausschuß-Drucksachen. — Nr. 202.	Drs. Nr. 202
Reichstag, IV. Wahlperiode, 1928, 21. Ausschuß, Anlage zum Protokoll der 48. Sitzung vom 13. März 1929, Nr. 203 (berichtigt) der Ausschuß-Drucksachen.	Drs. Nr. 203
Amtlicher Entwurf eines Einführungsgesetzes zum allgemeinen deutschen Strafgesetzbuch und zum Strafvollzugsgesetz 1929 nebst Begründung 1929.	AE. eines Ei.G. Begr. zum Ei.G.
XVI. Zusammenstellung des Entwurfs eines allgemeinen deutschen Strafgesetzbuchs — Nr. 3390 der Drucksachen — (III. Wahlperiode, 1924), mit den Beschlüssen des 21. Ausschusses in erster Lesung und den Ergebnissen der deutschen und österreichischen parlamentarischen Strafrechtskonferenzen.	RT., Drs. XVI

XVII. Beschlüsse, 2. Lesung zum Entwurf eines allgemeinen deutschen Strafgesetzbuchs, Nr. 3390 der Drucksachen der III. Wahlperiode, 1924. RT., Drs. XVII

Reichsrattagung 1930 — Niederschrift der 18. Sitzg. (§§ 244—257), Berlin, den 16. April 1930. RR. Drs, 1930, 18. Sitzg.

Autoren.

Allfeld: Lehrbuch des deutschen Strafrechts, 8. Aufl., 1922.

Alsberg, Max: Zur juristischen Natur der Eidesdelikte, im Ger. S., Bd. 66, S. 28 ff.

Armbruster: Nochmals zum Vorschlage der Nichtbeeidigung, in JW., 1908, S. 707.

Aschaffenburg, Dr. G.: Zur Vereidigung genesener Geisteskranker, in Mon.-Schr. f. Krim. Ps., Bd. III, S. 416 ff.

Aschrott, Dr. P.: Reform des Strafprozesses. Berlin 1906.

Aschrott-Kohlrausch: Reform des Strafrechts (kritische Besprechung des amtlichen Entwurfs eines allgemeinen deutschen Strafgesetzbuchs, 1926.

Auerbach, Eugen: Einige Glossen zum „Programm zur Reform des Strafprozesses", in ZStW., 1904, Bd. 24, S. 169 ff.

Bamberger: Die Feststellung der Zuverlässigkeit der Zeugen im Strafprozeß, im Recht, 1903, 7. Jahrg., S. 120/22.

Bartholomäus, R.: Zur Frage des Meineids der Zeugen, in Mon. f. Krim. Ps., 1914, Bd. 11, S. 44 ff.

Becker: Beeidigung der Zeugenpersonalien, im Recht, 1905, 9. Jahrg., S. 430.

Beling, Dr. E.: Nichtvereidigung geistig Gesunder mit Rücksicht auf ehemalige Geisteskrankheit, in Mon. f. Krim. Ps., Bd. 3, S. 613/15.

— Die Nichtbeeidigung unglaubwürdiger Zeugenaussagen und die Bestrafung uneidlicher falscher Aussagen, in DJZ., 1901, S. 362 ff.

— Zur Strafprozeßreform, in ZStW., 1904, Bd. 24, S. 465/66, 1905, Bd. 25, S. 593/98/99, 1906, Bd. 26, S. 709 u. 714.

— Der amtliche Entwurf eines Einführungsgesetzes zum allgemeinen deutschen Strafgesetzbuch und zum Strafvollzugsgesetz, in DJZ., 1929, S. 1166 ff.

Bewer: Mehr Schutz dem Zeugen, in DRZ., 1927, Bd. 19, S. 403/404.

Birkenfeld: Die Strafbarkeit des fahrlässigen Falscheids, in DJZ., 1904, S. 784.

Born: Form der Ableistung des Zeugeneids im Strafverfahren, im Recht, 1913, 17. Jahrg., S. 274/75.

Braune, Johannes: Zeugen- und Parteieid, in DRZ., 1927, Bd. 19, S. 426/28.

Brettner: Die Eideslehre im neuen Gesetzentwurfe zur Strafprozeßordnung, im GA., 1894, S. 1 ff.

Buhl: Wann sollen Zeugen unbeeidigt bleiben? Im Recht, 1907, 11. Jahrgang, S. 1456/57.

Bumke, Siegfried: Die Bestrafung falscher uneidlicher Aussagen, in ZStW., 1912, Bd. 33, S. 53 ff.

Dochow, Franz: Vorschläge zur Abänderung des Reichsstrafgesetzbuchs, in ZStW., 1907, Bd. 27, S. 931.

Dosenheimer: Zum Zeugeneid der ZPO. und StPO., in DJZ., 1928, S. 372.

Dürr: Zur Reform des Strafprozesses, in DJZ., 1928, S. 1434 ff.

Ebermayer: Entwurf eines Gesetzes über den Rechtsgang in Strafsachen, in JW., 1920, S. 237 ff.

— Epilog zum Fall Kranz, in DJZ., 1928, S. 411 ff.

— Brauchen wir noch den Eid? In Leipziger Neueste Nachrichten, Nr. 116, vom 25. April 1928.

Feisenberger: Zur Reform des Strafprozesses, im Ger. S., 1905, Bd. 65, S. 21 ff.

Finger, August: Deutsche strafrechtliche Gesellschaft, Bamberg, 20. bis 22. Mai 1929, in JW., 1929, S. 1779 ff.

Flad, Wolfgang: Eid und Eidesverletzung in Frankreich, in Mon. f. Krim. Ps., 21. Jahrg., 1930, S. 519 ff.

Floegel: Zur Eidesfrage, in DRZ., 1929, 21. Jahrg., S. 216 ff.

Frank, Dr. Reinhard: Zur lex Salisch, in DJZ., IV, 1899, S. 142 ff.

— Kommentar zum RStGB., 17. Aufl., 1926, Erläuterung 1 zu § 163.

Gall: Bestrafung falscher uneidlicher Aussagen und Nichtbeeidigung unglaubwürdiger Zeugenaussagen, in JW., 1901, S. 367 ff.

Gmelin, Dr. J. G.: Zur Psychologie der Aussage. Mit einem Anhang über die gesetzliche Beseitigung des Zeugeneids. Hannover 1909.

Goldschmidt, Dr. Fritz: Eidesverletzung und Eidesüberschätzung, in Justiz, 1927, Bd. III, S. 172 ff.

Grebe: Die Bestrafung der falschen uneidlichen Aussage im Vorentwurf zu einem deutschen Strafgesetzbuch, in ZStW., 1913, Bd. 34, S. 56.

Groß, H.: Handbuch des Untersuchungsrichters, 7. Aufl., 1922.

Haase: Die nächsten Reformen auf dem Gebiete des Strafprozesses und der Gerichtsverfassung, in DJZ., 1914, S. 271.

Hamburger, A.: Die Nichtbeeidigung unglaubwürdiger Zeugenaussagen und die Bestrafung falscher uneidlicher Aussagen, in DJZ., 1901, S. 364 ff.

Hamm: Zur Reform des Strafprozesses. Eidesnot..., in DJZ., 1905 S. 705.

Hartung, Dr. F.: Reform des Strafverfahrens nach dem Einführungsgesetz zum Strafgesetzbuch, in JW., 1930, S. 2499.
Hassenstein: Vor- oder Nacheid, in DJZ., 1909, S. 73.
Hegler, Dr. August: Zur Strafprozeßreform, in ZStW., 1908, Bd. 28, S. 668/69.
— Die Eidesdelikte in der neuen Fassung, in Ger.-S., 1929, Bd. XCVIII, S. 293 ff.
— Die Eidesreform. Tübinger Abhandlungen zum öffentlichen Recht. 23. Heft, Stuttgart 1930.
Heldmann: Eidesnot, in DJZ., 1911, S. 1343/44.
Hellwig, Dr. Albert: Vernehmungstechnik und Eidesnot, in JW., 1929, S. 1446 ff.
Hentig, Dr. Hans von: Falsche uneidliche Aussage, in Justiz, Bd. III, 1927/28, S. 126 ff.
Hertel, Dr. Friedrich: Mehr freies Ermessen bei Beeidigung von Zeugen im Privatklageverfahren, in DRZ., 1926, S. 351/52.
Hippel, Dr. R. von: Der Entwurf eines Gesetzes über den Rechtsgang in Strafsachen, in ZStW., 1920, Bd. 41, S. 325 ff.
Imhoff, Dr.: Nachdenkliches zu einem Meineidprozeß, in DRZ., 1929, 21. Jahrg., S. 219.
Kadečka, Dr. F.: Meineid und falsche Aussage, in Aschrott-Kohlrausch, Reform, 1926.
Käckell, Dr.: Der Einfluß der neuen Reichsverfassung auf Straf- und Prozeßrecht, in ZStW., 1920, Bd. 41, S. 680 ff.
Kahl, Dr. W.: Zum neuesten Strafgesetzentwurf, in DJZ., 1921, S. 151.
— Rede bei der Beratung des Entwurfs eines allgemeinen deutschen Strafgesetzbuchs in der Plenarsitzung des Reichstags vom 21. Juni 1927, in ZStW. (1928), 48, S. 251 ff.
Karsten, Dr.: Zur Reform des Zivilprozeßrechts. Ist der Zeugeneid beizubehalten? In Lp. Z., 1914, S. 1320.
Kern: Der Einfluß der Strafrechtsreform auf Gerichtsverfassung und Strafverfahren, in JW., 1929, S. 2672.
Klee: Soll der fahrlässige Falscheid strafbar bleiben? In DJZ., 1912, S. 275.
Klee, Dr. K.: Strafprozeßnovelle oder Reform des Strafverfahrens, in GA., 1926 (Heft 4), Bd. 73, S. 281 ff.
Koffka, Dr. Else: Die Bestrafung der falschen uneidlichen Zeugenaussage, in ZStW., 1928, Bd. 48, S. 10 ff.
Kohlrausch, Dr. Eduard: Strafprozeßordnung und Gerichtsverfassungsgesetz, 21. Aufl., 1927.
Kronecker: Die lex Salisch. Die Verminderung der Eidesleistungen und die Strafbarkeit der uneidlichen falschen Aussage, in DJZ., IV, 1899, S. 164 ff.
Kulemann, W.: Die Eidesfrage. Eisenach u. Leipzig 1904.

Landé: Zeugnisverweigerung wegen Gefahr strafgerichtlicher Verfolgung, in DJZ., 1908, S. 694 ff.

Lang: Der Stand der Strafrechtsreform, in Lp. Z., 1928, S. 438/39. — Hauptziele der Strafprozeßreform, in Lp. Z., 1928, S. 1182 ff.

Lederer: Zur Frage der Zeugnisverweigerung, in DJZ., 1928, S. 590.

Lilienthal, Karl v.: Der Entwurf einer Strafprozeßordnung und Novelle zum GVG. nebst Begründung, in ZStW., 1909, Bd. 29, S. 1 ff.

Lilienthal: Härten im Eidesrecht, in JW., 1925, S. 40.

Liszt, v.: Die falsche Aussage vor Gericht oder öffentlicher Behörde. 1871.

— Meineid und falsches Zeugnis. 1876.

— Lehrbuch des Deutschen Strafrechts, 25. Aufl., 1927, besorgt von Dr. Eberhard Schmidt = (Liszt-Schmidt).

Löwe, bearbeitet von Werner Rosenberg: Die Strafprozeßordnung für das Deutsche Reich, Kommentar, 17. Aufl., 1927.

Löwenthal Ernst: Eid und Meineid im Strafrechtsausschuß, in Justiz, 1929, Bd. IV, S. 277 ff.

— Der Gerichtseid, 2. Aufl., Frankfurt a. M., 1930, im Selbstverlage des Verfassers.

Lucas, Dr. R.: Die Beschlüsse der Strafrechtskommission, in DJZ., 1912, S. 658.

Mannheim, Dr. H.: Beitrag zur Lehre von den Eidesdelikten, in Ger. S., 1913, Bd. 81, S. 892 ff.

Mannheim: Der strafprozessuale Gehalt des Einführungsgesetzes zum allgemeinen deutschen Strafgesetzbuch und zum Strafvollzugsgesetz, in JW., 1929, S. 2675.

Marckwald: Ein Vorschlag zur Vermeidung überflüssiger Eidesleistungen, in DRZ,. 1929, S. 340.

Mayer, Dr. Hellmuth: Ordentliche Tagung der Deutschen strafrechtlichen Gesellschaft vom 20. und 21. Mai 1929, in Ger. S., 1929, Bd. 98, S. 281—284.

— Meineid und falsche Aussage nach dem Entwurf, in Ger. S., Bd. 93, S. 172—224.

— Über das Eidesrecht und die Eidesdelikte. Referat über die Deutsche strafrechtliche Gesellschaft, in DJZ., 1929, S. 839/40.

Meyer, Dr. K.: Über das Einführungsgesetz zu einem neuen Strafgesetzbuch, in DJZ., 1913, S. 30 ff.

Mieg, Otto: Eid mit und ohne religiöse Beteuerung, in DRZ., 1928, Bd. 20, S. 390/91.

Müller-Meiningen: Die nächsten Reformen auf dem Gebiete des Strafprozesses und der Gerichtsverfassung, in DJZ., 1914, S. 263 ff.

Oborniker: Kritische Bemerkungen zum Entwurf eines Einführungsgesetzes zum allg. Deutschen Strafgesetzbuch, in Justiz, 1929, Bd. V, Heft 1, S. 41 ff.

Oehlert: Gestaltung des Beweisverfahrens. Zeugen. Sachverständige. In Aschrott, Reform d. StPr., 1906.

Oetker: Referat über M. Liepmann: Der fahrlässige Falscheid des Zeugen (Sonderabdruck aus den Kieler Festgaben für Hänel), in Ger. S., Bd. 72, S. 464 ff.

— Meineid und falsche Aussage im künftigen Recht, in DJZ., 1929, S. 881 ff.

Olshausen: Über die Strafwürdigkeit des fahrlässigen Falscheids, in GA., 1903, Bd. 50, S. 8—20.

— Referat zur Frage: Soll die Strafbarkeit der fahrlässigen falschen eidlichen Aussage im deutschen Rechte beibehalten, im österreichischen Rechte eingeführt werden? In Verhandl. d. 27. Deutschen Juristentags (Innsbruck 1904), S. 303 ff.

Oppler: Die Feststellung der Zuverlässigkeit der Zeugen im Strafprozeß, im Recht, 1903, VII. Jahrg., S. 261/62.

Pinoff: Der Vorentwurf zu einem deutschen Strafgesetzbuch. Verbrechen und Vergehen in Beziehung auf die „Rechtspflege“, in DJZ., 1911, S. 1361.

Preiser: Teilreformen im Strafprozeß, in ZStW., 1914, S. 126 ff.

Püschel, Dr. Willy: Gutachten über die Frage: Empfehlen sich gesetzliche Maßregeln zur Verminderung d. Eidesleistungen im Zivilprozeß und im Strafverfahren, in Verh. d. 36. Dtsch. Juristentags (Lübeck), 1. Bd., 1930, S. 716 ff.

Radbruch, Dr. Gustav: Regierungsvorlage 1922 und Reichsratsvorlage 1924, in ZStW., 45, S. 417 ff.

Radlauer: Die geplante Änderung der Vorschriften über die Beeidigung d. Zeugen sowie die gepl. Bestrafg. unbeeidigter Aussagen, in GA., 1898/99, Bd. 46, S. 280 ff.

Reichel: Wahlgeheimnis und Zeugniszwang in DJZ., 1910, S. 385 ff.

Romen: Die Beschlüsse der Kommission für die Reform des Deutschen Strafprozesses, in ZStW., 1905, Bd. 25, S. 920/21.

Rosenberg, Dr. Curt: Meineid, in Justiz, Bd. I, 1926, S. 379 ff.

Rosenfeld, Dr. E. H.: Deutsches Strafprozeßrecht, Sammlung Göschen, 1926.

Sachse: Die Beschränkung des Zeugeneids im Strafprozeß, in GA., 1930, Bd. 74, S. 1 ff. u. 49 ff.

Sächsischer Richterverein: Zur Strafprozeßreform, in DRZ., 1909, I. Jahrg., S. 179 und 183/84.

Schäfer: Die Entwürfe zu einem deutschen Strafgesetzbuch, in Lp. Z., 1921, S. 191.

— Deutsche Strafgesetzentwürfe von 1909—1927 (Bensheimer, 1927).

— Der Entwurf eines Einführungsgesetzes zum allgemeinen deutschen Strafgesetzbuch, in DJZ., 1929, S. 805 ff.

Schiffer: Die nächsten Reformen auf dem Gebiete des Strafprozesses und der Gerichtsverfassung, in DJZ., 1914, S. 268/69.
— Um die Reform des Eidesrechts, in DJZ., 1929, S. 611 ff.
Schläger: Eidesleistungen und Strafrechtsreform, in Lp. Z., 1928, S. 885 ff.
Schlegelmilch: Strafbarkeit der falschen uneidlichen Aussage und Verringerung der eidlichen Aussagen, in DRZ., Bd. 20, 1918, S. 388 ff.
— Änderungen der Strafprozeßordnung anläßlich des neuen Straf gesetzbuches und zur Übereinstimmung mit den Vorschriften der ZPO. über den Zeugeneid, in DRZ., 1907, Bd. 19, S. 146
Schmidt, Richard: Strafgerichtsverfassung und Strafverfahren nach dem Entwurf des Einführungsgesetzes zum Strafgesetzbuch, in Ger. S., 1930, Bd. 99, S. 15/16.
Schultz: Voreid oder Nacheid im Strafverfahren, in Lp. Z., 22, 1928, S. 1191 ff.
— Die bevorstehende Einschränkung der Beeidigung im Strafverfahren, in Jur. Rundsch., 1929, S. 173 ff.
Schwarz: Der Entwurf eines Einführungsgesetzes zum Allg. Deutschen Strafgesetzbuch und zum Strafvollzugsgesetz, in DRZ., 1929 S. 290 ff.
Sello: Zeugnis und Einzelbekundung, in ZStW., 1901, Bd. 21, S. 707 ff.
Seuffert: Voreid oder Nacheid, in DJZ., 1909, S. 519 ff.
Simson: Zur Reform des Strafprozesses, in DJZ., 1909, S. 111.
Sling: Falscheid, in Justiz, 1927, Bd. III, S. 165 ff.
— Richter und Gerichtete. Berlin 1929, Ullstein.
Sonntag: Die Strafbarkeit uneidlicher falscher Aussagen, in DJZ., 1908, S. 733—737.
Sontag: Zum Entwurf eines Gesetzes über den Rechtsgang in Straf-sachen, in GA., 1920, Bd. 68, S. 321 ff.
Sperl, Dr. Hans: Gutachten über die Frage: Empfehlen sich gesetzliche Maßregeln zur Verminderung der Eidesleistungen im Zivilprozeß und im Strafverfahren usw., in Verhandlg. d. 36. Deutschen Juristen-tages (Lübeck), Bd. I, 2. Liefg., 1930, S. 239 ff.
Staub: Juristische Rundschau, in DJZ., 1899, S. 104/05.
Steidle: Vor- oder Nacheid, in ZStW., 1909, Bd. 29, 829 ff.
Stenglein: Gutachten über die Frage: Soll die Strafbarkeit der fahr-lässigen falschen eidlichen Aussage vor Gericht im deutschen Rechte beibehalten werden? In Verhandlg. d. 26. Dtsch. Juristen-tages, 1902, S. 56 ff.
— Zur Reform der Strafprozeßordnung, in Ger. S., 1903, Bd. 62, S. 241 ff.
Stern, Dr. Jaques: Zeugnis und Eidespflicht in Betreff eigener straf-barer Handlungen, in Ger. S., 1904, Bd. 63, S. 205 ff.

Stern, Dr. William: Zur Reform der Strafprozeßordnung, in DJZ., 1909, S. 408 ff.

Stoos, Dr. Karl: Meineid, in Vergleichende Darstellung des dtsch. und ausländ. Strafrechts, Bes. Teil, III. Bd., 1906, S. 384 ff.

Striemer: Zur Justizreform, in JW., 1908, S. 417 ff.

Thomsen: Kann der Zeugeneid aus Fahrlässigkeit verletzt werden? In Ger. S., 1902, Bd. 60, S. 50, u. 1904, Bd. 64. S. 219 ff.

Unger: Vorentwurf zum Deutschen Strafgesetzbuch, im Recht, 1910, XIV. Jahrg., S. 338 ff.

Voß: Beiträge zur Lehre vom Meineid, in Ger. S. 1910, Bd. 78, S. 49 ff. u. 209 ff.

Wach, Dr. Adolf: Das Recht der Zeugnisverweigerung, in Ger. S., 1905, Bd. 66, S. 1 ff.

Wachenfeld: Der besondere Teil des Strafgesetzentwurfs von 1925, in GA. 1925/26, Bd. 70, S. 34.

Weber, Dr. Alfred: Einige Wünsche zum Entwurf eines Einführungsgesetzes zum allgemeinen Deutschen Strafgesetzbuch, in Lp. Z., 1930, 26. Jahrg., S. 87.

Wellstein: Die Strafprozeßordnung nach den Beschlüssen der ersten Lesung der Reichstagskommission, in DJZ., 1901, S. 1250/51.

— Die nächsten Reformen auf dem Gebiete des Strafprozesses und der Gerichtsverfassung, in DJZ., 1914, S. 270.

Windelband: Die lex Salisch. Voreid oder Nacheid? In DJZ., IV, 1899, S. 161 ff.

Wolff, Dr. Hans: Zeugnisverweigerungsrecht und Zeugnispflicht der Hebammen, in ZStW., 1910, Bd. 30, S. 76 ff.

Wunderlich: Der Fortgang der Beratungen im Strafrechtsausschuß des Reichstags, in DJZ., 1929, S. 814 ff.

Die Eidesreform in Strafprozeß und Strafrecht.

Einleitung.

Im Jahre 1871 trat das Reichsstrafgesetzbuch im Deutschen Reich in Kraft. Die schon in den folgenden Jahren vorgenommenen Änderungen waren so erheblich, daß eine Veröffentlichung des ganzen Reichsstrafgesetzbuches in seiner neuen Fassung schon 1876 notwendig wurde[1]). In dieser Neufassung waren die Bestimmungen über die Eidesverletzung noch unverändert. Sie wurden gegen Ende des Jahrhunderts der Gegenstand lebhaftester Kritik. Im Februar 1899 legten die verbündeten Regierungen dem Reichstag den Entwurf eines Gesetzes (die sogenannte lex Salisch) vor, durch das neben prozessualen Neuerungen im Eideswesen, mit Artikel III die Bestrafung falscher uneidlicher Aussagen eingeführt werden sollte[2]).

Dieser Entwurf kam, wie sämtliche bis 1901 gemachten auf diese Sache bezüglichen Vorlagen und Anträge, nicht zur Erledigung; denn die Reichsregierung hatte sich inzwischen (1902) die Aufgabe gestellt, den Mängeln des Strafrechts nicht durch Teilreformen, sondern im Wege einer Gesamtreform abzuhelfen. Darum sollten auch die Eidesbestimmungen im Rahmen der Gesamtreform abgeändert werden.

Daß das ganze Kapitel der Eidesdelikte einer grundsätzlichen Umgestaltung bedürfe, führte Prof. D. Dr. Kahl 1902 auf dem 26. Deutschen Juristentag aus[3]). Und auf der gleichen

---

[1]) Vgl. Liszt, Lehrbuch, 1927, § 13, IV, S. 72.

[2]) NE. I, 1898/99.

[3]) Vgl. Verhandlungen des 26. Dtsch. JT., Berlin 1903, S. 223.

Tagung, die sich nur mit wichtigen grundsätzlichen Fragen befaßte, stellte ein anderer Redner den Antrag, die strafrechtliche Behandlung falscher Aussagen vor den Gerichten und Behörden als eine Frage von hoher prinzipieller Bedeutung auf die Tagesordnung zu setzen[4]).

Die Behandlung der Frage auf Tagungen, in wissenschaftlicher Diskussion und in der Literatur bezweckte die Vorbereitung der kommenden Gesetzgebung. Auch im Reichsjustizamt war man der Meinung, daß eine so schwierige Materie wie die Umgestaltung des gesamten Strafrechts zunächst einer eingehenden gründlichen wissenschaftlichen Vorbereitung bedürfe. Auf Anregung des Staatssekretärs Dr. Nieberding trat darum 1902 ein freies wissenschaftliches Komitee zusammen, um durch Sammlung und wissenschaftliche Verarbeitung des deutschen und ausländischen Strafrechts die nötige Grundlage für die neue Gesetzgebung zu schaffen[5]). In der so entstandenen „Vergleichenden Darstellung des deutschen und ausländischen Strafrechts" hat der Schweizer Prof. Dr. Carl Stoos[6]) die Fragen der Eidesdelikte bearbeitet und seine Meinung in Vorschlägen am Schlusse formuliert. Im Jahre 1909 wurde der inzwischen von der Reichsjustizamtskommission ausgearbeitete Vorentwurf zu einem Deutschen Strafgesetzbuch veröffentlicht. Auch dies geschah noch in der ausgesprochenen Absicht, der Kritik Gelegenheit zur Äußerung zu geben[7]). Dieser Vorentwurf enthielt einige noch nicht wesentliche Änderungen der Eidesbestimmungen und sah neu die Bestrafung der falschen uneidlichen Aussage vor. Diese Bestimmung wurde von da an in allen Entwürfen bis und mit 1927 beibehalten. Der von Kahl, Lilienthal, Liszt und Goldschmidt ausgearbeitete Gegenentwurf[8]) enthielt ganz grundlegende Neuerungen und Weglassungen in dem den Eid betreffenden Abschnitt. (Wegfall der Bestrafung der Fahrlässigkeit. „Verleitungs"handlung kein selbständiges Delikt mehr.)

---

[4]) Vgl. a. a. O. S. 251.
[5]) Vgl. Begr. zu E. 1927, S. 2.
[6]) Vgl. Darst. 1906, S. 273 ff.
[7]) Vgl. Denkschrift zum Entw. 1919, S. 6.
[8]) Gegenentwurf zum VE. eines Dtsch. StGB., Berlin 1911.

Die Veröffentlichung eines im Jahre 1913 fertig ausgearbeiteten neuen Entwurfs der Strafrechtskommission, die für das Jahr 1914 vorgesehen war, unterblieb durch den Weltkrieg, durch den auch die weitere Arbeit an der Strafrechtsreform zunächst ruhte.

Als sie im Frühjahr 1918 wieder aufgenommen wurde, diente der damals noch unveröffentlichte Entwurf 1913 als Grundlage[9]) für den 1919 entstandenen, 1921 veröffentlichten neuen Entwurf.

In dem Entwurf 1919 sind die auf die Eidesverletzungen bezüglichen Bestimmungen mit einigen kleinen redaktionellen Änderungen wörtlich gleich, wie die im Entwurf 1913 vorgesehenen[10]). Nur an der systematischen Einreihung hat Entwurf 1919 eine wesentliche Veränderung vorgenommen, die von da an beibehalten wurde. Dem Entwurf 1919 folgte 1922 als „Amtlicher Entwurf" der Ministerentwurf Radbruch. Dieser stieß auf Widerstände im Kabinett und wurde nicht veröffentlicht. Was aus seinem Inhalt bekannt wurde[11]), bezieht sich nicht auf die Eidesreform. Er enthält auch in den Eidesbestimmungen keine wesentlichen Änderungen. Der Entwurf 1922 hat, abgesehen von einzelnen Änderungen, wieder als Unterlage zu dem Entwurf 1925 gedient. Auch dieser entspricht sachlich (soweit er sich auf die Eidesdelikte bezieht) vollkommen den Entwürfen 1913 und 1919 und enthält nur geringfügige redaktionelle Änderungen[12]). Das gleiche gilt für den Entwurf 1927, der, obwohl inzwischen der Entwurf 1925 in der Literatur heftig kritisiert worden war, wiederum fast wörtlich die gleichen Bestimmungen vorsieht und nur einige Erhöhungen am Strafmaß vornimmt. Dieser Entwurf 1927 wurde im 32. Strafrechtsausschuß des Reichstags III. Wahlperiode 1924/28 durchberaten. Da immer sichtbarer wurde, daß ohne eine grundlegende Änderung der prozessualen Eidesbestimmungen

---

[9]) Vgl. Rede Kahl 1927.

[10]) Vgl. Entwürfe zu einem Dtsch. StGB., Berlin 1927, I. Teil, S. 57/58, §§ 226—231; II. Teil, S. 51/52, §§ 220—225.

[11]) Vgl. Radbruch: Regierungsvorlage 1922 und Reichsratsvorlage 1924 in ZStW. 45, S. 417 ff.

[12]) Vgl. Entwurf 1925, S. 20, §§ 171—176.

die notwendigen Änderungen der strafrechtlichen Bestimmungen nicht durchgeführt werden können, wurde in einem Unterausschuß des 32. Ausschusses eine Entschließung[13]) einstimmig angenommen, nach der dem Hauptausschuß bestimmte strafprozessuale Änderungsvorschläge angeraten wurden. Auf der Grundlage dieser Entschließung wurde von der Reichsregierung eine neue Vorlage[14]) ausgearbeitet. Diese wurde im Februar 1929 — nachdem der Entwurf durch das Gesetz zur Fortführung der Strafrechtsreform vom 13. März 1928 auf den neuen Reichstag übergeleitet worden war[14a]) — in den Sitzungen des 21. Ausschusses beraten. Diese Regierungsvorlage verbindet Änderungen der materiellen Strafbestimmungen mit den Bestimmungen des Prozesses, welche sich auf den Eid beziehen. Sie bringt strafrechtlich völlig neue Formulierungen, inhaltlich gewisse Änderungen materiellrechtlicher Art. Ganz grundlegende Änderungen der sogenannten Eidesbestimmungen finden sich erst in der zunächst vom Unterausschuß des 21. Ausschusses formulierten Drucksache Nr. 202. Diese enthält zum erstenmal keine Strafbestimmung für den fahrlässigen respektive nichtwissentlichen[15]) Falscheid. Dagegen ist dort ein völlig neuer Tatbestand, die „Verletzung der Erkundigungspflicht", geschaffen. Die Drucksache Nr. 203[16]) — das Ergebnis 1. Lesung — folgt im Prinzip insbesondere in den zwei genannten Fällen der Drucksache Nr. 202[17]), enthält jedoch einige kleine aber sehr wichtige redaktionelle Änderungen. Im Mai 1930 fand die zweite Lesung statt[17a]). Nun wurde eine zum Teil völlig neue Formulierung gewählt. Neben einer ganz prinzipiell veränderten Überschrift wurde insbesondere zum erstenmal das Wort Eid und Meineid

---

[13]) Drs. Nr. 250, III. Wahlper. 1924/28, 32. Aussch., Unteraussch.

[14]) Aussch. Drs. Nr. 175, III. Wahlper. 1928, 21. Aussch., Anlage zum Prot. d. 43. Sitzg.

[14a]) Vgl. Verhandlg. d. Reichst., III. Wahlper. 1924, Bd. 395, Sten.-Ber. v. d. 398. Sitzg. v. 13. März 1928 und Nr. 3999 d. Drs.

[15]) Vgl. zu dieser Formulierung Drs. Nr. 175.

[16]) Vgl. Anl. z. Prot. d. 48. Sitzg., 21. Aussch. v. 13. März 1929 und RT. Drs. XVI Zusammenstllg., S. 102—108.

[17]) Vgl. Drs. Nr. 202, IV. Wahlper. 1928, 21. Aussch., Unteraussch.

[17a]) Vgl. RT. Drs. XVII u. RT. 1928, 21. Aussch., 137 u. 138. Sitzg.

ganz ausgeschaltet und nur noch das Wort Beteuerung oder Versicherung verwandt. Die Bestimmung über die Verletzung der Erkundigungspflicht wurde auch hier aufgenommen und das fahrlässige Delikt ausgeschaltet. In Anbetracht so erheblicher Verschiebungen zwischen der 1. und 2. Lesung kann über die voraussichtliche endgültige Formulierung gar nichts ausgesagt werden.

Bei allen diesen neuesten Änderungen der strafrechtlichen Eidesbestimmungen ging man davon aus, daß sie nur auf Grund einer Änderung der Prozeßgesetze durchführbar seien[18]). Die Notwendigkeit einer solchen Änderung war längst unbestritten.

Schon fast seit dem Bestehen der Strafprozeßordnung von 1877 setzten die Versuche ein, große Teile dieses Gesetzes neu zu gestalten. Die zahlreichen seit 1883 von Regierung und Abgeordneten immer erneut gemachten Abänderungsvorschläge interessieren hier nur so weit, als sie Änderungen der Eidesbestimmungen vorsehen. Dies tut schon die Regierungsvorlage vom 9. Mai 1885[19]) (Gesetzentwurf betreffend Änderung und Ergänzung des GVG. und der StPO.), welche neben anderem die Einführung des Nacheids bezweckt. Diese Vorlage gelangte nicht zur Beratung. Am 6. Dezember 1894 legte die Reichsregierung wieder einen vom Bundesrat beschlossenen Entwurf eines Gesetzes betreffend Änderung und Ergänzung des GVG. und der StPO. vor[20]). Dieser Entwurf enthielt wiederum wesentlich veränderte Vorschriften über die Beeidigung der Zeugen (Nacheid, Verlegung des Zeitpunkts der Vereidigung auf die erste gerichtliche Vernehmung). Diese Vorlage wurde zwar vom Reichstag im Januar 1895 beraten und einer Kommission überwiesen, sie wurde aber nie erledigt. Ähnlich erging es einem am 13. Dezember 1895 von der Reichsregierung dem Reichstag vorgelegten

---

[18]) Vgl. Ausführungen Emmingers in der 43. Sitzg. d. 21. Aussch., 4. Febr. 1929 S. 5.

[19]) Drs. Nr. 399 d. 6. Leg.-Per., I. Session, 1884/85, zit. nach Drs. Nr. 1310/A d. 12. Leg.-Per., I. Session, 1907/09. Begründung S. 6 und Löwe, StPO., 16. Aufl., 1925, S. 23.

[20]) Drs. Nr. 15 d. 9. Leg.-Per., 3. Session, 1894/95, zit. wie bei Anm. 19.

Entwurf. Nach eingehender Beratung in Reichstag und Kommission konnte keine Einigung mit den Länderregierungen erzielt werden, so daß die Reichsregierung offiziell auf die Weiterberatung der Vorlage verzichtete. Nach so schlechten Erfahrungen konnte sich die Reichsregierung von erneutem Einbringen einer großen Reformgesetzesvorlage keinen Erfolg mehr versprechen. Die Initiative verblieb so mehrere Jahre beim Reichstag.

Unter den zahlreichen von 1897 bis 1901 eingebrachten Anträgen befand sich in der Session 1897/98 auch der Antrag der Abgeordneten Salisch und Genossen, der zur Grundlage eines von den verbündeten Regierungen im Februar 1899 vorgelegten Entwurfs eines Gesetzes betreffend Änderung der ZPO. und der StPO. sowie der Bestrafung falscher uneidlicher Aussagen[21]) diente. Dieser Entwurf erstrebt ausdrücklich (außer der Ersetzung des Voreids durch den Nacheid) eine Einschränkung der Eidesleistungen[21a]). Als im April 1904 begründete Hoffnung dafür zu bestehen schien, daß die Reichsregierung die Strafprozeßreform wieder in die Hand nähme, beschloß der Reichstag über alle noch vorliegenden Anträge (darunter auch den Entwurf vom Februar 1899) zur Tagesordnung überzugehen.

In Wissenschaft und Praxis herrschte indessen lebhafter Streit darüber, ob eine Gesamtreform des Strafprozesses im gegenwärtigen Moment überhaupt wünschenswert sei. Auf dem 26. Juristentag 1902 vertrat Prof. D. Dr. Kahl lebhaft den Standpunkt, daß vor Erledigung einer Strafrechtsreform nicht mit einer Gesamtreform des Strafprozesses begonnen werden solle. In der Zwischenzeit müsse man sich, soweit ein dringendes Bedürfnis hervortrete, mit Reformen im einzelnen behelfen[22]). Die meisten Diskussionsredner traten dagegen auf dieser Tagung für baldige völlige Reform ein. Auch die Reichsregierung plante eine umfassende Reform und berief zu ihrer Vorbereitung durch

---

[21]) Vgl. Anmerk. 2.

[21a]) Vgl. NE. I, 1898/99. Begründg. S. 5.

[22]) Vgl. Verh. d. 26. JT. 1902 (Berlin 1903). S. 22.

das Reichsjustizamt eine Kommission ein, die im Jahre 1903 zusammentrat. Die Protokolle über deren Beratung wurden 1905 veröffentlicht[23]). Die Kommission erstrebte insbesondere eine Einschränkung der Eidesleistungen.

Die Verhandlungen dieser Kommission riefen lebhafte Kritik hervor. Die einzelnen Änderungsvorschläge zur Eidesfrage hat insbesondere Oehlert in Aschrotts Reform der Strafprozeßordnung[24]) eingehend kritisch behandelt.

Die Verhandlungen und Beschlüsse der Kommission zusammen mit den aus der Kritik entstandenen Anregungen bildeten die Grundlage für den im September 1908 vom Reichsjustizamt herausgegebenen Gesetzentwurf nebst Begründung[25]). Dieser kam im Reichstag nicht zur Beratung. Er wurde dem Reichstag nochmals vorgelegt und von diesem dann im November 1909 einer Kommission überwiesen. Aus dem Bericht[26]) der Kommission sind immer die gleichen Neuerungsbestrebungen hinsichtlich des Eideswesens zu erkennen (Einführung des Nacheids, Verminderung der Eidesleistungen usw.). Aber über diesen Entwurf konnte eine endgültige Einigung des Reichstags nicht erzielt werden. Die Beratung wurde verschoben und 1911 endgültig aufgegeben. Dann ruhte die ganze Reformbestrebung durch den Krieg. Im Jahre 1920 wurde von der Reichsregierung (mit dem sogenannten Entwurf Schiffer) nochmals der Versuch einer Gesamtreform gemacht[27]). In bezug auf die Eidesreform folgte der neue Entwurf den in den Entwürfen von 1908 und 1911 enthaltenen Prinzipien[28]). Dieser Entwurf gelangte nicht einmal bis zur Beratung im Reichstag[29]).

---

[23]) Prot. d. Kommission für die Reform d. Strafprozesses. Herausgegeben v. Reichsjustizamte Berlin, 1905.

[24]) Aschrott, Reform d. Strafprozeßordnung, Berlin 1906, S. 502 ff.

[25]) Entwurf einer StPO. u. Nov. zum GVG., Berlin 1908, vgl. Löwe, Kom. S. 24, u. Drs. Nr. 1310 d. 12. Leg.-Per., I. Session, 1907/09.

[26]) Ber. d. 7. Komm. Drs. Nr. 638 d. 12. Leg.-Per. 1909/11.

[27]) Gesetz über d. Rechtsgang in Strafsachen, Berlin 1920, bei Otto Liebmann.

[28]) Vgl. Koffka in ZStW., 48, S. 15.

[29]) Vgl. Begründung z. Ei. G. zu Art. 67, S. 33.

Seit dieser Zeit haben sich Regierung und Abgeordnete um Einführung größerer Teilreformen gemüht[30]), wovon wieder nur Teile Gesetz wurden[31]). Auf Grund der Teilreformen wurde 1924 eine Veröffentlichung der Neuredaktion der StPO. und des GVG. nötig. Eine allgemeine Reform war aber damit nicht erreicht, und viele der wesentlichsten Fragen, darunter die Reform im Eideswesen, blieben ungelöst.

Angesichts der Schwierigkeiten, die einer Gesamtreform entgegenstehen, hat sich bei Beratung der strafrechtlichen Behandlung der Eidesverletzung das Bedürfnis nach einer Spezialreform für die strafprozessualen Fragen der Beeidigung immer deutlicher gezeigt. Der Unterausschuß des 32. Ausschusses hat 1928 die Entschließung[32]) gefaßt: Dem Hauptausschuß zu empfehlen, die Reichsregierung zu ersuchen „im gesamten Gerichtsverfahren auf eine wesentliche Einschränkung der Eidesabnahmen hinzuwirken" und dabei nach einzeln vorgeschlagenen Grundsätzen vorzugehen.

Das Ergebnis der Entschließung lag dem 21. Ausschuß vor[33]). Darauf basieren, wenn auch wieder in wesentlich abgeänderter Form, die Bestimmungen des Artikels 67 der neuesten Gesetzesvorlage, des amtlichen Entwurfs eines Einführungsgesetzes zum Strafgesetzbuch[34]).

Der Grundgedanke ist auch hier eine Einschränkung der Eidespflicht (Nacheid usw.); die Wege sind teilweise ganz neu. Bei den Beratungen der strafrechtlichen Änderungen wurden nach Erscheinen des Entwurfs eines Einführungsgesetzes nochmals „Richtlinien für die Umgestaltung der Verfahrensgesetze zum Zwecke der Einschränkung der Eide" aufgestellt. Diese ent-

---

[30]) So Entw. Radbruch z. Neuordnung d. Strafgerichte v. 1922 und d. auf dieser Grundlage vorgelegte Entw. Heintze 1923.

[31]) So z. B. die sogen. Lex Emminger.

[32]) III. Wahlper. 1924/28, 32. Aussch., Nr. 250 d. Drs.

[33]) Vgl. dazu Anl. z. Prot. d. 43. Sitzg. v. 21. Febr. 1929, Nr. 175 der Aussch. Drs. u. Emminger, 21. Aussch., 43. Sitzg., S. 4, 5, 6.

[34]) Amtl. Entw. e. Einführ.-Ges. z. Allg. Dtsch. StGB. u. z. Strafvollzugsges. nebst Begründg., Berlin 1929, Art. 67, Ziff. 21—33, S. 11—13, vgl. als Vorläufer dies. Entw. auch noch Drs. Nr. 202 d. Unteraussch. u. Anl. z. Prot. d. 48. Sitzg. v. 13. März 1929, Nr. 203 d. Aussch. Drs.

sprechen im wesentlichen den Neuerungen des Einführungsgesetzes[35]).

Die Änderung der strafprozessualen Bestimmungen ist zwar eine Folge der geplanten Strafrechtsreform, aber sie muß mit deren Einführung entweder zeitlich zusammenfallen oder ihr vorangehen. Die prozessualen Änderungen sind begrifflich die Grundlage für die vorgesehenen Neuerungen in den Eidesbestimmungen des Strafrechts.

Daraus ergibt sich die Notwendigkeit, die strafprozessuale Reform in dieser Arbeit zuerst darzustellen, wenn auch manche Überlegungen sich kreuzen, manche vorweg aus den strafrechtlichen Gedankengängen entnommen oder bis zu deren Behandlung zurückgestellt werden müssen.

---

[35]) Vgl. 21. Aussch., 137. Sitzg., Bericht Emminger, S. 9.

I. Teil.

Die Strafprozeßreform.

1. Kapitel.

Grundlagen der Reformbestrebungen.

§ 63 unserer Strafprozeßordnung lautet:

Der Eid beginnt mit den Worten:

„Ich schwöre bei Gott dem Allmächtigen und Allwissenden" und schließt mit den Worten:

„So wahr mir Gott helfe."

Soweit und solange das Gesetz eine Anrufung Gottes überhaupt vorsieht, steht unbestreitbar fest, daß es sich religiöser Momente bedient. Auf diese namentliche Anrufung als primäre Eidesform hat noch keiner der vielen Reformentwürfe, auch nicht der Entwurf eines Einführungsgesetzes von 1929[1]) verzichtet.

Seit Jahrzehnten wurde und wird von kirchlicher und weltlicher Seite immer wieder auf das Bedenkliche dieser Vermischung von Religion und Recht hingewiesen.

Die ernsten grundsätzlichen Bedenken sind zweierlei Art. Bei der einen steht die Person des Zeugen im Vordergrund, und es scheint fraglich, ob es menschlich zulässig sei, zur Erreichung des staatlich-praktischen Zweckes prozessualer Wahrheitserforschung sich metaphysischer Mittel zu bedienen und mit diesen, ohne Rücksicht auf die einzelne persönlich religiöse Überzeugung, auf einen Menschen wie den Zeugen, der meist ohne sein Dazutun und oft gegen sein Wollen in den Ablauf des prozessualen Geschehens hineingezogen wird, einzuwirken. Die

---

[1]) Ei. G. Art. 67, Ziff. 26, § 64 b.

Gründe der anderen liegen in religiösen und staatlichen Erwägungen, die es zweifelhaft scheinen lassen, ob die Anrufung Gottes mit der „Spekulation" auf die Wirkung ihrer Heiligkeit vom Staat gefordert, vom religiösen Standpunkt geduldet werden kann und darf.

Den ersten Bedenken scheinen die Bestimmungen der Art. 136, Abs. 4 und 177 Reichsverfassung abzuhelfen, die es dem einzelnen Zeugen ermöglichen, als „Eid" nur die Worte „ich schwöre" zu gebrauchen, die namentliche Anrufung Gottes aber wegzulassen. Der Entwurf eines Ei. G. hat in § 64 b, Abs. 3, eine entsprechende Bestimmung aufgenommen. Sowohl aus der Fassung als auch aus der systematischen Stellung des Art. 136, Abs. 4 (er steht in der Reichsverfassung unter dem Abschnitt Religion und Religionsgesellschaften), geht hervor, daß damit beabsichtigt ist, die individuelle religiöse Überzeugung des einzelnen, mit der etwa die Anrufung eines persönlichen Gottes nicht vereinbar wäre, zu berücksichtigen. Sicher ist auch gerade diese Schwierigkeit mit der Möglichkeit des Gebrauchs der verkürzten Eidesformel weitgehend weggeschafft.

Aber es bleibt höchst fraglich, ob auch dem anderen Teil der Bedenken der ersten Art mit dieser Änderung abgeholfen ist, ob nämlich im Gebrauch der Formel „ich schwöre" mit gleichzeitigem Erheben der rechten Hand[2]) nicht weiterhin eine Einwirkung mit irrationalen Mitteln auf das Gemüt des Zeugen gefunden werden muß.

In der Kommission zur Strafprozeßreform wurde vor mehr als 20 Jahren zum Ausdruck gebracht, daß das dem Eid innewohnende religiöse Moment selbst dann bestehen bliebe, wenn man die auf Gott hinweisenden Worte in der Eidesformel beseitigen wollte[3]); auch Oehlert, der 1906 die Kommissionsergebnisse kritisch behandelt, sieht schon in den Worten „ich schwöre" das religiöse Moment[4]). Ebenso hat die 7. Kommission

---

[2]) Vgl. Reichsverfssg., Art. 177, letzter Satz in Verb. mit § 64, Abs. 1, StPO., u. Ei. G., § 64 b, Abs. 4.

[3]) Protokolle der Kommission f. d. Reform des Strafprozesses, 1. Bd., 1. Lesung, 1905, S. 47/48.

[4]) Aschrott, Reform d. Strafprozesses, Berlin 1906, S. 528 ff.

(1909/11) bei einer erneut geplanten Prozeßreform bei Beratung des § 62 betont[5]), daß „nach deutscher Volksauffassung der Eid etwas religiöses sei, derart, daß bereits die Worte „ich schwöre" ein religiöses Moment enthielten".

Die Diskussion über den religiösen Gehalt dieser Worte ruht auch heute noch nicht.

In den Verhandlungen des 32. Ausschusses hat Strathmann[6]) betont, daß es einen profanen Eid in Wirklichkeit nicht gäbe. Das Erheben der Schwurhand, der Gebrauch der Worte Eid, schwören, geloben, hätten für das Volksbewußtsein immer noch eine spezifisch religiöse Bedeutung. Im 21. Ausschuß[7]) setzte sich Strathmann erneut für diese Auffassung ein, indem er erklärte, der Einwand, daß das Wort „schwören" für denjenigen, der nicht an Gott glaube, nur noch eine Form der feierlichen Versicherung sei, sei nicht stichhaltig. Er verweist zur Stützung seiner Ansicht auf Windthorst, der schon vor über 50 Jahren im Reichstag gesagt habe, daß ein profaner „Eid" begrifflich undenkbar sei, und daß, wenn man Beseitigung des religiösen Eides bezwecke, auch das Wort „schwören" beseitigt werden müsse.

Dagegen erklärt Rosenfeld sowohl im 32.[8]) als im 21.[9]) Ausschuß, daß soweit die Weimarer Verfassung einwirke, der religiöse Charakter des Eides beseitigt und der Eid nur noch eine feierliche Beteuerung für die Wahrheit der Aussage sei.

Die gleiche Auffassung über den nichtreligiösen Eid vertritt Kahl im 21. Ausschuß[10]). Kahl hat sich in früheren Reden und Verhandlungen schon vielfach in ähnlichem Sinne geäußert[11]). Schiffer zitiert ihn und Baumbach in der DJZ.[12]) als Vertreter der Auffassung „daß ein nichtreligiöser Eid nach Begriff, Ge-

---

[5]) N. Komm. B., 1. Teil, 1909/11, S. 185.

[6]) 32. Aussch., 55. Sitzg., S. 2.

[7]) 21. Aussch., 45. Sitzg., S. 5.

[8]) a. a. O., 53. Sitzg., S. 4.

[9]) a. a. O., 45. Sitzg., S. 2.

[10]) a. a. O., 45. Sitzg., S. 4.

[11]) Vgl. u. a. Mitteilg. der Int. krim. Vereinig. Dtsche. Landesgruppe, 22. Bd., 1924, S. 103.

[12]) Schiffer: Um die Reform des Eidesrechts. DJZ., 1929, S. 611 ff.

schichte und Bedeutung des Eides überhaupt kein Eid, sondern nur eine feierliche Wahrheitsversicherung sei, und nach Wegfall der Anrufung Gottes der Eid seinen eigentlichen Rückhalt verloren habe, da man auch bei seiner Ehre, seinen Kindern, ja sogar bei seinem Bart schwören könne".

Dies letzte Argument bringt auch Lobe im 21. Ausschuß vor[13]), und meint, der Eid sei nur eine kräftigere Versicherung der Wahrheit. „Schwören" bedeute ursprünglich: jemand binden, etwas zum Pfand einsetzen. Wenn jemand bei seinem Barte schwöre, so setze er den Bart als Pfand ein.

Diese Beweisführung ist unbefriedigend. Sie berücksichtigt nicht, daß, gerade wenn bei so merkwürdig Verschiedenem „geschworen" werden kann, doch offenbar gerade in dem Wort „schwören" das Besondere, über eine gewöhnliche Versicherung hinausgehend bindende, liegen muß.

Warum scheint dem einen Teil die Versicherung noch stärker bekräftigt, wenn der andere bei seiner Ehre „schwört", als wenn er ihm nur auf Ehrenwort versichert? Was heißt das „bei seinem Barte oder bei seinen Kindern schwören"? Man könnte die Beispiele beliebig vermehren, „beim Grab seiner Eltern" oder ähnliches aufzählen.

Es scheint aber, daß bei dieser Beweisführung zwei Begriffe vermischt sind: das angerufene höhere Wesen und das zum Pfand eingesetzte Wesen oder Ding. Freilich wird beim Schwur etwas zum Pfand eingesetzt, das liegt auch in unserem heutigen religiösen Schwur; mit den Worten: „So wahr mir Gott helfe" setzt der Schwörende seine ewige Seligkeit für die Richtigkeit der Aussage zum Pfand ein, wobei er Gott mit dem ersten Teil der Eidesformel zum Zeugen anruft.

Die Form „bei" seinem Bart, „bei" seinen Kindern schwören hat nun offenbar dazu verführt, irrig Pfandobjekt und angerufenes Wesen gleichzusetzen, um so mehr, als dabei von einem Angerufenen nichts ausdrücklich gesagt wird.

Setze ich aber meinen Bart zum Pfande ein — was übrigens, wenn es nicht anders, rechtshistorisch oder rechts-

---

[13]) a. a. O., 48. Sitzg., S. 6.

symbolisch zu erklären ist, ernsthaft nur pars pro toto als Kopf verstanden werden kann — oder meine Kinder, und tue dies nur durch die Erklärung, daß ich bei ihnen „schwöre", so hat dies keinerlei rechtliche Wirkung. Ist aber eine solche Erklärung dennoch praktisch wirksam, und das ist ja nicht bestritten, worin liegt dann die Verpfändung? Dies ist mit der Ratio nicht erklärlich. Vielmehr spielen hier irrationale Dinge mit, insofern nämlich, als eben mit dem Wort „schwören" ein höheres, wie auch immer zu nennendes Wesen angerufen wird, welches sich des Pfandes für den Fall, daß ich Unwahres gesagt habe, bemächtigen möge. — Nach der Weimarer Verfassung kann nun die Eidesformel so verkürzt werden, daß nur noch die Worte „ich schwöre es" gebraucht werden, also auch ein Pfand nicht mehr ausdrücklich eingesetzt wird.

In diesem Zusammenhang ist eine Bestimmung des heute gültigen Dienstreglements für die schweizerischen Truppen (1900/08) recht interessant und aufschlußreich. In Anhang 3, der von der Beeidigung der Truppen handelt, ist bestimmt, daß nach Verlesung der Schwurformel, welche lautet: „Ich schwöre (oder ich gelobe) es," der Kriegseid durch Erheben der drei Schwurfinger und Nachsprechen der Formel „ich schwöre es" zu leisten ist. Und es ist angefügt: „Leute, welche aus religiösen Gründen keinen Eid leisten, haben die rechte Hand emporzuheben und zu sprechen: ‚Ich gelobe es'."

Für die meisten Menschen in Deutschland enthält das Wort schwören — was nach dem langen Sprachgebrauch im religiösen und oben geschilderten Zusammenhang wohl verständlich ist — unbedingt ein übersinnliches Moment.

Dem primitiven, naiven Menschen stellt sich dies Transcendentale unmittelbar unter den Begriffen dar, die er vom Übersinnlichen hat — hier um so mehr, als er dies Wort in diesem Zusammenhang kennt —, nämlich mit dem Begriff Gott und Sünde.

Bei einer Probe auf diesem Gebiet hat mir zum Beispiel eine dreißigjährige, geweckte, mir wohlbekannte, grundanständige, ganz unkirchliche, einfache Frau auf die Frage: „Falls Sie vor Gericht je eine falsche Aussage machten und müßten darauf erklären ‚ich schwöre' oder ‚ich versichere auf Pflicht und Gewissen', was würde das für Sie bedeuten", erwidert:

„Ha, wenn ich schwöre und sag nicht die Wahrheit, dann ist's schon 'ne Sünd'."

„Ja, und wenn Sie versichern?"

„Das ist doch nicht so schlimm. Versichern ist doch so ein gebrauchiges Wort. Das gebraucht man auch mal so unter sich."

„Ja, wenn Sie nun aber sagen müssen ‚ich schwöre bei Gott dem Allmächtigen und Allwissenden, so wahr mir Gott helfe' oder nur ‚ich schwöre'?"

„Ja, das ist doch das gleiche!"

Beim gebildeten, denkenden Menschen muß unterschieden werden zwischen dem religiösen Menschen und dem reinen Rationalisten. Der religiöse Mensch ist regelmäßig für das Methaphysische empfänglich. Er wird sich zwar durch die Überlegung, daß der Staat eben dadurch, daß er ihm gestatte, die namentliche Anrufung Gottes beim Eid wegzulassen, und also den Eid bei Gott nicht fordere, von der Vorstellung, daß er mit den Worten „ich schwöre" auch Gott anrufe, frei machen können. Aber dieses sich erst Freimachen-müssen wird regelmäßig heute noch notwendig sein; wobei sehr wahrscheinlich für diesen Menschen der Gebrauch des Wortes „schwören" immer noch einen Rest des irrationalen Druckes hat, den er mit der ursprünglichen Vorstellung von schwören verbindet.

Nur dem reinen Rationalisten, der von jedem Glauben und Aberglauben frei ist — heute noch in Deutschland die Ausnahme — ist es zweifelsfrei möglich, in den Worten „ich schwöre" nichts als eine etwas seltsam gewählte, historisch erklärliche Form der Versicherung zu finden. Worin die „Verstärkung" oder „Feierlichkeit" einer solchen Versicherung dann liegen sollte, wäre freilich nicht recht einzusehen.

Die Bedenken, ob der Staat überhaupt eine Anrufung Gottes im Prozeß fordern, die Kirche sie dulden darf, sind durch die Möglichkeit des Gebrauchs der verkürzten Eidesformel zwar verringert, aber solange das Gesetz diese Anrufung überhaupt noch ausdrücklich vorsieht, nicht beruhigt. Sie haben immer wieder zu der Forderung geführt, den Eid überhaupt völlig abzuschaffen. So hat schon Binding 1898 in der Nationalzeitung geschrieben: „Wer den Festtag deutscher Rechtspflege noch erleben könnte, an welchem eine erleuchtete mutige Reichsregierung das erlösende Wort spräche: ‚Der Eid in allen seinen Anwendungen ist aus dem deutschen Rechtsleben verbannt!' ..."[14]) Bei der Besprechung der Kommissionsberatungen von 1905[15]) hat Oehlert betont, daß nur das eine Mittel radikal und sicher wirksam sei und zugleich allein dem Geist der modernen Gesetzgebung entsprechen würde: die grundsätzliche Abschaffung des Zeugen- und Sachverständigeneides, gegen den religiöse, juristische und ethische Gründe im reichsten Maße sprächen. Auch Stoos[16]) — mehr von praktischen Erwägungen ausgehend — empfiehlt dringend die Abschaffung des Eides, mit dem ein unzulässiger Gewissenszwang ausgeübt und die prozessuale Wahrheitserforschung nicht wesentlich gefördert werde.

In seiner Monographie sieht Gmelin[17]) in der völligen Abschaffung des Zeugeneids eine Kulturtat ersten Ranges. Dem Staat fehle die Befugnis, das im Eid liegende religiöse Moment, so wie es geschieht, zu staatlichen Zwecken auszunutzen; er greife damit unzulässig in die menschliche Freiheit ein. Dabei erklärt Gmelin aber, daß die religiösen Vorstellungen (Vergeltung der durch Eidesverletzung begangenen Sünde) und die Angst vor der Schande entdeckten Meineids und vor hoher Strafe so stark zusammen wirkten, daß ein gleich wirksames Mittel, den Zeugen zur Selbstprüfung seiner Aussage anzuhalten, nicht gefunden werden könne.

Anläßlich der neuesten Reformbestrebungen wird die völlige Abschaffung des Eides von Vertretern der verschiedensten Weltanschauungen heftig gefordert. So schreibt Loewenthal in

---

[14]) Zit. nach Gmelin: Zur Psychologie d. Aussage mit einem Anhang über die gesetzl. Beseitigung des Zeugeneides, 1909. Der Aufsatz Bindings wird auch anderwärts häufig zitiert. Original der Nationalzeitung war mir nicht zugänglich.

[15]) Aschrott, a. a. O., S. 514/16.

[16]) Vgl. Darstllg. d. Dtsch. u. Ausl. Strafrechts. Bes. Teil, III. Bd., 1906, S. 387/388.

[17]) Gmelin, a. a. O., S. 66 ff.

der Justiz[18]): Eine wirkliche Reform könne nur in völliger Abschaffung des Eides bestehen. Ein Staat, der so weltlich wie Deutschland eingerichtet sei, müsse den Eid aus seinem rein weltlichen Rechtsgang entfernen. Die Ausnutzung des religiösen Gefühls mache einen abstoßenden Eindruck, und sei zudem heute auf einen großen Teil des Volkes gar nicht einmal wirksam.

Und Mieg behauptet in der DRZ.[19]), daß der Staat kein Recht mehr habe, die uralte Einrichtung des Eides in religiöser Form, die übrigens genau besehen auch in der einfachen Form „ich schwöre" noch gegeben sei, als Mittel zur Herbeiführung einer wahrheitsgemäßen Aussage zu gebrauchen. „Die Voraussetzung, die innige Verbindung von staatlichem, religiösem und kirchlichem Leben, die dem Eidesinstitut in früheren Zeiten zugrunde lag, ist nicht mehr gegeben, und es ist ein Irrtum, wenn einerseits der Staat meint, auch ohne diese Voraussetzung sich des Eides für seine Zwecke und die rein weltlichen Zwecke seiner Diener bedienen zu dürfen, und anderseits die Kirche glaubt, sie würde sich durch die Zustimmung zur Abschaffung des religiösen Eides eines gerade in diesem Stück noch vorhandenen Einflusses auf das staatliche Leben begeben."

Meist wurden jedoch nicht so absolute Forderungen gestellt; denn immer wieder siegten Zweckmäßigkeitsüberlegungen über die allgemeinen philosophischen Bedenken.

So äußert Windelband in einem Aufsatz, den er 1899 anknüpfend an die lex Salisch[20]) schrieb, daß die rechtliche Anwendung des Eides ein Problem sei, das sich immer nur annähernd werde lösen lassen, daß aber der Staat in ernsten Fällen nicht werde umhin können, vom Bürger die Einsetzung seiner ganzen Person — seiner bürgerlichen, sittlichen und religiösen Existenz — für die Wahrheit zu fordern. Lucius erklärte

---

[18]) Justiz, Bd. 4, S. 279: Loewenthal: Eid und Meineid im Strafrechtsausschuß.

[19]) Mieg: Eid mit und ohne religiöse Beteuerung. DRZ., Bd. 20, 1928, S. 390/91.

[20]) Windelband: Die lex Salisch, DJZ., IV, 1899, S. 161/62.

1905 am Kongreß für innere Mission[21]), daß der religiöse Eid trotz der schwerwiegenden sittlichen und religiösen Bedenken beibehalten werden müsse.

Im gleichen Jahre befürwortete kein Mitglied der Kommission für die Reform des Strafprozesses[22]) die Abschaffung des Eides; alle hielten trotz der an dieser Institution geübten Kritik dieses Druckmittel für unentbehrlich. Striemer[23]) erklärt 1908, nach seinen, auf Ostpreußen begrenzten Erfahrungen sei die Bevölkerung noch nicht dafür reif, die Wahrheit auszusagen, wenn sie mit ihrer Nichtbeeidigung rechnen könne. 1912 meint Hegler[24]), daß mangels eines gleich wirksamen Mittels auf den religiösen Eid nicht verzichtet werden könne. Aus dem gleichen Grunde glaubt Karsten[25]) 1914, daß der Eid beibehalten werden müsse.

Auf der 18. Versammlung der Deutschen Landesgruppe der Internationalen Kriminalistischen Vereinigung hat Neumann[26]) erklärt, daß gegenüber den zahlreichen Bedenken (insbesondere gegenüber Binding und Stoos) hervorgehoben werden müsse, daß es einer besonderen Befestigung und Stütze des menschlichen Wortes bedarf, das für sich allein nicht glaubwürdig genug erscheint und nicht geeignet ist, die Zweifel im Richter und Gegner zu überwinden. „Es handelt sich beim Eid tatsächlich, wie die Beschäftigung in der Praxis lehrt, um einen vom Bewußtsein der Nation getragenen Brauch, an dem eine weise und ökonomische Kriminalpolitik in der Erkenntnis ihrer Grenzen, zur Vermeidung einer Gefährdung der großen Reform und von Stürmen des Befremdens, der Entrüstung, der Erbitterung nicht rütteln wird. Das Strafrecht kann, wie Liepmann neuerdings sagt, nur leben und seine kulturfördernde Mission er-

---

[21]) Lucius: Zum Kapitel Eidesnot. Recht, 1905, 9. Jahrg., S. 523/524.

[22]) a. a. O., S. 47.

[23]) Striemer: Zur Justizreform. JW., 1908, S. 417 ff.

[24]) Hegler: Zur Strafprozeßreform. ZStW., Bd. 33, 1912, S. 700 ff.

[25]) Karsten: Ist der Zeugeneid beizubehalten? Lpz. Ztschr., 1914, S. 1320 ff.

[26]) Mitteilungen d. dtsch. Landesgr. d. Int. krim. Ver., 18. Vers., Göttingen, 7. bis 10. Juni 1922, 22. Bd., 1924, S. 77.

füllen, wenn es getragen wird von einer allgemein im Volk widerklingenden Resonanz. Die Beseitigung des Eides würde ihrer im deutschen Volk entbehren[27])."

Bei den Besprechungen der neuesten Reformbestrebungen vertritt Schiffer[28]) die gleiche Ansicht, während Ebermayer sich für völlige Abschaffung des Eides einsetzt[29]), wobei er anführt, daß manche Mitglieder des Strafrechtsausschusses, unter ihnen auch Kahl, zu seinem freudigen Erstaunen ebenfalls die völlige Abschaffung des Eides befürwortet haben. Trotzdem sind aber die Stimmen, die grundsätzlich für Abschaffung des Eides laut wurden[30]), auch bei den neuesten Verhandlungen nicht durchgedrungen. In Ermangelung eines gleich wirksamen Mittels, und von dem Gedanken geleitet, daß die völlige Abschaffung vom Volk nicht verstanden würde, und daß davon eine nachteilige Wirkung auf die Rechtspflege ausgehen könnte, hat man sich zur völligen Abschaffung nicht entschließen können[31]). Verschiedene Mitglieder des Ausschusses haben sich mit der Hoffnung beruhigt, daß die Verwirklichung der neuen Vorschläge mit der Zeit zur endgültigen Entwöhnung vom Eid und infolgedessen zu dessen schließlicher Abschaffung führen könne[32]). Diese neuen Vorschläge gingen sämtlich von dem Grund-

---

[27]) Neumann, a. a. O., S. 78.

[28]) Schiffer, a. a. O., S. 611 ff.: „Die völlige Beseitigung des Eides... würde in weiten Volksschichten als Freigabe der Lüge aufgefaßt werden. Der Sprung wäre zu groß, um ohne die Gefahr einer vollständigen Verwirrung der Anschauungen über die Pflicht zur Wahrheit, einer Unterhöhlung aller für die Rechtsfindung notwendigen Grundlagen und einer schweren Erschütterung der Autorität des Staates und seiner Gerichte gewagt zu werden." (Hierbei unterstellt Sch. Straflosigkeit der uneidl. Aussage.)

[29]) Ebermayer: Die Neuregelung der Eidesdelikte im künftigen StGB., Lpz. Neueste Nachrichten, Nr. 85, v. 26. März 1929.

[30]) Vgl. Rosenfeld, a. a. O., 21. Aussch., 45. Sitzg., S. 2, Kahl, ebenda, S. 4; Lobe, ebenda, 48. Sitzg., S. 6.

[31]) Vgl. Emminger, zusammenfassende Berichterstattung über die Beratung u. Beschlüsse z. d. Eidesdelikten i. Unteraussch., 21. Aussch., 48. Sitzg., S. 1 u. 2.

[32]) Vgl. Strathmann, a. a. O., S. 6, u. insbes. Koch-Weser, ebenda, S 6.

gedanken aus, daß der Eid künftig im Interesse seiner Bedeutung aufs äußerste eingeschränkt werden müsse.

Damit wiederholte man nur die alte seit Jahrzehnten gestellte Forderung. Schon 1894 schreibt Brettner im Archiv für Strafrecht[33]), daß die Heiligkeit des Eides den Gesetzgeber verpflichte, für möglichste Beschränkung des Zeugeneides einzutreten, da die Häufung der Eide ihren Wert verminderte.

Auch in der Begründung zur lex Salisch steht, daß die Eidesleistungen eingeschränkt werden sollen[34]). Der Wunsch nach Verminderung der Eidesleistungen wurde nun jahrelang von Theoretikern, Praktikern, in Abhandlungen, auf Tagungen, bei Beratungen und in Entwürfen immer wieder zum Ausdruck gebracht[35]); vielfach wurde hierbei über die „Eidesnot" geklagt[36]). In neuerer Zeit ist das Wort Eidesnot verschwunden. Statt dessen werden jetzt vielfach Klagen über das Bestehen einer „Eidesseuche" oder "Meineidsseuche" laut[37]).

---

[33]) Brettner: Die Eidesdelikte im neuen Gesetzentw. z. StPO., Arch. f. Strafrecht, Bd. 42, S. 1 u. 6.

[34]) NE. I, 1898/99, S. 5.

[35]) Vgl. hierzu u. a. Frank: Zur lex Salisch, DJZ., IV, 1899, S. 142; Beckh: Verhandlg. d. 26. Dtsch. Juristentags v. 1902, Berlin 1903, S. 223; Lucius, a. a. O., S. 524; Prot. d. StPO.-Komm. v. 1905, a. a. O., S. 50; Oehlert, a. a. O., S. 505; Beling: Zur StPR.-Reform, ZStW., 1905, S. 393 ff. mit viel weiterer Literaturangabe und kurzer Besprechung. — Begründung zu NE. II, 1907/09, S. 30; N. Komm. B., 1. Teil, 1909/11, S. 181, Bgr. zu § 60.

[36]) Beispiele hierzu Oehlert, a. a. O., S. 502; Hamm: Zur Reform d. Strafprozesses, DJZ., 1905, S. 705; Heldmann: Eidesnot, in DJZ., 1911, S. 1343/44; Preiser: Teilreformen im Strafprozeß, Lpz. Ztschr., 1914, S. 126 ff.; Gmelin, a. a. O., S. 74.

[37]) Vgl. hierzu: Lang: Der Stand der Strafrechtsreform, Lpz. Ztschr., 1928, S. 438/39; Kürschner: Meineidsseuche, Voss. Zeitg. v. 24. April 1927; Bewer: Mehr Schutz dem Zeugen, DRZ., 1927, S. 404; Hegler: Die Eidesdelikte in der neuen Fassung, Ger. S., 1929, S. 30; Schiffer: a. a. O., S. 611; Emminger: 32. Aussch., 53. Sitzg., S. 1; Bumke: 21. Aussch., 44. Sitzg., S. 7; Schultz: Die bevorstehende Einschränkung der Beeidigungen im Strafverfahren, Jur. Rundschau, 1929, S. 113.

Namentlich hat Sling es verstanden[38]), mit den Mitteln moderner Journalistik die breite Öffentlichkeit für diese Fragen zu interessieren, die bisher regelmäßig nur im Kreise von Juristen und einigen unglücklich Betroffenen Gegenstand heftiger Diskussion gewesen waren. Seine Kritik am bestehenden Rechtszustand wurde auch bei den letzten Beratungen der Eidesfragen verschiedentlich erwähnt[39]). Insbesondere hat Ministerialdirektor Bumke im 32. Ausschuß erklärt[40]), es sei in hohem Maße dankenswert, daß die allgemeine Aufmerksamkeit auf das Übermaß der Eidesleistungen in Deutschland hingelenkt worden sei. Bumke macht dann darauf aufmerksam, daß schon die Strafprozeßentwürfe vom vorigen Jahrhundert, die von 1909/11 und auch der Entwurf eines Rechtsgangs in Strafsachen von 1920 durchsetzt seien mit Bestimmungen, die ausschließlich dem Ziel dienten, die Eidesleistungen zu vermindern.

Bei den letzten Beratungen bestand Einigkeit darüber, daß dieses Ziel nun endlich erreicht werden müsse. Die meisten Ausschußmitglieder der verschiedensten Richtungen haben sich in diesem Sinne geäußert[41]). Die Schwierigkeit, zu dem Ziel zu gelangen, besteht jedoch in einer Einigung über die Wege, die oft gar nicht oder nur schwer gangbar schienen. Die im Entwurf eines Einführungsgesetzes von 1929 vorgeschlagene Lösung zeigt die folgende Gegenüberstellung.

---

[38]) Sling: Richter und Gerichtete, Ullstein, 1929, u. ders.: Falscheid i. Justiz, 1927, Bd. III, S. 165 ff.

[39]) Vgl. z. B. Emminger, 32. Aussch., 53. Sitzg., S. 2; Rosenfeld, ebenda, S. 4.

[40]) Bumke, a. a. O., 32. Aussch., 54. Sitzg., S. 4.

[41]) Vgl. hierzu Bumke, a. a. O., S. 1; u. 21. Aussch., 44. Sitzg., S. 5 u. 6; Bell: 32. Aussch., 62. Sitzg., S. 2; Strathmann: 32. Aussch., 55. Sitzg., S. 3; Wunderlich: 32. Aussch., 53. Sitzg., S. 4; Emminger, a. a. O., S. 5; Rosenfeld: 21. Aussch., 45. Sitzg., S. 2.

Anhang zum 1. Kapitel des I. Teils: Synoptische Gegenüberstellung.

Die Gegenüberstellung der einzelnen Bestimmungen ist dadurch erschwert, daß im Einführungsgesetz nicht nur grundlegende sachliche Neuerungen und Änderungen enthalten sind, sondern auch die systematische Anordnung gegenüber der Strafprozeßordnung vollkommen neu ausgearbeitet ist.

Bei der Zusammenstellung zum Zwecke übersichtlicher Vergleichung müßten darum von § 57 des Einführungsgesetzes an entweder die Bestimmungen der StPO. oder die des Einführungsgesetzes aus ihrer jetzigen Anordnung herausgenommen werden, um den Bestimmungen des anderen Gesetzes sinngemäß gegenübergestellt zu werden. Hierbei würde zwar die Änderung der Einzelbestimmung sinnfällig sichtbar, es könnte aber über die ebenfalls sehr wichtigen systematischen Änderungen kein Überblick gewonnen werden. Darum scheint es zweckmäßig, das geltende wie das geplante Recht unverändert in der bestehenden Reihenfolge nebeneinander abzudrucken.

Zur Erleichterung der Vergleichung wird sowohl bei den Bestimmungen des Einführungsgesetzes (ab § 57) als bei denen der StPO. auf die entsprechenden — oder auf das Fehlen entsprechender — Bestimmungen des anderen Gesetzes resp. Entwurfs verwiesen. Außerdem sind zwei Vergleichstabellen mit Angabe der Ziffern der sich entsprechenden eventuell fehlenden Bestimmungen angefügt. Die eine geht von der Strafprozeßordnung, die andere vom Einführungsgesetz aus.

Geltendes Recht: Bestimmungen der Strafprozeßordnung von 1877 in der Fassung und Paragraphenfolge der Abänderungen von 1879, 1924, 1925 und 1926. Künftig zitiert als: *StPO.*

Geplantes Recht: Bestimmungen in der Fassung eines amtlichen Entwurfs eines Einführungsgesetzes zum Allgemeinen Deutschen Strafgesetzbuch und zum Strafvollzugsgesetz von 1929. Künftig zitiert: *Ei G.*

StPO. | *Ei. G.*

StPO.: Fehlt.

Ei. G.: § 22, Abs. 2.

Angehörige im Sinne dieses Gesetzes sind Verwandte und Verschwägerte grader Linie, *Pflegeeltern und Pflegekinder*, Ehegatten, Geschwister, Ehegatten der Geschwister, Geschwister der Ehegatten und Verlobte. Sie bleiben auch Angehörige, wenn die Ehe, durch welche das Angehörigenverhältnis begründet ist, nicht mehr besteht. Den Eltern und Kindern stehen gleich Personen, die miteinander durch Annahme an Kindes Statt verbunden sind.

StPO.: § 52.

Zur Verweigerung des Zeugnisses sind berechtigt:

1. Der Verlobte des Beschuldigten;
2. der Ehegatte des Beschuldigten, auch wenn die Ehe nicht mehr besteht;
3. wer mit dem Beschuldigten in gerader Linie verwandt, verschwägert oder durch Annahme an Kindes Statt verbunden oder in der Seitenlinie bis zum dritten Grade verwandt oder bis zum zweiten Grade verschwägert ist, auch wenn die Ehe, durch welche die Schwägerschaft begründet ist, nicht mehr besteht.

Ei. G.: § 52.

Die Angehörigen des Beschuldigten, die Kinder seiner Geschwister und die Geschwister seiner Eltern sind zur Verweigerung des Zeugnisses berechtigt. Sie sind vor jeder Vernehmung über ihr Recht zur Verweigerung des Zeugnisses zu belehren. Sie können den Verzicht auf dieses Recht auch während der Vernehmung widerrufen.

StPO.: § 52, Abs. III.

Die bezeichneten Personen sind vor jeder Vernehmung über ihr Recht zur Verweigerung des Zeugnisses zu belehren. Sie können den Verzicht auf dieses Recht auch während der Vernehmung widerrufen.

Ei. G.: Vgl. § 52.

StPO.	*Ei. G.*
§ 53. Zur Verweigerung des Zeugnisses sind ferner berechtigt:	§ 53. Zur Verweigerung des Zeugnisses sind ferner berechtigt:
1. Geistliche über das, was ihnen bei Ausübung der Seelsorge anvertraut ist;	1. Geistliche über das, was ihnen bei Ausübung der Seelsorge anvertraut ist;
2. Verteidiger des Beschuldigten über das, was ihnen in dieser Eigenschaft anvertraut ist;	2. *approbierte Ärzte, Apotheker und andere staatlich geprüfte Medizinalpersonen, Rechtsanwälte, Verteidiger in Strafsachen und andere Personen, denen das mündliche Verhandeln vor Gericht kraft Gesetzes oder durch eine Anordnung der Justizverwaltung gestattet ist, und Notare über das, was ihnen kraft ihres Berufs anvertraut oder zugänglich geworden ist;*
3. Rechtsanwälte und Ärzte über das, was ihnen bei Ausübung ihres Berufs anvertraut ist;	3. *die berufsmäßigen Gehilfen der in Nr. 2 bezeichneten Personen sowie Personen, die zur Vorbereitung auf den Beruf an ihrer berufsmäßigen Tätigkeit teilnehmen, über das, was ihnen in dieser Eigenschaft anvertraut oder zugänglich geworden ist;*
4. Redakteure, Verleger u. Drucker einer periodischen Druckschrift sowie die bei der technischen Herstellung der Druckschrift beschäftigten Personen über die Person des Verfassers oder Einsenders einer Veröffentlichung strafbaren Inhalts, wenn ein Redakteur der Druckschrift als Täter bestraft ist oder seiner Bestrafung kein rechtliches Hindernis entgegensteht.	4. Redakteure, Verleger u. Drucker einer periodischen Druckschrift sowie die bei der technischen Herstellung der Druckschrift beschäftigten Personen über die Person des Verfassers oder Einsenders einer Veröffentlichung strafbaren Inhalts, wenn ein Redakteur der Druckschrift als Täter bestraft ist oder seiner Bestrafung kein rechtliches Hindernis entgegensteht.

StPO.	*Et. G.*
§ 53, Abs. 2.	§ 53, Abs. 2.
Die unter Nr. 2, 3 bezeichneten Personen dürfen das Zeugnis nicht verweigern, wenn sie von der Verpflichtung zur Verschwiegenheit entbunden sind.	Die unter Nr. 2, 3 bezeichneten Personen dürfen, *auf Grund dieser Vorschrift*, das Zeugnis nicht verweigern, wenn sie von der Verpflichtung zur Verschwiegenheit entbunden sind.
Fehlt.	§ 53 a. *Jeder Zeuge darf die Antwort auf die Frage, wie er bei einer auf Gesetz beruhenden geheimen Wahl oder Abstimmung in öffentlichen Angelegenheiten gewählt oder gestimmt hat, verweigern. Er ist hierüber zu belehren.*
§ 55.	§ 55.
Jeder Zeuge kann die Auskunft auf solche Fragen verweigern, deren Beantwortung ihm selbst oder einem der im § 52, Nr. 1—3, bezeichneten Angehörigen die Gefahr strafgerichtlicher Verfolgung zuziehen würde.	Jeder Zeuge kann die Auskunft auf solche Fragen verweigern, deren Beantwortung ihm selbst oder einer Person, die zu ihm *in einem Verhältnis der in § 52 bezeichneten Art steht*, die Gefahr strafgerichtlicher Verfolgung zuziehen würde.
§ 56.	§ 56.
Die Tatsache, auf welche der Zeuge die Verweigerung des Zeugnisses in den Fällen der §§ 52, 53, 55 stützt, ist auf Verlangen glaubhaft zu machen. Es genügt die eidliche Versicherung des Zeugen.	Die Tatsache, auf welche der Zeuge die Verweigerung des Zeugnisses in den Fällen der §§ 52, 53, 55 stützt, ist auf Verlangen glaubhaft zu machen. *Zur Glaubhaftmachung genügt eine Versicherung des Zeugen unter Berufung auf die Pflicht zur Wahrheit.*
§ 57.	§ 57.
Unbeeidigt sind zu vernehmen: 1. Personen, welche zur Zeit der Vernehmung das sechzehnte Lebensjahr noch nicht vollendet oder wegen mangelnder Ver-	*Vor der Vernehmung werden die Zeugen zur Wahrheit ermahnt und darauf hingewiesen, daß sie in den im Gesetz vorgesehenen Fällen die Richtigkeit und Vollständigkeit*

StPO.

standesreife oder wegen Verstandesschwäche von dem Wesen und der Bedeutung des Eides keine genügende Vorstellung haben.
(Vgl. Ei. G. § 61, Z. 1.)
2. Personen, welche nach den Bestimmungen der Strafgesetze unfähig sind, als Zeuge eidlich vernommen zu werden.
(Fehlt. Vgl. aber Ei. G. § 63, Z. 5.)
3. Personen, welche wegen der den Gegenstand der Untersuchung bildenden Tat als Teilnehmer, Begünstiger oder Hehler verdächtig oder bereits verurteilt sind.
(Vgl. Ei. G. § 61, Z. 2.)

§ 58.

Stehen Personen zu dem Beschuldigten in einem Verhältnis, welches sie nach § 52 zur Verweigerung des Zeugnisses berechtigt, so hängt es von dem richterlichen Ermessen ab, ob sie unbeeidigt zu vernehmen oder zu beeidigen sind.
(Fehlt. Vgl. aber Ei. G. § 63, Z. 2, in Verbindung mit § 64 a.)
Sie können auch nach der Vernehmung die Beeidigung des Zeugnisses verweigern und sind über dieses Recht zu belehren.
(Fehlt. Vgl. aber § 60, Abs. 3, in Verbindung mit § 64 a.)

§ 59.

Jeder Zeuge ist einzeln und in Abwesenheit der später abzuhörenden Zeugen zu vernehmen (ebenso § 58).

Ei. G.

ihrer Aussage unter Berufung auf die Pflicht zur Wahrheit zu versichern, unter Umständen auch ihre Aussage zu beeidigen haben; hierbei werden sie über die strafrechtlichen Folgen einer unvollständigen oder unrichtigen Aussage belehrt. (Ist neu.)

§ 58.

Jeder Zeuge ist einzeln und in Abwesenheit der später abzuhörenden Zeugen zu vernehmen.
(Vgl. § 59, Abs. 1.)

§ 59.

Jeder Zeuge hat, *soweit das Gesetz nicht anderes bestimmt, nach der Vernehmung die Richtigkeit und Vollständigkeit seiner Aussage unter Berufung auf die Pflicht zur Wahrheit zu versichern.*
(Ist neu. Vgl. aber § 61.)

§ 60.

Die Versicherung erfolgt in der Weise, daß der Richter an jeden Zeugen nach nochmaligem ausdrücklichen Hinweis auf die Straf-

StPO.

Eine Gegenüberstellung mit anderen Zeugen oder mit dem Beschuldigten findet im Vorverfahren nur dann statt, wenn sie ohne Nachteil für die Sache nicht bis zur Hauptverhandlung ausgesetzt bleiben kann.

(Fehlt.)

§ 60.

Vor der Leistung des Eides hat der Richter den Zeugen in angemessener Weise auf die Bedeutung des Eides hinzuweisen.

(Vgl. § 64 a, Abs. 2.)

§ 61.

Jeder Zeuge ist einzeln und vor seiner Vernehmung zu beeidigen. Die Beeidigung kann jedoch aus besonderen Gründen, namentlich wenn Bedenken gegen ihre Zulässigkeit obwalten, bis nach Abschluß der Vernehmung ausgesetzt werden.

(Fehlt. Vgl. aber § 59 in Verbindung mit § 64 a.)

§ 62.

Der vor der Vernehmung zu leistende Eid lautet:

daß der Zeuge nach bestem Wissen die reine Wahrheit sagen, nichts verschweigen und nichts hinzusetzen werde;

der nach der Vernehmung zu leistende Eid lautet:

daß der Zeuge nach bestem Wissen die reine Wahrheit gesagt, nichts verschwiegen und nichts hinzugesetzt habe.

(Vgl. § 64 b.)

Ei. G.

barkeit einer falschen Aussage die Frage richtet:

„Versichern Sie unter Berufung auf die Pflicht zur Wahrheit, daß Ihre Aussage richtig und vollständig ist?“

und daß der Zeuge hierauf erwidert

„Ich versichere es.“

(Ist neu.)

Stumme *geben die Versicherung in der Weise ab, daß sie die Worte „Ich versichere es“* niederschreiben und unterschreiben. Stumme, die nicht schreiben können, geben *die Versicherung* mit Hilfe eines Dolmetschers durch Zeichen ab.

(Fehlt. Vgl. aber § 64, Abs. 2 und 3.)

Der Zeuge, der nach §§ 52, *55* sein Zeugnis hätte verweigern können, kann auch nach der Vernehmung *die Abgabe der Versicherung* verweigern. Er ist hierüber zu belehren.

(Fehlt. Vgl. aber § 58, Abs. 2.)

§ 61.

Die Abnahme eine *Versicherung (59) ist unzulässig:*

1. bei Personen, die zur Zeit der Vernehmung das 16. Lebensjahr noch nicht vollendet oder wegen mangelnder Verstandesreife oder wegen Verstandesschwäche von dem Wesen und der Bedeutung *einer Versicherung unter Berufung auf die Pflicht zur Wahrheit* keine genügende Vorstellung haben.

(Vgl. § 57. Z. 1.)

StPO.	*Ei. G.*

§ 63.

Der Eid beginnt mit den Worten:

„Ich schwöre bei Gott dem Allmächtigen und Allwissenden" und schließt mit den Worten: „So wahr mir Gott helfe".

(Vgl. § 64 b.)

§ 64.

Der Eid wird mittels Nachsprechens oder Ablesens der die Eidesnorm enthaltenden Eidesformel geleistet. Der Schwörende soll bei der Eidesleistung die rechte Hand erheben.

Stumme, welche schreiben können, leisten den Eid mittels Abschreibens und Unterschreibens der die Eidesnorm enthaltenden Eidesformel.

Stumme, welche nicht schreiben können, leisten den Eid mit Hilfe eines Dolmetschers durch Zeichen.

(Vgl. § 64 b.)

2. Bei Personen, die wegen der den Gegenstand der Untersuchung bildenden Tat als *Täter*, Teilnehmer, Begünstiger oder Hehler verdächtig oder bereits verurteilt sind.
   (Vgl. § 57, Z. 3.)
3. *Wenn das Gericht und die Beteiligten auf sie verzichten.*
   (Ist neu.)
4. *Wenn nach der Überzeugung aller Mitglieder des Gerichts die Aussage unerheblich und der Zeuge auch nicht in der Lage ist, erhebliche Tatsachen zu bekunden.*
   (Ist neu.)

§ 62.

Von der Versicherung kann nach dem Ermessen des Gerichts abgesehen werden:

1. *In einem Verfahren, das ausschließlich eine Übertretung betrifft.*
   (Ist neu.)
2. *In anderen Verfahren, wenn die Aussage nach der Überzeugung aller Mitglieder des Gerichts offenbar unglaubwürdig ist.*
   (Ist neu.)

§ 65.

Der Eidesleistung wird gleichgeachtet, wenn ein Mitglied einer Religionsgesellschaft, welcher das Gesetz den Gebrauch gewisser Beteuerungsformeln an Stelle des Eides gestattet, eine Erklärung unter der Beteuerungsformel dieser Religionsgesellschaft abgibt.

(§ 65 unverändert.)

§ 63.

Von der *Versicherung (§ 59)* kann nach dem Ermessen des Gerichts ferner abgesehen werden bei der Vernehmung:

1. *des Verletzten.*
   (Ist neu.)
2. Einer nach § 52 zur Verweigerung des Zeugnisses berechtigten Person.
   (Vgl. § 58, Abs. 1.)

StPO.

§ 66.

Die Beeidigung der Zeugen erfolgt, vorbehaltlich der Bestimmungen des § 223, in der Hauptverhandlung.

Sie kann schon in der Voruntersuchung erfolgen, wenn voraussichtlich der Zeuge am Erscheinen in der Hauptverhandlung verhindert, oder sein Erscheinen wegen großer Entfernung besonders erschwert sein wird, oder wenn die Beeidigung als Mittel zur Herbeiführung einer wahrheitsgemäßen Aussage erforderlich erscheint.

(Fehlt. Vgl. aber § 64; u. § 64c, S. 1.)

In dem vorbereitenden Verfahren ist die Beeidigung nur zulässig, wenn Gefahr im Verzug obwaltet, oder wenn die Beeidigung als Mittel zur Herbeiführung einer wahrheitsgemäßen Aussage über eine Tatsache, von der die Erhebung der öffentlichen Klage abhängig ist, erforderlich erscheint.

(Fehlt. Vgl. aber § 64, Abs. 2.)

Erfolgt die Beeidigung im Vorverfahren, so ist der Grund in dem Protokoll anzugeben.

(Vgl. § 64, Abs. 2.)

Et. G.

3 *Einer Person, die zu dem Verletzten in einem Verhältnis der im § 52 bezeichneten Art steht.*
(Ist neu.)

4. *Einer Person, die zur Zeit der Vernehmung zwar das 16. aber noch nicht das 18. Lebensjahr vollendet hat.*
(Ist neu.)

5. Einer Person, die *innerhalb der letzten 10 Jahre wegen einer in den §§ 183 a bis 186 a des Allgemeinen Deutschen Strafgesetzbuchs mit Strafe bedrohten Handlung* rechtskräftig verurteilt worden ist oder eine solche Strafe verbüßt hat.
(Fehlt. Vgl. aber § 57, Z. 2.)

6. *Jedes Zeugen hinsichtlich der Auskünfte auf Fragen über solche Tatsachen, die ihm oder einer Person, die zu ihm in einem Verhältnis der im § 52 bezeichneten Art steht, die Gefahr strafgerichtlicher Verfolgung zuziehen oder zur Unehre gereichen können.*
(Ist neu.)

§ 64.

Die *Versicherung der Richtigkeit und Vollständigkeit der Aussage unter Berufung auf die Pflicht zur Wahrheit* erfolgt vorbehaltlich der Vorschriften der § 154h, Absatz II, § 223 in der Hauptverhandlung.

(Fehlt. Vgl. aber § 66, Abs. 1.)

Im vorbereitenden Verfahren, *das nicht ausschließlich eine Über-*

tretung betrifft, und in der Voruntersuchung darf die Abnahme *einer Versicherung* nur erfolgen, wenn Gefahr im Verzug liegt oder wenn der Zeuge am Erscheinen in der Hauptverhandlung verhindert oder sein Erscheinen wegen großer Entfernung besonders erschwert sein wird, oder wenn die *Versicherung* als Mittel zur Herbeiführung einer wahrheitsgemäßen Aussage *über einen für das weitere Verfahren erheblichen Punkt* erforderlich erscheint; der Grund ist im Protokoll anzugeben. *Wird ein Zeuge auf Ersuchen des Untersuchungsrichters vernommen, so hat im Falle der § 61, Nr. 4, § 62, Nr. 2, § 63 der Untersuchungsrichter über die Abnahme der Versicherung zu entscheiden.*

(Fehlt. Vgl. aber § 66, Abs. 2, 3 u. 4.)

StPO.

§ 67.

Wird der Zeuge, nachdem er eidlich vernommen worden ist, in demselben Vorverfahren oder in demselben Hauptverfahren nochmals vernommen, so kann der Richter statt der nochmaligen Beeidigung den Zeugen die Richtigkeit seiner Aussage unter Berufung auf den früher geleisteten Eid versichern lassen.

(Fällt weg.)

Ei. G.

§ 64 a.

Das Gericht kann beschließen, daß der Zeuge, anstatt eine Versicherung nach § 59 abzugeben, seine Aussage oder einen Teil derselben zu beeidigen hat, wenn es der Aussage ausschlaggebende Bedeutung für die Urteilsfindung beimißt, und wenn es der Auffassung ist, daß bei Würdigung der Sachlage die Beeidigung als äußerstes Mittel der Wahrheitserforschung nicht entbehrt werden kann. Die Beeidigung kann auch beschlossen werden, wenn eine Versicherung bereits abgegeben worden ist.

(Ist neu.)

Erfolgt eine Beeidigung des Zeugen, so ist er vor der Eidesleistung auch auf die Bedeutung des Eides hinzuweisen.

(Vgl. § 60.)

§ 64 b.

Die Beeidigung erfolgt in der Weise, *daß der Richter an den Zeugen die Worte richtet:*

„Sie schwören bei Gott dem Allmächtigen und Allwissenden, daß Sie nach bestem Wissen die reine Wahrheit gesagt und nichts verschwiegen haben",

und daß der Zeuge hierauf die Worte spricht:

„Ich schwöre es, so wahr mir Gott helfe."

Die Eidesleistung hat auf Wunsch des Schwörenden in der Weise zu erfolgen, daß der Richter die Worte „bei Gott dem Allmächtigen und Allwissenden" fortläßt und der Schwörende sich auf die Erklärung beschränkt:

„Ich schwöre es."

Der Schwörende soll die rechte Hand erheben.

Für die Eidesleistung durch Stumme gilt § 60, Abs. 2, entsprechend.

(Vgl. §§ 62, 63, 64 und Art. 136, IV, und Art. 177, Reichsverfassg.)

§ 64 c.

Die Beeidigung erfolgt, vorbehaltlich der Vorschrift des § 223, Abs. 3, Satz 2, in der Hauptverhandlung; *§ 60, Abs. 3, gilt entsprechend. Soweit die Aussage beeidigt wird, ist sie wörtlich in das Protokoll aufzunehmen.*

(Fehlt. Vgl. aber § 66, Abs. 1.)

StPO.	*Ei. G.*
	§ 65. Der Eidesleistung wird gleichgeachtet, wenn ein Mitglied einer Religionsgesellschaft, welcher das Gesetz den Gebrauch gewisser Beteuerungsformeln an Stelle des Eides gestattet, eine Erklärung unter der Beteuerungsformel dieser Religionsgesellschaft abgibt. (§ 65 unverändert.) (§§ 66 u. 67 fallen weg.)
§ 68 Die Vernehmung beginnt damit, daß der Zeuge über Vornamen und Zunamen, Alter, Stand oder Gewerbe und Wohnort befragt wird. Erforderlichenfalls sind dem Zeugen Fragen über solche Umstände, welche seine Glaubwürdigkeit in der vorliegenden Sache betreffen, insbesondere über seine Beziehungen zu dem Beschuldigten oder dem Verletzten, vorzulegen. (§ 68 unverändert.)	§ 68. Unverändert.
§ 69. Der Zeuge ist zu veranlassen, das, was ihm von dem Gegenstande seiner Vernehmung bekannt ist, im Zusammenhang anzugeben. Vor seiner Vernehmung ist dem Zeugen der Gegenstand der Untersuchung und die Person des Beschuldigten, sofern ein solcher vorhanden ist, zu bezeichnen. Zur Aufklärung und zur Vervollständigung der Aussage sowie zur Erforschung des Grundes, auf welchem die Wissenschaft des Zeugen beruht, sind nötigenfalls weitere Fragen zu stellen. (§ 69 unverändert.)	§ 69. Unverändert.

§ 69 a.

Bildet den Gegenstand der Vernehmung eine Auskunft, die der Zeuge voraussichtlich an der Hand seiner Bücher oder anderer Aufzeichnungen zu geben hat, so kann dem Zeugen die Pflicht auferlegt werden, die für die Auskunft erforderlichen Nachforschungen und Prüfungen vorher vorzunehmen. Ebenso kann, wenn der Gegenstand der Vernehmung eine Auskunft bildet, die sich auf eine Sache oder auf eine Örtlichkeit bezieht, dem Zeugen die Pflicht auferlegt werden, sich durch eine Besichtigung der Sache oder der Örtlichkeit auf die Aussage vorzubereiten.

Die Anordnung soll in die Ladung oder wenn sie mündlich im Termine erfolgt, in das Protokoll aufgenommen werden.

(Ist neu.)

§ 69 b.

Fragen nach solchen Tatsachen, die dem Zeugen oder einem seiner Angehörigen zur Unehre gereichen können, dürfen nur gestellt werden, wenn es unerläßlich ist.

Der Zeuge darf nach Vorstrafen nur gefragt werden, wenn ihre Feststellung notwendig ist, um über die Zulässigkeit der Abgabe einer Versicherung unter Berufung auf die Pflicht zur Wahrheit oder der Beeidigung zu entscheiden. Die Frage darf sich nur auf solche Strafen erstrecken, die der Zeuge innerhalb der letzten zehn Jahre erlitten oder verbüßt hat.

(Ist neu.)

StPO.	*Ei. G.*
§ 79.	§ 79.
Der Sachverständige hat vor Erstattung des Gutachtens einen Eid dahin zu leisten: daß er das von ihm erforderte Gutachten unparteiisch und nach bestem Wissen und Gewissen erstatten werde. Ist der Sachverständige für die Erstattung von Gutachten der betreffenden Art im allgemeinen beeidigt, so genügt die Berufung auf den geleisteten Eid. (Vgl. § 79.)	Der Sachverständige hat *nach seiner Vernehmung auf Verlangen des Gerichts oder auf Antrag eines Beteiligten unter Berufung auf die Pflicht zur Wahrheit zu versichern,* daß *er sein* Gutachten unparteiisch und nach bestem Wissen und Gewissen *erstattet habe. In anderen Fällen unterbleibt die Versicherung. Eine Beeidigung ist ausgeschlossen.* (Vgl. § 79.)

Strafprozeßordnung.	Einführungsgesetz.
§ 57, Z. 1.	§ 61, Z. 1.
§ 57, Z. 2.	Fehlt. Vgl. aber § 63, Z. 5.
§ 57, Z. 3.	§ 61, Z. 2.
§ 58, Abs. 1.	Fehlt. Vgl. aber § 63, Z. 2, in Verbindung mit § 64 a.
§ 58, Abs. 2.	Vgl. § 60, Abs. 3 u. § 64 a.
§ 59.	§ 58.
§ 60.	§ 64 a, Abs. 2.
§ 61.	Fehlt. Vgl. aber § 59 in Verbindung mit § 64 a.
§ 62.	Vgl. § 64 b.
§ 63.	Vgl. § 64 b.
§ 64.	Vgl. § 64 b.
§ 65.	Unverändert.
§ 66.	Vgl. § 64 u. 64 c, Satz 1.
§ 67.	Fehlt.
§ 68.	Unverändert. Vgl. § 68.
§ 69.	Unverändert. Vgl. § 69.
§ 79.	Unverändert. Vgl. § 79.

Einführungsgesetz.	Strafprozeßordnung.
§ 57.	Fehlt.; ist neu.
§ 58.	Vgl. § 59, Abs. 1.
§ 59.	Fehlt. Vgl. aber § 61.

Einführungsgesetz.	Strafprozeßordnung.
§ 60, Abs. 1.	Fehlt; ist neu.
§ 60, Abs. 2.	Fehlt. Vgl. aber § 64, Abs. 2 u. 3.
§ 60, Abs. 3.	Fehlt. Vgl. aber § 58, Abs. 2.
§ 61, Z. 1.	Vgl. § 57, Z. 1.
§ 61, Z. 2.	Vgl. § 57, Z. 3.
§ 61, Z. 3.	Fehlt; ist neu.
§ 61, Z. 4.	Fehlt; ist neu.
§ 62.	Fehlt; ist neu.
§ 63, Z. 1.	Fehlt; ist neu.
§ 63, Z. 2.	Vgl. § 58, Abs. 1.
§ 63, Z. 3.	Fehlt; ist neu.
§ 63, Z. 4.	Fehlt; ist neu.
§ 63, Z. 5.	Fehlt. Vgl. aber § 57, Z. 2.
§ 63, Z. 6.	Fehlt; ist neu.
§ 64, Abs. 1.	Vgl. § 66, Abs. 1.
§ 64, Abs. 2.	Vgl. § 66, Abs. 2, 3 u. 4.
§ 64 a, Abs. 1.	Fehlt; ist neu.
§ 64 a, Abs. 2.	Vgl. § 60.
§ 64 b.	Vgl. §§ 62, 63, 64.
§ 64 c.	Vgl. § 66, Abs. 1.
§ 65.	Vgl. § 65.
§ 68.	Vgl. § 68.
§ 69.	Vgl. § 69.
§ 69 a.	Fehlt; ist neu.
§ 69 b.	Fehlt; ist neu.
§ 79.	Vgl. § 79.

2. Kapitel.

Gegenstand der Reform.

I. Art, Zeitpunkt und Form der Aussagebekräftigung.

Der Versuch, die Flut der Eide einzudämmen und gleichwohl die Rechtspflege wirksam zu sichern, hat zu Vorschlägen nach den verschiedensten Richtungen geführt. Die meisten in der Literatur und in Gesetzesvorlagen vorgesehenen Verbesserungsversuche bringen Veränderungen in Einzelheiten bei der Anwendung oder Nichtanwendung des Eides.

Bevor aber entschieden werden kann, ob voraussichtlich die Anwendung des Eides in diesem oder jenem Zeitpunkt, dieser oder jener Form oder schließlich diesem oder jenem Falle zweck- oder unzweckmäßig, deliktschaffend oder wahrheitsfördernd wirkt, muß grundlegend darüber entschieden sein, ob der Eid überhaupt beibehalten werden soll. Bejahendenfalls, ob er allein angewandt oder neben ihm eine andere und welche Bekräftigungsform geschaffen werden müßte.

§ 1. Eid als alleinige Bekräftigungsform. Zwischenformen. Dreistufensystem.

In allen bis 1928 in Gesetzesvorschlägen niedergelegten Reformversuchen wird der Eid als alleinige Bekräftigungsform beibehalten. Es ist auch nirgends der Versuch gemacht, dem Eid eine Ausnahmestellung für besondere Fälle zu geben und daneben in irgendeiner anderen Weise die Vernehmungssicherung zu regeln; vielmehr ist überall der Eid als Regel vorgesehen[1]) und daneben versucht, den offenbaren und bekannten

---

[1]) Vgl. hierzu NE. I, 1898/99, §§ 59 u. 60, und Begründung hierzu S. 9; ferner NE. II, 1907/09, § 57; ferner N. Komm. B., 1909/11, 4. Teil. § 57; schließlich NE. III, 1920, § 77.

Mißständen durch besonders festgesetzte Ausnahmen abzuhelfen.

Diese Lösung hatte nichts grundsätzlich neues, sie lockerte wohl den Eideszwang unserer Strafprozeßordnung, erschütterte aber das Prinzip nicht entscheidend. Die Bekräftigung der Zeugenaussage durch Eid ist auch jetzt die Regel; daneben besteht unter besonders gesetzlich geregelten Voraussetzungen die Möglichkeit der Nichtbeeidigung und damit — auf Grund der Bestimmungen des Strafgesetzbuchs, die nur die Eidesverletzung unter Strafe stellen — die Möglichkeit der straflosen falschen Aussage vor Gericht.

Diese durchaus nicht grundlegenden Reformversuche wurden von vielen Seiten beanstandet. Vielfach wurde nach neuen Wegen gesucht, häufig nur negativ Kritik geübt, hin und wieder aber auch neue Ideen und Vorschläge — wenn auch oft nicht bis zur letzten Konsequenz durchdacht — vorgebracht. In dem Wirrwarr von Material (manche Meinungen sind in ganz anderem Zusammenhang oder nur andeutungsweise geäußert) finden sich etwa die folgenden verschiedenen grundsätzlichen Wünsche:

1. Der Eid soll beibehalten werden, wird aber nur als Ausnahme in besonderen, gesetzlich geregelten Fällen angewandt. Daneben: Unbeeidigte und unbekräftigte Aussage als Regel. Schaffung einer Strafbestimmung für die falsche uneidliche Aussage.

Diese Lösung scheint schon Brettner[2]) 1894 die zweckmäßigste und Windelband[3]) schlägt sie 1899 ausdrücklich vor. Er meint, der Eid sei und bleibe die ultima ratio iustitiae, und der Staat dürfe diese seine letzte Waffe nicht durch allzu häufigen Gebrauch stumpf machen. Es sei darum richtig, den Eid zur Ausnahme zu machen; die unumgängliche Bedingung dafür aber

---

[2]) Brettner: Die Eideslehre im neuen Gesetzentwurfe zur StPO., Arch. f. Str., 1894, S. 1.

[3]) Windelband: Die lex Salisch in DJZ., IV, 1899, S. 161 ff., S. 162: „Der Staat soll den Eid unweigerlich fordern, wo nur durch diesen die Grundlage für eine Entscheidung des Rechtsstreites zu erwarten ist. Aber er sollte ihn auch nur in diesem Falle und nur zu diesem Zwecke zulassen."

sei: die Bestrafung jeder unbeeideten falschen Aussage vor Gericht.

1905 wurde bei den Kommissionsberatungen ein Vorschlag in diesem Sinne gemacht, aber mit 18 gegen 1 Stimme abgelehnt[4]). Oehlert[5]) hat bei Besprechung dieser Beratungen noch viel einschneidendere Änderungen gefordert, für den Fall, daß seine Forderungen aber nicht erfüllt werden, die ausnahmsweise Anwendung des Eides schon als wünschenswerte Verbesserung bezeichnet. Beling, der 1905 in einem Aufsatz über die Strafprozeßreform referierend von verschiedenen Vertretern dieser Wünsche berichtet[6]), äußert gelegentlich einer Polemik gegen Aschaffenburg 1906/07[7]), es habe schwerwiegende Gründe für sich, daß künftig mit der grundsätzlichen Vereidigung jedes Zeugen gebrochen werden sollte[8]). Auch in den Verhandlungen der letzten Strafrechtsausschüsse — die sich ja notgedrungen, abweichend von ihrem eigentlichen Gegenstand, auch mit der straf*prozessualen* Eidesreform beschäftigt haben — wurde von einigen Mitgliedern diese Lösung als wünschenswert bezeichnet. Bell[9]) und Jörrisen[10]) halten es für das richtigste, die uneidliche Aussage zur Regel zu machen, den Eid als seltene Ausnahme in notwendigen Fällen beizubehalten und daneben eine Strafe für jede falsche uneidliche Aussage einzuführen.

---

[4]) Prot. d. Reform-Komm., 1905, I. Bd., 1. Lsg., S. 48/49.

[5]) Oehlert bei Aschrott: Reform d. Strafprozesses, Berlin 1906, S. 527.

[6]) Beling: Zur Strafprozeßreform in ZStW., 1905, Bd. 25, S. 593 ff. Im Grenzboten, 62. Jahrg., Nr. 46, S. 404, wünscht ein anonymer Artikelverfasser, daß künftighin nicht mehr die Vereidigung, sondern die Nichtbeeidigung zur Regel gemacht werde bei gleichzeitiger Einführung der Strafbarkeit der uneidl. falschen Aussage. Für den gleichen Gedanken trete Leisering in ZStW., Bd. IX, ein.

[7]) Beling: Nichtvereidigung geistig Gesunder mit Rücksicht auf ehemalige Geisteskrankheit, in Mon. f. Krim. Psych., 1906/07, Bd. 3, S. 614.

[8]) Vgl. auch Goldschmidt: Eidesverletzung u. Eidesüberschätzung in Justiz, Bd. 3, 1927, S. 172 ff.: G. möchte aber, daß die Fälle, in denen der Eid abgenommen werden soll, nicht gesetzlich geregelt, sondern ganz dem richterlichen Ermessen überlassen würden.

[9]) RT., 1928, 21. Aussch., 44. Sitzg., Bell., S. 4.

[10]) a. a. O., 45. Sitzg., Jörrisen, S. 6.

2. Der Eid soll beibehalten, nur als Ausnahme in besonderen gesetzlich geregelten Fällen angewandt, daneben die unbeeidigte, unbekräftigte Aussage die Regel werden. Dabei Straflosigkeit der unwahren Regelaussage.

Diesen radikalen Vorschlag machte im Strafrechtsausschuß Wunderlich[11]), indem er auf die befriedigende Praxis im Arbeitsgerichtsprozeß und in den Prozessen der Kammer für Handelssachen verwies.

Emminger bezeichnet den Vorschlag, falls eine andere von ihm vorgesehene Regelung nicht durchführbar sein sollte, als den noch sympathischsten[12]).

Koch-Weser[13]) hat hingegen ausgeführt, bei einer solchen Regelung werde man dem Angeklagten oder den sonst an der Wahrheitserforschung interessierten Personen nicht gerecht. Es sei unmöglich, unter Umständen Personen zu schweren Strafen zu verurteilen oder sie an ihrer Ehre oder ihrem Vermögen zu schädigen auf Grund einer Aussage, die ohne die Gefahr einer Bestrafung gemacht wird.

Hegler[14]) äußert auch gegen diese Lösung Bedenken und meint, daß infolge des Fehlens jeder Pression dann mit einer starken Lügenvermehrung bei der uneidlichen Aussage gerechnet werden müsse.

3. Der Eid soll völlig abgeschafft und auch nicht durch eine anders geartete Bekräftigung ersetzt werden. Alle Aussagen werden uneidlich gemacht. Alle falschen uneidlichen Aussagen sollen — in weitgefaßtem Strafrahmen — strafbar sein.

Dies ist Oehlerts[15]) Forderung, dem die Abschaffung des Eides insbesondere auch darum wünschenswert scheint, weil er ohnehin keine formelle Beweiskraft habe[16]).

---

[11]) RT., 1928, 21. Aussch., 48. Sitzg., Referat Emminger über Wunderlich, S. 1, vgl. auch Schiffer, in DJZ., 1929, S. 611 ff.

[12]) Referat Emminger, a. a. O., S. 1, am Ende.

[13]) RT., 1928, 44. Sitzg., 21. Aussch., Koch-Weser, S. 2.

[14]) Hegler, in Ger. S., 1929, S. 301.

[15]) a. a. O., S. 514.

[16]) a. a. O., S. 516.

Auch Stoos[17]) meint, daß die Bedeutung des Eides durch die freie Beweiswürdigung doch fragwürdig sei, und daß anderseits die freie Beweiswürdigung durch ihn in einem gewissen Sinne gefährdet werde, weil manchmal doch der Richter Bedenken über seine Zweifel an dem Vorgange wegen des geleisteten Eides unterdrückt. Er findet, gestützt auf die befriedigenden Erfahrungen, die er jahrelang als Richter in Zürich gemacht habe, wo der Eid seit Jahrhunderten außer Übung gekommen sei, daß der Versuch mit dem uneidlichen Zeugnis nur einmal gemacht werden müsse. Gegen den Eid spreche auch, daß durch ihn gerade der gewissenhafte Zeuge zum ängstlichen Abwägen seiner Worte veranlaßt werde, und ihm Dinge, die er zuverlässig wahrgenommen zu haben glaube, nun plötzlich zweifelhaft schienen.

Dies letzte gibt auch Bartolomäus[18]) zu bedenken, ohne jedoch positive Reformvorschläge hiemit zu verbinden.

Bei den letzten Beratungen im Strafrechtsausschuß war es Kahl[19]), der immer wieder die schon so lang von ihm geforderte und gewünschte Regelung der Frage vertrat. Er betonte, er habe schon 1903 auf dem evangelisch-sozialen Kongreß in Darmstadt weitgehende Zustimmung für seine Vorschläge gefunden. Während er freilich damals und 1912 in Wien noch gewisse Zweifel darüber gehabt habe, ob der Zeitpunkt für Abschaffung des Eides schon gekommen sei, träte er jetzt unter den veränderten Verhältnissen ganz für diese Abschaffung ein. Er glaube, daß es ausreichend sei, wenn im Strafgesetz eine Bestimmung eingeführt werde, nach welcher derjenige, der vor einer Behörde oder vor Gericht, wissentlich und nachdem er vorher in feierlicher Form belehrt worden sei, die Unwahrheit sage oder wissentlich die Wahrheit verschweige, so und so bestraft werde[20]).

---

[17]) Vgl. Darstellungen, Bes. Teil III, 1906, Stoos: Meineid, S. 385/86.

[18]) Bartolomäus: Zur Frage des Meineides der Zeugen, in Mon. f. Krim. Psych., 1914, Bd. 11, S. 44 ff.

[19]) RT., 1928, 21. Aussch., 45. Sitzg., Kahl, S. 4.

[20]) Vgl. hierzu auch: RT., 1928, 21. Aussch., 48. Sitzg. Zusammenfassende Darstellung durch Emminger, S. 1, und Schiffer, in DJZ., 1929, S. 611 ff.

Auch Ebermayer vertritt die Auffassung, daß neben der strafbaren uneidlichen Aussage auf die „Krücke des Eides" verzichtet werden könnte[21]).

4. Der Eid wird nicht völlig, wohl aber als strafbare Aussageform abgeschafft. Alle Aussagen werden regelmäßig uneidlich gemacht. Die falsche, uneidliche Aussage wird strafbar. Zeuge kann auf eigenen Wunsch seine Aussage beeidigen. Der Richter kann in gewissen Fällen dem Zeugen die Beeidigung vorschlagen. Jeder Zeuge kann diese Beeidigung verweigern.

Eid hier als freiwilliger Akt aufzufassen. Kein spezielles Delikt des Meineides neben dem der falschen uneidlichen Aussage.

Dies ist eine neue, bisher noch nirgends aufgenommene Idee von Schiffer[22]), die ihm eine Lösung zu bringen und den verschiedensten Forderungen gerecht zu werden scheint.

5. Der Eid wird abgeschafft. An seine Stelle tritt als Regel eine bürgerliche Bekräftigungsform. Die Verletzung der so bekräftigten Aussage ist strafbar. Die unbekräftigte Aussage bleibt daneben straffrei.

1909 erklärt Gmelin[23]), daß die Beseitigung des Eides und die Einführung einer feierlichen Wahrheitsversicherung hohe ideale Vorteile habe. Er meint, die „Eidesnot" — die er als Gewissensnot definiert — werde dadurch beseitigt, die Zeugenaussage werde auch äußerlich dadurch richtiger in das Gebiet der bürgerlichen Rechtsordnung zurückversetzt, und der Richter würde durch eine solche Versicherung sich weniger als bisher veranlaßt sehen, sich über die persönlichen und sachlichen Mängel einer Zeugenaussage auf Grund ihrer Bekräftigung hinwegzusetzen. Dabei geht Gmelin freilich von dem Gedanken aus, daß man sich wohl des Eides entledigen müsse, daß aber für die Sicherung der Rechtsordnung nicht Beschränkung, sondern Vermehrung verantwortlicher Aussage nottue, und daß

---

[21]) Ebermayer: Epilog zum Fall Krantz, in DJZ., 1928, S. 416.

[22]) Schiffer: Um die Reform des Eidesrechts, in DJZ., 1929, S. 611 ff.

[23]) Gmelin: Zur Psychologie der Aussage, mit einem Anhang über die gesetzliche Beseitigung des Zeugeneides, Hannover 1909, S. 72 ff.

dementsprechend auch die Fälle der uneidlichen falschen Aussage unter Strafe gestellt werden müßten.

1928 führt Loewenthal[24]) in der Justiz aus, daß beim Zeugeneid nur grundlegende Änderung nützen könne. Auch er sieht im Eid ein Hindernis der freien Beweiswürdigung; da der Eid aber heute immerhin die Grenze zwischen der Lügenfreiheit und der Wahrheitspflicht ziehe, könne man ihn nicht ersatzlos wegräumen, sondern müsse an seine Stelle etwas anderes, geeigneteres setzen. Die unbekräftigte falsche Aussage müsse straffrei bleiben[25]).

Hegler[26]), der an der bestehenden Rechtsordnung nichts Grundsätzliches geändert sehen möchte, bespricht 1929 in einem Aufsatz unter anderem das Für und Wider dieser Auffassung[27]).

In den Verhandlungen des Strafrechtsausschusses 1924/28 bezeichnet Alexander[28]) die Einführung einer einfachen Wahrheitsbekräftigung als die radikalste und zugleich glücklichste Lösung. Ein demnach zu schaffender einheitlicher Tatbestand, bei dem unter bestimmten Bedingungen die falsche Aussage vor Gericht strafbar sei, werde für den Laien verständlich, einfach, klar und übersichtlich sein.

Auch Rosenfeld gab zu bedenken, ob es nicht zweckmäßig sei, den durch die zweierlei Art der Eidesleistung doch in seinem Wert erschütterten Eid durch eine weltliche Formel einfach zu ersetzen[29]).

Koch-Weser[30]) teilte mit, daß die hier behandelte Lösung eingehend im Justizministerium erwogen worden, schon darum aber nicht durchführbar gewesen sei, weil es doch Wunsch wei-

---

[24]) Loewenthal: Eid und Meineid im Strafrechtsausschuß, in Justiz, Bd. 4, S. 277 ff.

[25]) a. a. O., S. 288.

[26]) Hegler: Die Eidesdelikte in der neuen Fassung, in Ger. S., 1929, S. 293 ff.

[27]) a. a. O., S. 301.

[28]) RT., 1928, 21. Aussch., 45. Sitzg., Alexander, S. 4.

[29]) RT., 1924/28, 32. Aussch., 57. Sitzg., Rosenfeld, S. 2.

[30]) RT., 1928, 21. Aussch., 44. Sitzg., Koch-Weser, S. 2.

ter Bevölkerungsschichten und namentlich der Länderregierungen sei, den Eid in irgendeiner Form beizubehalten[31]).

6. Eid wird wahlweise neben einer bürgerlichen Versicherung beibehalten. Die falsche unbekräftigte Aussage bleibt daneben straflos.

Dies schlägt Oetker[32]) bei einer Besprechung der neuesten Änderungsversuche vor. Er meint, es sei zu bedenklich im Kampf der Weltanschauungen, der unsere Zeit bewegt, den Eid völlig abzuschaffen; die Zeit sei nicht reif dazu; anderseits müsse man dem Teil des Volkes, der den Eid verwirft, die Möglichkeit geben, seine Aussage in anderer Form, etwa auf Pflicht und Gewissen, zu bekräftigen. Dabei müßten strafrechtlich beide Bekräftigungsformen gleich gewertet werden. Daneben soll offenbar — es geht aus dem Aufsatz nicht ganz eindeutig hervor — die uneidliche resp. unbekräftigte falsche Aussage (wie auch zurzeit) straffrei bleiben.

7. Der Eid wird beibehalten, aber nur ausnahmsweise in besonderen Fällen angewandt. In der Regel tritt an seine Stelle eine bürgerliche Bekräftigung.

Die unbeeidigte, unbekräftigte Aussage ist straffrei. Die bürgerlich bekräftigte falsche Aussage ist strafbar, aber niedriger als die ebenfalls und höher zu strafende falsche beeidigte Aussage.

Das ist die im Entwurf eines Einführungsgesetzes[33]) von 1929 vorgesehene Regelung, das vielumstrittene sogenannte „Dreistufensystem".

Bestimmungen, nach denen Eid, Bekräftigung und straflose falsche Aussage neben und eventuell nacheinander möglich sind, sind zum erstenmal in der Drucksache formuliert, welche auf Grund der Entschließung Nr. 250[34]) dem Reichstagsausschuß zur

---

[31]) Die Beschlüsse des 21. Ausschusses in der 138. Sitzg. lassen es neuerdings möglich scheinen, daß eine Regelung, wie sie unter 5) für den Strafprozeß vorgeschlagen wird, sich durchsetzt.

[32]) Oetker: Meineid und falsche Aussage im künftigen Recht, in DJZ., 1929, S. 881 ff.

[33]) AE. eines Ei. G., 1929, Art. 67, Ziff. 26, § 59 und 64 a, und Begründung hierzu S. 35 u. 41, in Verb. mit Drs. Nr. 203, § 183 a u. 184.

[34]) Vgl. Einleitung, Anm. 32.

Weiterberatung der strafrechtlichen Meineidsbestimmungen von der Reichsregierung vorgelegt wurde. Dieser Drucksache Nr. 175 folgten noch zwei weitere, in Reichstagsausschußdrucksachen niedergelegte Vorschläge[35]).

Sie alle enthalten im Prinzip die gleichen Stufungen der Aussagebekräftigung[36]). Soweit sie die Abnahme einer bürgerlichen Versicherung als Regel vorsehen, stimmen sie inhaltlich völlig miteinander und mit dem Entwurf eines Ei. G. überein. Alle sehen den Eid als Ausnahme für die Fälle vor, in denen das Gericht „der Aussage ausschlaggebende Bedeutung für die Urteilsfindung beimißt, und wenn es der Auffassung ist, daß bei Würdigung der Sachlage die Beeidigung als äußerstes Mittel der Wahrheitserforschung nicht entbehrt werden kann"[37]).

Während aber § 61 a der Drucksache Nr. 175 nur von der Möglichkeit der Beeidigung nach bereits erfolgter Bekräftigung spricht, § 61 a der Drucksache Nr. 202 sich sehr vorsichtig ausdrückt: „Das Gericht kann beschließen, daß eine Aussage oder ein Teil einer solchen von dem Zeugen beeidigt werde, wenn usw.", so daß unklar ist und offen bleibt, ob eine Beeidigung neben, nach oder statt der bürgerlichen Bekräftigung möglich sein soll, und in § 61 a der Drucksache Nr. 203 die Frage mit einer in Klammer gesetzten Einschiebung vorschlagsweise auch nicht geklärt ist, sieht der § 64 a des Entwurfs eines Einführungsgesetzes die Möglichkeit der Beeidigung beim Vorliegen der Voraussetzungen sowohl statt der Bekräftigung als auch nach bereits erfolgter Bekräftigung vor.

In allen genannten Ausschußdrucksachen werden die strafprozessualen Änderungsvorschläge nur anhangsweise behandelt. Der Hauptinhalt ist die strafrechtliche Reform. Entgegen dem Entwurf eines Allgem. Dtsch. Strafgesetzbuches von 1927[38]) ist auf Grund der strafprozessualen Änderungen in

---

[35]) Vgl. Einleitung. Anm. 34.

[36]) Vgl. E. eines Ei. G., § 59; Drs. Nr. 175, § 58, S. 1; Drs. Nr. 202. III, § 58, S. 2; Drs. Nr. 203, II, § 58, S. 2.

[37]) Vgl. E. eines Ei. G., § 64 a, Abs. I; Drs. 175, § 61 a, Abs. 1; Drs. 202, § 61 a, Abs. 1; Drs. Nr. 203, § 61 a, Abs. 1.

[38]) Vgl. E. 1927, § 184 und 187.

diesen Drucksachen keine Strafbarkeit der uneidlichen falschen Aussage neben dem Meineid vorgesehen, sondern ein neuer Straftatbestand „wissentlich falsche Bekräftigung"[39]) oder „falsche Versicherung"[40]) außer dem Meineid geschaffen. Die Aufgaben der Ausschüsse lagen ja ausschließlich auf dem Gebiet des Straf r e c h t s. Der Zusammenhang von Strafprozeß und Strafrecht in diesen Fragen ist aber so eng, daß er von allen Seiten betont und immer wieder geäußert wurde, daß vernünftigerweise Strafbestimmungen erst geschaffen werden könnten, wenn das Kernproblem gelöst und im Einführungsgesetz eine durchgreifende Reform im Sinne der Einschränkung der eidlichen Vernehmung durchgeführt werde[41]). Dementsprechend haben sich die Ausschußmitglieder auch vielfach zu den neu vorgeschlagenen Lösungsversuchen geäußert. Hiebei sind mehr Stimmen gegen als für das Dreistufensystem laut geworden.

Insbesondere wurde vorgebracht, daß die verschiedene Wertung der Wahrheit, die in der abgestuften Bekräftigung und Bestrafung liege, äußerst bedenklich und alles andere als wahrheitsfördernd sei. Jörrisen[42]) meinte, aus dem Stufensystem würden sich viele Komplikationen ergeben, es werde sich im Volk die Auffassung bilden, daß das eine, die formale Bekräftigung, weniger ehrlos wäre als das andere, der falsche Eid. Zudem sei die Gefahr groß, direkt einen Meineid zu veranlassen; denn wer seine Aussage bekräftigt habe, ohne daß man wirklich feststellen könne, daß die Aussage falsch sei und nachher noch zur besseren Sicherung zum Eid herangezogen werde, würde

---

[39]) Vgl. Drs. Nr. 175, § 183 a.

[40]) Vgl. Drs. Nr. 202 u. 203, § 183 a.

[41]) Vgl. hierzu RT., 1924/28, 32. Aussch., 53. Sitzg., Emminger, S. 2 und 3; Bell: S. 7, 32. Aussch., 54. Sitzg.; Barth: S. 2, 32. Aussch., 55. Sitzg.; Bumke: S. 2 und Bumke im RT., 1928, 21. Aussch., 44. Sitzg., S. 6, in gleicher Sitzg., S. 2, Koch-Weser; ebenso Wunderlich im 21. Aussch., 44. Sitzg., S. 9, der noch im 32. Aussch., 53. Sitzg., S. 4, gegenüber Slings und Hentings Verlangen nach baldiger Änderung des Verfahrensrechts meinte: man müsse erst das materielle Eidesrecht regeln, und es sei selbstverständlich, daß dann das Verfahrensrecht dem materiellen Recht angepaßt werden müsse.

[42]) RT., 1928, 21. Aussch., 45. Sitzg., Jörrisen, S. 6.

dann auch noch den Eid darüber trumpfen. Hanemann[43]) bezeichnet die vorgeschlagene Lösung als unglücklich. Man schaffe so eine Wahrheit erster Klasse, die durch den Eid, und eine Wahrheit zweiter Klasse, die mit der minderwertigen Beteuerungsformel bekräftigt werde. Dabei müsse man die allgemeine Einstellung der Menschen berücksichtigen, die sich also sagen müßten, daß der Gesetzgeber ja selbst implicite anerkannt habe, daß der Eid noch etwas wertvolleres und wichtigeres darstelle als die regelmäßig von ihnen geforderte Bekräftigung.

Auch Kahl[44]) warnt vor der schlechten psychologischen Wirkung bei einer Versicherungsform, die eine Möglichkeit des Übergangs zum Eid vorsehe und damit an den Zeugen etwa so appelliere „so weit bist du uns zuverlässig, daß wir dir zu Dreiviertel glauben können, aber ganz können wir dir noch nicht glauben; um uns deine volle Glaubwürdigkeit zu zeigen, mußt du uns noch einen Eid ablegen". Abgesehen hiervon scheint Kahl das ganze System auch für den Laien viel zu kompliziert und eine einheitliche einfache Bestimmung viel wirksamer. Daß mit einem so komplizierten System nichts erreicht würde, wendet besonders auch Alexander[45]) ein. Und Bell[46]) bezeichnet die Zwischenstufe der bekräftigten Aussage gewissermaßen als Dantesches Purgatorium, dessen Schaffung ihm in diesem Zusammenhang wenig wünschenswert scheine. Er hält die Dreiteilung für zu theoretisch und bezweifelt, daß sie den praktischen Bedürfnissen gerecht wird.

Emminger[47]) hat erhebliche Bedenken gegen das neugeplante System „den kleinen und den großen Eid, das kleine und das große Ehrenwort".

Bumke[48]) vertrat die Vorschläge des Justizministeriums. Er führte aus, daß ein wirklich brauchbares Äquivalent für den Eid

---

[43]) RT., 1928, 21. Aussch., 44. Sitzg., Hanemann, S. 7 u. 8.
[44]) RT., 1928, 21. Aussch., 45. Sitzg., Kahl, S. 3.
[45]) RT., 1928, 21. Aussch., 45. Sitzg., Alexander, S. 4.
[46]) RT., 1928, 21. Aussch., 44. Sitzg., Bell, S. 4.
[47]) RT., 1928, 21. Aussch., 43. Sitzg., Emminger, S. 6 u. 7.
[48]) RT., 1928, 21. Aussch., 44. Sitzg., Bumke, S. 6.

geschaffen werden müsse, wenn die nichteidliche Vernehmung die Regel werden solle. Die vorgesehene Bekräftigung, die nach der Vernehmung stattfinden solle (so daß der Richter gezwungen sei, sich ganz klar darüber zu werden, ob der einzelne Zeuge zu den Personen gehöre, bei denen eine Bestrafung wegen falscher Aussage nicht in Betracht komme, die also nicht zur Bekräftigung heranzuziehen seien), scheine ihm eine gute Lösung. Auch finde er darin eine genügende Garantie für die Sicherung der Grundlagen der Rechtspflege.

Koch-Weser[49]) hält auch die vorgeschlagene Lösung für die einzige, um die Eide wirklich einzuschränken und doch der Wahrheitserforschung zu dienen. Auch die Bedenken, die wegen des auf die Versicherung nachfolgenden Eides geäußert würden, schienen ihm unrichtig. Die vorgesehene Möglichkeit, daß die falsche bekräftigte Aussage, wenn sie unter Eid widerrufen werde, straflos bleibe, schiene ihm im Gegenteil in der Hand eines geschickten Richters eine vorteilhafte Regelung.

Auch Ehlermann[50]) und Rosenfeld[51]) sehen in der vorgeschlagenen Regelung zwar keine ideale Lösung, aber doch wenigstens eine geeignete Grundlage, um der „Meineidsseuche" entgegenzuwirken.

Der 1929 veröffentlichte Entwurf des Einführungsgesetzes ist noch nicht durchberaten. Das Entscheidende wird erst bei seiner Beratung geklärt werden. Die Eidesbestimmungen dieses Entwurfs haben in der Literatur bisher fast ausschließlich heftige Kritik erfahren. Im wesentlichen entsprechen die ablehnenden Bedenken den im Ausschuß geäußerten.

So scheint es Oetker[52]) unverantwortlich, daß man sich der Regel nach, obwohl regelmäßig wichtige Interessen auf dem Spiele stehen, mit der Bekräftigung begnügt, wenn man doch, wie die Stufung zeige, dem Eide mehr Gewicht beilege. Der Zeuge werde einen nach der Bekräftigung noch geforderten Eid

---

[49]) RT., 1928, 21. Aussch., 44. Sitzg., Koch-Weser, S. 2.
[50]) RT., 1928, 21. Aussch., 45. Sitzg., Ehlermann, S. 1.
[51]) RT., 1928, 21. Aussch., 45. Sitzg., Rosenfeld, S. 2.
[52]) Oetker: Meineid und falsche Aussage im künftigen Recht, in DJZ., 1929, S. 882—883.

als Mißtrauensvotum ansehen, und wenn beide Versicherungen falsch seien, habe das Gesetz die gesteigerte Verschuldung veranlaßt.

Hegler[53]) hält die Schaffung einer Wahrheit ersten und zweiten Grades für bedenklich.

Schultz[54]) findet, daß die Häufung beider Bestärkungsformen auf dieselbe Aussage etwas mißliches habe. Viele Zeugen möchten, solange die Bekräftigung nur als Mittelding zwischen der einfachen und beschworenen Aussage steht, solange sie nicht richtig „beeidigt" sind, die Sache zu leicht nehmen.

Schiffer[55]) hält die vorgeschlagene Neuordnung schon darum für nicht tragbar, weil sich der Jurist nur schwer, der einfache Mann nie und nimmer in ihr zurechtfinden würde. Loewenthal[56]) erklärt, der Eid dürfe keinesfalls zur Scheidung zwischen einer höheren und niederen Wahrheitspflicht degradiert werden. Eine abgestufte Strafdrohung, wie die vorgeschlagene, müsse geradezu demoralisierend wirken. Die Deutsche Strafrechtliche Gesellschaft hat 1929 bei ihrer Tagung in Bamberg einstimmig eine Entschließung angenommen, in der die neuen Vorschläge abgelehnt werden[57]). Sie führt aus, daß die gerichtliche Aussage eine Ungleichheit der strafrechtlichen Behandlung je nach der Form ihrer Wahrheitsbeteurung nicht erfahren darf, wenn nicht das Verantwortlichkeitsbewußtsein und Wahrheitsstreben des Volkes verwirrt und herabgemindert werden soll.

Klee[58]) meint, daß leicht die Meinung aufkommen könnte, daß, wer nicht zu schwören, sondern nur die Wahrheit zu versichern hat, es nicht so genau mit der Wahrheit zu nehmen brauche. Ihm scheint es fraglich, ob der Dualismus von eidlicher Aussage und uneidlicher Wahrheitsbekräftigung innerlich haltbar ist.

---

[53]) Hegler: Ger. S., 1929, S. 301.

[54]) Schultz, in JRsch., 1929, S. 115/16.

[55]) Schiffer, in DJZ., 1929, S. 611 ff.

[56]) Loewenthal, in Justiz, Bd. 4, S. 287.

[57]) Meyer: Tagung der Deutschen Strafrechtlichen Gesellschaft in Bamberg, in DJZ., 1929, S. 835.

[58]) Klee: Strafprozeßnovelle oder Reform des Strafverfahrens, in GA., 1929, S. 284 ff.

Sachse[58a]) hat die gleichen Bedenken; zudem scheint ihm die neue Regelung durchaus nicht geeignet, gerade den Mißständen, die der Häufigkeit des Eides zugeschrieben werden, abzuhelfen. Die Rechtspflege werde nicht entlastet, die Häufigkeit der Strafanzeigen und Strafprozesse nicht vermindert. Es werde ihnen nur ein neuer Namen gegeben[58b]). Schließlich ist noch ein Antrag zu erwähnen, der gegen die Regierungsvorschläge eingebracht wurde und vorsieht:

8. Der Eid wird beibehalten, aber nur ausnahmsweise in besonderen Fällen angewandt. In der Regel tritt an seine Stelle die unbeeidigte Aussage; jeder Zeuge wird vor dieser Aussage vom Richter darauf hingewiesen, daß eine falsche uneidliche Aussage strafbar ist.

In den Fällen, in denen der Hinweis unterbleibt, ist die unbeeidigte falsche Aussage straffrei.

Nach Hinweis ist diese Aussage strafbar, aber niedriger als die beeidigte falsche Aussage.

Dieser Vorschlag wurde von Emminger[59]) gemacht, ihm entsprechen etwa die in den Entwürfen eines allgemeinen Deutschen Strafgesetzbuchs 1925 und 1927 vorgesehenen Strafbestimmungen[60]), [61]).

Bei dieser Regelung würden auch drei verschiedenwertige Aussagen möglich sein; es wäre also hier ebenfalls ein Dreistufensystem. Emminger erklärt auch, daß sein Vorschlag im logischen

---

[58a]) Sachse: Die Beschränkung des Zeugeneides im Strafprozeß, in GA., 1930, Bd. 74, S. 50/51.

[58b]) Nach Emmingers Ausführungen zu den strafrechtlichen Neuerungen im 21. Aussch., 137. Sitzg., S. 8, ist damit zu rechnen, daß das Stufensystem bei den künftigen Beschlüssen auch im Strafprozeß wieder aufgegeben wird.

[59]) RT., 1928, 21. Aussch., 44. Sitzg., Mitteilg. d. Vorsitzenden, S. 1, vgl. auch RT., 1924/28, Drs. Nr. 250, Ziff. 4.

[60]) a. a. O., Emminger, S. 2, und AE. 1925, §§ 171, 175, u. E. 1927, §§ 184—187.

[61]) Schon der NE. I, 1898/99, enthält in Art. II, § 59, i. Verb. m. Art. III entsprechende Bestimmungen. Während NE. II, 1907/09, und N. Komm. B., 1909/11, keinen ausdrücklichen Hinweis d. Zeugen auf die Strafbarkeit d. uneidlichen Aussage vorsehen.

Aufbau der Regierungsvorlage recht nahe komme; er meint aber, in der psychologischen Wirkung bestehe bezüglich der Eingewöhnbarkeit ein erheblicher Unterschied. Durch das Nebeneinanderstellen zweier Bekräftigungsformeln oder, was dasselbe sei, einer Bekräftigungsformel und der Möglichkeit eines späteren Eides würden die beiden Bekräftigungsformeln gegenseitig entwertet. Der Emmingersche Vorschlag entspräche besser der Autorität des Gerichts insbesondere im Hinblick auf gewisse vorgesehene Fälle des Unterbleibens einer Bekräftigung, wobei noch immer eine gewisse Möglichkeit der Bestrafung gegeben sei. Bumke[62]) hingegen hält den Hinweis auf die Strafbarkeit allein als Wirkung auf den Zeugen für ungenügend. Gerade deshalb zielten die neuen Vorschläge darauf hin, daß der Zeuge veranlaßt werde, selbst zu erklären, daß er die Wahrheit gesagt habe. Wichtig sei auch, daß bei der vorgesehenen Bekräftigung dem Zeugen beim Abschluß seiner Vernehmung noch einmal die ganze Schwere seiner Verantwortung und die Folgen einer Unwahrheit, auch für ihn selbst, mit aller Deutlichkeit vor Augen geführt würden.

Auch sei zu befürchten, daß, wenn auf der einen Seite nur der Eid stehe, auf der anderen Seite etwas sehr flüssiges, wenig greifbares, wenig strafbares, die Praxis dann dazu käme, von dem Eid mehr Gebrauch zu machen als man es wünsche.

Auch Koch-Weser[63]) scheint es psychologisch richtiger, vom Zeugen selbst die Erklärung zu fordern, daß seine Angaben der Wahrheit entsprächen, statt sich mit der richterlichen Belehrung zu begnügen. Etwas anderes sei die in der Regierungsvorlage vorgeschlagene Bekräftigung nicht.

§ 2. Vor- oder Nacheid des Zeugen.

Nach geltendem Recht wird der Zeuge im Strafverfahren regelmäßig vor seiner Vernehmung vereidigt (§ 62 StPO.). Die Bestrebungen, den Voreid durch den Nacheid zu ersetzen, bestehen schon sehr lange. Wie in der Einleitung erwähnt[64]), wird

---

[62]) RT., 1928, 21. Aussch., 44. Sitzg., S. 6.

[63]) RT., 1928, 21. Aussch., 44. Sitzg., Koch-Weser, S. 11.

[64]) Vgl. Einleitung, S. 25.

bereits im Entwurf eines Gesetzes betreffend Änderungen und Ergänzungen des GVG. und der StPO.[65]) der Versuch gemacht, den Nacheid einzuführen. Bei Besprechung des § 60 dieses Gesetzes erklärt Brettner[66]) schon 1894, daß Wertmessung und Bevorzugung beider Eidesnormen (Vor- oder Nacheid) wenngleich ohne Schlichtung bereits genugsam erörtert worden sind. Zu einer Schlichtung des Streites, das heißt zu einer Angleichung aller oder auch nur der weitaus meisten Meinungen in diesem Punkte wird es wohl auch schwerlich jemals kommen. Jede der beiden Lösungen hat so sehr die Nachteile ihrer Vorzüge, daß, solange man glaubt, auf die Bekräftigung nicht überhaupt verzichten zu können, man immer, um zur gesuchten Lösung zu gelangen, zwischen zwei Übeln wird wählen müssen. So erklärt denn auch Brettner — der im übrigen die Einführung des Nacheides befürwortet — ziemlich zynisch: die Beantwortung der Frage könne eigentlich ausgeknobelt werden. Es finden sich auch in der Literatur immer wieder Äußerungen, nach denen die Beantwortung der Frage verhältnismäßig gleichgültig schiene. Radlauer[67]) meint 1899 die Vorschrift des neuen Entwurfs, wonach der Voreid durch den Nacheid ersetzt werden solle, habe keine sehr entscheidende Bedeutung. Und Frank[68]) schreibt 1899, daß sich vom rein historischen Standpunkt aus für Vor- und Nacheid ungefähr gleich viel vorbringen lasse, und daß die Meineidsbekämpfung besser und wirksamer durch andere Änderungen auf dem Gebiet der Beeidigung durchgeführt werde. Stenglein[69]) hält es 1903 bei den Vorzügen und Nachteilen von Vor- und Nacheid für ziemlich gleich, für welchen man sich entscheide, und Auerbach[70]) erklärt bei der Fragestellung: Ist der Voreid zu beseitigen? sei zwischen Ja und Nein kaum ein

[65]) a. a. O., Anm. 20.

[66]) Brettner: Die Eideslehre im neuen Gesetzentwurfe zur StPO.. Arch. f. Str., 1894, S. 4.

[67]) Radlauer: Die geplante Änderung der Vorschriften über die Beeidigung der Zeugen usw., in GA., 1898/99, Bd. 46, S. 280 ff.

[68]) Frank: Zur lex Salisch, in DJZ., IV, 1899, S. 142 ff.

[69]) Stenglein: Zur Reform der StPO., in Ger. S., 1903, Bd. 62, S. 244 ff.

[70]) Auerbach: Einige Glossen zum Programm zur Reform des Strafprozesses, in ZStW., 1904, Bd. 24, S. 169 ff.

Unterschied. Er meint, da fast alle Kulturstaaten fast immer den Voreid hatten und noch haben, und die Für und Gegen sich im großen und ganzen die Waage hielten, sei kein Anlaß zur Änderung.

Hamm[71]) führt aus, die Kommission von 1905 habe der Frage, ob die Zeugen vor oder nach der Vernehmung beeidigt werden sollen, zu große Bedeutung beigelegt. Schlegelmilch[72]) erklärt 1927, in erster Linie sei es wichtig, daß die Beeidigung des Zeugen im Zivil- und Strafprozeß gleichmäßig gehandhabt werde[73]). Der gleichen Meinung ist auch Braune[74]).

Diejenigen, die diese Frage weniger lau behandelt wissen möchten, und die sich eindeutig für und gegen die Einführung des Vor- oder Nacheides einsetzen, haben teilweise praktische, verhandlungstechnische Gründe; zum anderen Teil begründen sie ihre Meinung mit der psychologischen Wirkung, die sie jeweils von dem von ihnen als richtig angesehenen Vor- oder Nacheid auf den Zeugen erhoffen.

Über die Psychologie der Zeugenaussage besteht eine kaum absehbare Literatur[75]). Deren Inhalt darzustellen, wäre Aufgabe einer besonderen Monographie. Hier können nur die, zu dieser Frage typischen, immer wiederkehrenden Für und Gegen aufgezeigt werden.

---

[71]) Hamm: Zur Reform des Strafprozesses. Besprechung der Kommissionsbeschlüsse. Eidesnot u. a., in DJZ., 1905, S. 706.

[72]) Schlegelmilch: Änderungen der StPO. anläßlich des neuen StGB. und zur Übereinstimmung mit den Vorschriften der ZPO. über den Zeugeneid, in DRZ., 1927, Bd. 19, S. 146.

[73]) Durch die Novelle vom 1. Juni 1909 ist im Zivilprozeß an Stelle des früher regelmäßigen Voreides der obligatorische Nacheid gesetzt worden.

[74]) Braune: Zeugen und Parteieid, DRichZ., 1927, S. 426.

[75]) Vgl. hierzu u. a. Groß: Handbuch des Untersuchungsrichters, S. 37, Anm. 2, und S. 77 mit sehr viel Literaturangabe. Ebenso Angabe von viel Literatur bei Gmelin, a. a. O., S. 1—32, und Löwe-Rosenberg, Kommentar zur StPO., 17. Aufl., 1927, S. 147/48, Ziff. 8. Zu dieser Frage, insbesondere auch Seuffert, in DJZ., 1909, S. 519 ff.; als neuen juristischen Beobachtungsbeitrag: Friedländer: Eine psychologische Selbstbeobachtung als Beitrag zur Psychologie der Zeugenaussage, in DJZ., 1929, S. 1445.

Diejenigen, die für die Beibehaltung des Voreides eintreten, wie z. B. Frank, Oehlert, Seuffert, Sontag, Oetker[76]) meinen, der Zeuge werde durch ihn stärker beeindruckt und erkenne besser die Wichtigkeit der Handlung und seine Verpflichtung zur wahrheitsgemäßen Aussage. Er werde ohne den Druck des Voreides sich in weniger verantwortungsvoller Weise in ungeklärten Erinnerungsbildern verlieren, und die nachfolgende Bekräftigung werde ihn dann nicht zur Berichtigung veranlassen. Denn erstens könne sich leicht das einmal Ausgesagte zur „Erinnerung" verdichten. Zweitens werde, auch wo das nicht der Fall sei, die Angst vor der Schande, öffentlich eine eigene Lüge einzugestehen, den Zeugen häufig daran hindern, bei der nachfolgenden Beeidigung die bereits gemachte Aussage abzuändern; während bei der vorbeeidigten Aussage der Richter immer wieder den Zeugen zur Anspannung und eventuellen Berichtigung seines Gedächtnisses mit Hinblick auf den geleisteten Eid anhalten könne und werde[77]). Weiterhin werde gerade beim Nacheid der Richter in den Fällen, in denen er gesetzlich nicht von der Abnahme des Eides absehen könne, erst gezwungen, mit dem Bewußtsein für eine falsche Aussage die Bekräftigung abzunehmen, den strafbaren Tatbestand verwirklichen zu helfen. Oder aber da, wo die Möglichkeit für das Unterbleiben der Beeidigung in gewissen Fällen gegeben wäre, verfrüht eine Art Zwischenerkenntnis abzugeben, das leicht zu Mißdeutungen führen könne. Außerdem werde der Gang der Verhandlung durch das notwendige Rekapitulieren und doppelte Überlegen beim nachfolgenden Eid unerfreulich verzögert[78]).

---

[76]) Vgl. hierzu Frank, 1899, a. a. O.; Oehlert bei Aschrott: Reform des Strafprozesses, 1906, S. 530 ff.; Seuffert: Voreid oder Nacheid, in DJZ., 1909, S. 519 ff.; Sontag, in GA., 1920, Bd. 68, S. 337; Oetker, in DJZ., 1929, S. 884.

[77]) Vgl. hierzu insbes. Oehlert, a. a. O.; Gmelin, 1909, a. a. O., S. 80 u. 81, der erklärt: „Der Nacheid als Regelfall ist eine evidente Verkehrtheit" u. Seuffert, a. a. O., der die Änderung des geltenden Rechts als einen bedenklichen Fehlgriff bezeichnet.

[78]) Vgl. hierzu insbes. Oehlert, a. a. O., und Frank, a. a. O., der auf S. 144 die Motive zur österreichischen Strafprozeßordnung wiedergibt, wegen deren das dortige Gesetz zur Einrichtung des Voreides zurückkehrte.

Auch da, wo nicht die eine oder andere Beeidigung eindeutig gefordert wird (z. B. schlägt Bomhard vor, die Frage dadurch zu lösen, daß es dem richterlichen Ermessen überlassen werde, im einzelnen Fall vor oder nach der Aussage zu beeidigen)[79], [80]), werden die Vorteile des Voreides gegenüber den Gefahren des Nacheides in ganz entsprechender Weise dargestellt.

Die Forderung, an die Stelle des Voreides den Nacheid zu setzen, ist aber immer häufiger gestellt worden und hat in der letzten Zeit immer mehr Vertreter gefunden. Das mag auf drei Ursachen beruhen:

Die erste ist wohl in der allgemein menschlichen Anlage zu suchen, die bei der Überlegung, wie von einem unerfreulichen Zustand loszukommen sei, zunächst nach einem anderen greift und glaubt, schon allein, weil er anders ist, werde, müsse er besser sein als derjenige, worin man sich zur Zeit recht unbefriedigt befindet. Eine Auffassung, die manchmal zu glücklichen Lösungen und häufig zu schlimmeren Übeln führt.

Die zweite Ursache liegt in der Natur der Sache. Bei den vorgesehenen Änderungen sind Einschränkungen der Eidesleistungen im einzelnen geplant. In diesen Einzelfällen soll es oft von gewissen Erkenntnissen des Gerichts abhängen, ob eine Beeidigung stattfinden soll oder nicht. Zu dieser Erkenntnis kann aber das Gericht häufig erst kommen, wenn es den Zeugen angehört hat. Darum ist der Nacheid dann, wenn gewisse Änderungen eingeführt werden sollen, eine praktische Notwendigkeit.

Die dritte Ursache, die besonders für die Haltung der letzten Zeit bestimmend sein mag, liegt in der allgemeinen Einstellung zu dem Menschen, der sich so oder so einer strafbaren Handlung schuldig machen könnte. Da die ganze Tendenz unserer Zeit mehr als früher darauf gerichtet ist, in erster Linie das Individuum zu berücksichtigen (am deutlichsten wird es an den

---

79) Vgl. hierzu Windelband, a. a. O.; Hamm, a. a. O.; Bomhard nach dem Aufsatz von Beling, im ZStW., 1906, Bd. 26, S. 714.

80) Vgl. dagegen Prot. d. Reform.-Komm., 1905, I. Bd., 1. Lesg., S. 58/59: „Schon die Gefahr des Anscheins einer verschiedenen Behandlung durch den Richter, die so geschaffen werden könne, müsse vermieden werden."

zahlreichen Erklärungen zum Strafrecht, nach denen nicht die Tat, sondern der Täter Grundlage der Erkenntnis werden soll)[81]), so wird auch im Strafprozeß eine Lösung gesucht, die mehr als bisher der Einzelperson, dem Zeugen gerecht wird. Diese Lösung kann im schematischen Voreid unmöglich gefunden werden, während der Nacheid mit der Möglichkeit des Unterbleibens der Beeidigung in gewissen Fällen diesem Wunsche eher entgegenkommt.

Es ist immer wieder für den Nacheid geltend gemacht worden: Erst bei der Verhandlung ergäben sich häufig Gründe, wegen deren eine Vereidigung unterbleiben müsse oder könne; nur nach der Aussage und auf sie gestützt könne das Gericht sich über die Beeidigung oder Nichtbeeidigung klar werden. So werde durch den Nacheid leichter als bisher vermieden, daß Personen beeidigt würden, die unbeeidigt gelassen werden sollten[82]).

Ferner versetze der Eid den Zeugen erfahrungsgemäß in einen solchen Zustand von Unruhe und Erregung, daß es leicht geschehe, daß der Zeuge, der gleich zu Beginn der Aussage in diesen Zustand versetzt werde, seine Darstellung nicht mit der nötigen Ruhe und Klarheit geben könne, und auch die Ermahnung des Vorsitzenden zur Wahrheit weniger in sein Bewußtsein aufnehme als bei nachfolgender Bekräftigung[83]). Weiterhin wird gerade umgekehrt zu der von den Vertretern des Voreides dargelegten Auffassung betont, der Zeuge werde sich nicht so leicht

---

[81]) Vgl. hierzu noch weitergehend Radbruch: Vortrag in der Forensisch-Psychologischen Gesellschaft zu Hamburg, 1929.

[82]) Vgl. hierzu: Windelband, a. a. O., S. 163; Kulemann, 1904, a. a. O.; Prot. d. Reform-Komm., I. Bd., 1. Lesg., S. 58/59; Hassenstein: Vor- oder Nacheid, in DJZ., 1909, S. 73; Begr. zu NE. II, 1907/09, S. 30, unten; N. Komm. B., 1909/11, I. Teil, zu § 61, S. 183, unten; Steidle: Vor- oder Nacheid, in ZStW., 1909, Bd. 29, S. 829; Kürschner: Vossische Zeitg. v. 24. April 1927; Sling: Falscheid, in Justiz, 1927, Bd. 3, Heft II, S. 171, zweitletzter Absatz; Ebermayer: Epilog zum Fall Krantz, in DJZ., 1928, S. 411 ff.

[83]) Vgl. hierzu insbes. Kulemann, a. a. O., S. 15, Prot. d. Reform-Komm., 1905, S. 58/59, und Schultz: Voreid oder Nacheid im Strafverfahren, in Lpz. Ztschr., XXII, 1928, S. 1191 ff.

wie beim Voreid in einer einmal gemachten falschen Aussage verrennen. Es sei viel leichter für ihn, beim Vorhalten seiner Aussage und etwaiger Widersprüche durch den Richter sich zu berichtigen, da er sich viel freier fühle, so lange er wisse, daß das bisher Gesagte noch nicht unter dem Eid gestanden habe, daß er sich also durch die Aussage noch nicht strafbar gemacht habe und durch die Berichtigung noch davor bewahren könne[84]).

Schließlich weisen die meisten Vertreter des Nacheides auch darauf hin, daß zwar im nochmaligen Zusammenfassen des Ausgesagten vor Abgabe der Bekräftigung insofern ein Nachteil des Nacheides gefunden werden müsse, als dadurch der Gang der Verhandlung verzögert werde, daß aber der Hinweis auf die kommende Bekräftigung vor der Aussage zusammen mit dem nochmaligen Vorhalten der inzwischen womöglich protokollierten Aussagen den Nacheid auch gerade eindrucksvoll und wirksam machten[85]).

Alle weiteren — nach den bereits eingangs erwähnten — kodifizierten Reformversuche haben aus den angeführten Gründen für den Strafprozeß den Nacheid vorgesehen[86]).

Bei Beratung der Meineidsbestimmungen im 32. Ausschuß 1928 wurde in der Entschließung des Unterausschusses Nr. 250[87]) an erster Stelle gefordert, an Stelle des Voreides den Nacheid zu

---

[84]) Vgl. hierzu: Kulemann, a. a. O., S. 69; Ebermayer, a. a. O., S. 415, insbes. Schultz, a. a. O., S. 1193/94, der von einer „Mausefalle des Voreides" spricht.

[85]) Vgl. hierzu wieder insbes. Kulemann, a. a. O., S. 70; Schultz, a. a. O.; auch Steidle, a. a. O., S. 129. Als weitere Vertreter des Nacheides siehe auch Kronecker: Zur Verminderung der Eidesleistungen usw., in DJZ., 1899, S. 104 ff.; Lucius: Zum Kapitel Eidesnot, im Recht, 1905, S. 523/24, 3 e; Müller-Meiningen: Die nächsten Reformen auf dem Gebiete des Strafprozesses, in DJZ., 1914, S. 264/65; Preiser: Teilreformen im Strafprozeß, in Lpz. Ztschr., 1914, S. 133; Goldschmidt, in Justiz, 1927, S. 175.

[86]) Vgl. hierzu NE. I, 1898/99, § 60, Satz I; Begr. zu NE. I, S. 6, in Verbindung mit S. 9; NE. II, 1907/09, § 61, Satz 1, und Begr. hierzu S. 28 und 30; N. Komm. B., 1909/11, 4. Teil, § 61, Satz 1, und I. Teil zu § 61, S. 183/84; NE. III, 1920, § 81, Satz 1 und Begr. hierzu S. 41, oben.

[87]) Drs. Nr, 250, angenommen in 62. Sitzg. des 32. Ausschusses.

setzen. Dementsprechend enthalten die folgenden Vorschläge sämtlich Bestimmungen, nach welchen sowohl die bürgerliche Bekräftigung als auch der Eid nach der Vernehmung abzugeben wäre[88]).

Die gleichen Bestimmungen enthält der Entwurf eines Einführungsgesetzes[89]).

Die Frage ist anders wie die meisten Neuerungsvorschläge in den Strafrechtsausschüssen gar nicht debattiert worden. Es schien vielmehr offenbar selbstverständlich, von dem Nacheid als Grundlage für die übrigen Änderungen auszugehen. In der sehr kurz gefaßten Begründung des Entwurfs eines Einführungsgesetzes[90]) wird zum § 59 (der bestimmt, daß die bürgerliche Bekräftigung der Vernehmung nachfolgt) erklärt, daß damit dem schon lange gestellten Verlangen nach Abschaffung des Voreides Rechnung getragen sei. So wird hier mit einem knappen Satz alles das, was über den Vor- und Nacheid zur Diskussion stand, auch auf die bürgerliche Bekräftigung bezogen.

§ 3. Bekräftigung im Vor- oder Hauptverfahren?

Die Frage nach dem Zeitpunkt der Beeidigung mit Rücksicht auf die Prozeßstadien hängt untrennbar mit der Frage zusammen, in welchem Teil des Verfahrens überhaupt das Schwergewicht im Strafprozeß liegen soll. Auf eine umfassende Darstellung des Problems muß darum hier verzichtet werden; sie würde ein Eingehen auf Wesen und Aufbau unseres Strafprozesses fordern, zu dem im Rahmen dieser Untersuchung kein Raum ist.

Unser Gesetz sieht im § 66 die Möglichkeit der Beeidigung des Zeugen für besondere Fälle auch im Vorverfahren vor. Die Meinung, daß eine häufigere oder sogar regelmäßige Beeidigung im Vorverfahren wünschenswert wäre, ist immer wieder ver-

---

[88]) Drs. Nr. 175, Vorschläge zum E. eines Ei. G. usw. betr. Einschränkung der Eide, § 58, Satz 1, und 61 a, Abs. 1; Drs. Nr. 202 u. 203, §§ 58, Abs. 1, und 61 a, Abs. 1.

[89]) E. eines Ei. G., Art. 67, Ziff. 26, §§59 und 64 a, Abs. 1, in Verbindung mit § 64 b.

[90]) Vgl. E. eines Ei. G., Begr. S. 42.

treten worden[91]). Die Vorverlegung der Beeidigung wird darum gefordert, weil sie den Vorzug habe, eine sichere Grundlage für die Erhebung oder das Unterlassen der Anklage zu schaffen, da viele Zeugen sich im Hauptverfahren unter dem Eidesdruck erst zur Aussage der Wahrheit entschlössen und damit oft die ganze Grundlage der Anklage veränderten; während Zeugen, die wichtiges zu bekunden hätten, oft auf Grund ihrer im Vorverfahren straflos gemachten unwahren Aussage zur Hauptverhandlung gar nicht geladen würden. Dies könne leicht zur ungerechtfertigten Einstellung des Verfahrens führen.

Häufig sei auch nicht vorauszusehen, ob ein Zeuge am Erscheinen in der Hauptverhandlung verhindert sei (wie § 66 StPO., verlange) oder aus irgendwelchen Gründen sonst nicht zur Hauptverhandlung kommen werde, so daß eine Beeidigung im Vorverfahren immer als eine wünschenswerte Sicherung des Beweises betrachtet werden müsse. Ferner werde, wenn im Vorverfahren ungestraft gelogen werden dürfe „der Grundsatz einer doppelten Wahrheitsmoral in das Rechtsleben eingeführt und die Findung der Wahrheit vereitelt"[92]).

---

[91]) So u. a. Brettner, 1895, a. a. O., S. 52; Stenglein, 1903, a. a. O., S. 253/54; Feisenberger: Zur Reform des Strafprozesses, im Ger. S., 1905, Bd. 65, S. 25; Gmelin, 1909, a. a. O., S. 79; Floegel, DRZ., 1929, S. 218.

[92]) Hierzu insbes. Floegel, a. a. O., S. 219. Verfasser beruft sich u. a. auf Neumann: Mitteilung der JKV., 1922, S. 85. Neumann geht aber bei seinen Ausführungen von einer anderen Grundeinteilung (Eid neben strafbarer uneidlicher Aussage) aus, und tritt nicht für Mehrbeeidigung (resp. Bekräftigung wie Floegel) im Vorverfahren, sondern für Strafbarkeit aller uneidl. falschen Aussagen, also auch der im Vorverfahren, ein. Dagegen ist seinen Ausführungen auf S. 93, die freilich auch wieder von anderer These ausgehen, eher zu entnehmen, daß er für Abnahme einer Bekräftigung im Vorverfahren dann nicht eintreten würde, wenn dies nicht regelmäßig schematisch geschehen solle, wenn vielmehr die Abnahme zum Teil dem richterlichen Ermessen anheimgestellt würde. Denn Neumann ist der Meinung (S. 93), daß das Gericht die Ermessensfrage nur dann richtig zu lösen vermag, wenn ihm der ganze Komplex von Fragen, von denen die sachliche Ausübung des Ermessens abhängt, ausgearbeitet vorliegt.

Gegen die Einführung der regelmäßigen Abgabe einer Bekräftigungserklärung wurde — abgesehen von den grundsätzlichen Bedenken wegen der Veränderung der Prozeßprinzipien — geltend gemacht, daß durch eine solche Änderung eine außerordentliche Vermehrung der Eidesabnahmen an Stelle der erstrebten Verminderung erreicht werde[93]). Insbesondere aber, daß hierdurch eine starke Fixierung des gesamten Beweismaterials schon während des Vorverfahrens stattfinden werde, die der Kontrolle der Öffentlichkeit entzogen sei[94]).

Der Entwurf zur Änderung der StPO. von 1894/95[95]) sieht (nach Brettner) vor[96]), daß künftig auch im Vorverfahren die Beeidigung die Regel sein soll. Dagegen soll nach dem NE. I von 1898/99 die Bestimmung über die ausnahmsweise Beeidigung im Vorverfahren nicht geändert werden[97]). Auch im NE. II 1907/09 und in den N. Komm. B. 1909/11 ist in dem jeweiligen § 65 nur eine geringe, mehr formale Abänderung des geltenden Rechts, aber keine grundsätzliche Neuerung vorgesehen.

Im 32. Ausschuß wurde 1928 mit der Entschließung Drs. Nr. 250 unter Ziffer 5 gefordert, daß „in der Voruntersuchung und im Vorverfahren ein Hinweis auf die Strafbarkeit vorsätzlich falscher oder unvollständiger Aussagen, nur in dem Umfang der heutigen eidlichen Vernehmung erfolgen“ darf. — Hierbei wurde von einer strafrechtlichen Regelung ausgegangen, bei der uneidliche falsche Aussagen dann und nur dann strafbar wären, wenn die Zeugen vor ihrer Vernehmung auf die Strafbarkeit hingewiesen worden seien. — Die Drucksache Nr. 175, die schon das inzwischen ausgearbeitete Stufensystem enthält, sieht in den

---

[93]) Prot. d. Reform-Komm., 1905, I. Bd., 1. Lesg., S. 63.

[94]) Vgl. hierzu: Else Koffka, im ZStW., 1927, Bd. 48, S. 21/22, und Loewenthal, in Justiz, Bd. 4, S. 277 ff.: Bei gleichzeitiger Neueinführung einer Öffentlichkeit im Vorverfahren (nach Art der Haftprüfungsnovelle) hält Loewenthal jedoch die Aufnahme der strafbaren falschen, uneidlichen, unbekräftigten Aussage in das Vorverfahren für ungefährlich.

[95]) Vgl. Einleit., S. 25, Anmerk. 20.

[96]) § 65 dieses Entwurfs. Vgl. Brettner, a. a. O., S. 5.

[97]) NE. I, 1898/99, S. 2, Art. 2, Eingangsworte.

§§ 61 a, Abs. 2, und 67, eine sachlich leicht abgeänderte (die Unterscheidung von Voruntersuchung und vorbereitendem Verfahren fällt weg) grundsätzlich dem geltenden Recht und der Forderung der Drucksache Nr. 250 entsprechende Regelung vor. Das gleiche gilt für die jeweiligen §§ 61 a, Abs. 2, der Drucksachen 202 und 203. Ebenso entsprechen die §§ 64, Abs. 1, und 64 c des Entwurfs eines Einführungsgesetzes im wesentlichen den Bestimmungen der geltenden StPO. Die einzelnen unbedeutenden Änderungen ergaben sich aus dem Dreistufensystem. Sie sind den Änderungen in den erwähnten Drucksachen ähnlich[98]). Die Begründung sagt hierzu: „Die Abnahme der Versicherung erfolgt nach § 64 ebenso wie bisher die Eidesleistung grundsätzlich erst in der Hauptverhandlung. Die Ausnahme des § 223 entspricht dem geltenden Recht (bisher § 66) ebenso die des § 154 h, Abs. 2 (bisher § 286); auch der Fall des § 369, Abs. 2, bleibt unberührt. Im § 64, Abs. 2, werden die Vorschriften über die Abnahme der Versicherung im vorbereitenden Verfahren und in der Voruntersuchung (§ 66, Abs. 2 bis 4) dem praktischen Bedürfnis entsprechend einheitlich geregelt, da ein tieferer Grund für die bisherigen Unterschiede nicht vorliegt. Ausdrücklich wird bestimmt, daß bei einer auf Ersuchen des Untersuchungsrichters erfolgenden Zeugenvernehmung nicht der ersuchte Richter, sondern der Untersuchungsrichter, der allein die Sachlage ganz überblicken kann, zu entscheiden hat, ob wegen Unerheblichkeit oder Unglaubwürdigkeit der Aussage oder in einem der sonst in das Ermessen des Gerichts gestellten Fälle von der Abnahme der Versicherung abzusehen ist“[99]). Etwas später heißt es: „Die Beeidigung kann nur im Hauptverfahren und nur vom Gericht angeordnet werden und darf mit Ausnahme der Fälle des § 223, Abs. 1, nur vor dem Gericht erfolgen. Die dem wegfallenden § 66 entsprechenden Bestimmungen finden sich jetzt in § 64 und § 64 c“[100]), Nichts problematisches, nichts weiter.

---

[98]) Vgl. Synoptische Gegenüberstellung.

[99]) Vgl. Begr. zum E. eines Ei. G., 1929, S. 43.

[100]) Begr. S. 44.

§ 4. Formel für Eid und Bekräftigung; Verfahren bei der Abnahme.

Die Frage, wie der Eid im Strafverfahren abgenommen werden soll, ist neben dem Problem ob und wann dies geschehen soll, naturgemäß immer wieder aufgetaucht, aber meist etwas nebensächlich behandelt worden. Sehr häufig ist zwar ausgesprochen worden, daß die Abnahme des Eides feierlicher als bisher gestaltet werden müsse. Diese allgemeine Forderung hat jedoch kaum zu konkreten, praktischen Vorschlägen geführt. Die größere Feierlichkeit könnte durch zweierlei erzielt werden, einmal durch eine Umgestaltung der Eidesformel, zum anderen durch ein neues, verändertes Vorgehen bei der Abnahme.

I. Es wurde nie und wird auch jetzt nicht behauptet, daß der Eidesformel selbst zu wenig feierliches inne wohne. Wieviel übersinnlich-feierliches im Gegenteil heute noch darin gefunden wird, ist im ersten Kapitel eingehend dargestellt.

Soweit daher Abänderungen der Formel selbst vorgeschlagen wurden, ging die Tendenz weitgehend dahin, durch Vereinfachung der Form die größere Eindringlichkeit zu erzielen, ohne etwa das religiös-feierliche Moment zu steigern. Drei Bestrebungen kehren dabei mit einer gewissen Kontinuität immer wieder.

1. Zunächst ist häufig behauptet worden, das Nachsprechen der langen Eidesnorm und Formel sei äußerst zeitraubend und insbesondere unzweckmäßig. Vielen Zeugen käme bei diesem Nachsprechen die Bedeutung der einzelnen Eidesworte überhaupt nicht zum Bewußtsein. Eine Besserung hierin könne schon dadurch erreicht werden, daß man künftig den Zeugen nur noch die Formel: „Ich schwöre es, so wahr mir Gott helfe" nachsprechen ließe. Eine solche Änderung wird schon in NE. I vorgesehen und in dessen Begründung[101]) als feierlich und weniger zeitraubend bezeichnet. Auch bei den Kommissionsberatungen von 1905 wurde die verkürzte Fassung vorgeschlagen und an-

---

[101]) Vgl. NE. I, 1898/99, § 63, und Begr. hierzu S. 8 zu § 482, ZPO.

genommen[102]). Ebenso sieht der NE. II 1907/09 nur noch das Nachsprechen der Eidesformel: „Ich schwöre es, so wahr mir Gott helfe" durch den Zeugen vor. Die Begründung bezeichnet diese Art der Beeidigung als „einfacher und würdiger"[103]).

Inzwischen war in der ZPO. durch die Novelle vom 1. Juni 1909 die Form der Ableistung des Eides wirklich so geändert worden, wie es in den Entwürfen auch für die StPO. vorgeschlagen worden war. Darauf mehrten sich die Stimmen, welche die gleiche Änderung auch für den Strafprozeß forderten. Teilweise wurde nun die Notwendigkeit einer Angleichung an die ZPO. betont, zum anderen Teil wurde erneut darauf hingewiesen, daß die vielen Eidesworte, die der Zeuge im Strafprozeß heute auszusprechen habe, von ihm häufig mißverstanden und sinnwidrig wiederholt würden. Es wurde auch auf die rein formal-grammatische Schwierigkeit aufmerksam gemacht, die bei der jetzigen Regelung darin liegt, daß der Zeuge einen abhängigen „daß"-Satz mit der Infinitivform nachsprechen und sagen muß: „daß ich... sag e n und nichts verschweig e n w e r d e".

Wie ungeschickt diese Wendung tatsächlich ist, wird wohl schon jedem aufgefallen sein, der diesen Eid in der Praxis — namentlich in Süddeutschland — anzuwenden hatte. Immer wieder sprechen die Zeugen, die den Eid nicht kennen, statt „daß ich sag e n..." nach, „daß ich sag e". Dann wissen sie mit dem ihnen zum Schluß vorgesprochenen „werde" gar nichts mehr anzufangen, verschlucken es entweder oder stottern es recht verzweifelt und ratlos hervor, und staunen diesem in der Luft hängenden Wort dann verwundert nach, statt sich alsbald auf ihre

---

[102]) Vgl. Prot. d. Reform-Komm., I. Bd., 1. Lesg., S. 65/66, von Oehlert bei Aschrott, a. a. O., S. 528—537, gebilligt. Siehe hierzu auch Lucius, a. a. O., S. 524. Auch er forderte auf dem Kongreß für innere Mission die Einführung einer verkürzten Eidesform. Im Gegensatz hierzu hatte Stenglein in einem Aufsatz: Zur Reform der StPO., in Ger. S., 1903, S. 253, erklärt, es läge kein Bedürfnis zur Änderung der Eidesformel vor; die jetzige sei verständlich für alle einigermaßen Gebildeten. Eine ganz allgemeinverständliche könne nie gefunden werden.

[103]) Vgl. NE. II, 1907/09, § 62, und Begr. S. 82 zu §§ 61—64. In dem N. Komm. B., 1909/11, wurde hieran nichts geändert.

Aussage zu konzentrieren. Alle diese Schwierigkeiten würden bei der Angleichung an die ZPO. behoben[104]).

Die geforderte Verkürzung des nachzusprechenden Zeugeneides sieht auch der NE. III, 1920, in § 82 vor[105]), und auch nach dem Entwurf eines Einführungsgesetzes soll der Zeuge bei der Beeidigung künftig nur die Worte „ich schwöre es, so wahr mir Gott helfe" nachzusprechen haben[106]).

2. Die Entfernung der auf Gott bezüglichen Worte aus der Eidesformel ist die zweite der Bestrebungen, die einen Ausweg aus den Schwierigkeiten suchen, die durch die notwendige Feierlichkeit des Eides und seine Profanierung durch das schematische des gerichtlichen Geschäftsgangs erwachsen sind. Die großen grundsätzlichen Bedenken prozessualer, religiöser und staatlicher Art, die hierbei auftauchen, sind im 1. Kapitel eingehend dargestellt. Es kann darum hier darauf verzichtet werden, auf das in der Literatur so viel behandelte Problem nochmals einzugehen. Wie im 1. Kapitel ausgeführt, ist durch die Reichsverfassung die Möglichkeit gegeben, die nachzusprechenden Eidesworte, soweit sie eine ausdrückliche Anrufung Gottes enthalten, wegzulassen[107]). Unter Berufung hierauf wird neuerdings von verschiedenen Seiten erklärt, es sei inkonsequent, wenn die Anrufung Gottes nun überhaupt noch gefordert werde, nachdem der Staat selbst zum Ausdruck gebracht habe, daß der Eid auch ohne reli-

---

[104]) Vgl. hierzu Born: Form der Ableistung des Zeugeneides im Strafverfahren, im Recht, 1913, Bd. 17, S. 274/75: Born meint, es sei auch zulässig, die an die ZPO. angeglichene Form schon beim Bestehen des heutigen Gesetzes anzuwenden. — Preiser: Teilreformen im Strafprozeß, in Lpz. Ztschr., 1914, S. 132 u. 134; Braune: Zeugen- u. Parteieid, in DRZ., Bd. 19, 1927, S. 426—428.

[105]) Vgl. auch Begr. zu NE. III, 1920, S. 41.

[106]) Vgl. i. d. synopt. Gegenüberstellung, § 64 b, Ei. G., u. hierzu auch entsprechend Drs. Nr. 175, § 64.

[107]) Es schien daher unnötig, die in der früheren Literatur so eingehend und häufig behandelte Frage, ob dem Zeugen auf sein ausdrückliches Ersuchen gestattet werden solle, die religiöse Beteuerungsformel wegzulassen, überhaupt noch darzustellen. Denn eine Abschaffung dieser durch die Reichs-Verfassg. gegebenen Neuerung wurde und wird nie in Erwägung gezogen.

giöse Beteuerung rechtswirksam sei. Es sei darum richtiger, wenn künftig der Eid ohne ausdrückliche Anrufung Gottes zur Regel würde[108]).

3. Schließlich ist verschiedentlich der Gedanke aufgetaucht, Eidesnorm und Formel völlig neu zu fassen, eventuell auch den Eid durch eine neue uneidliche bürgerliche Bekräftigung zu ersetzen. In den Gesetzesvorschlägen ist dieser Gedanke bis 1929 jedoch niemals verwirklicht.

Da bei den straf r e c h t l i c h e n Reformvorschlägen immer wieder die Bestrafung der falschen uneidlichen Aussage erwogen wurde, schien das Problem bei der straf p r o z e s s u a l e n Reform meist nicht darin zu liegen, eine neue Bekräftigungsnorm zu finden. Man ließ es darum bei der alten, etwas zurechtgestutzten verkürzten Form bewenden und suchte nach einer neuen Art der Abnahme der uneidlichen Aussage, etwa unter Hinweis auf die Strafbarkeit einer falschen Aussage oder ähnlichem. Die Form der Abnahme einer solchen Aussage ist viel erörtert worden. Dieser ganze Fragenkomplex hängt aber so untrennbar mit dem straf r e c h t l i c h e n zusammen, daß er hier gesondert nicht behandelt werden kann. Darum muß hier auf den II. Teil der Arbeit und die dort aufgezeigte reiche Literatur über die Bestrafung der falschen uneidlichen Aussage verwiesen werden.

Den Gedanken, den Eid „durch die feierlichste weltliche Wahrheitsversicherung, die wir uns auszudenken vermöchten" zu ersetzen, äußert schon Binding 1898 in seinem Aufsatz in der Nationalzeitung[109]). Wie diese Versicherung gefaßt sein soll, sagt er dabei freilich ebensowenig wie Stenglein, der 1903 vorschlägt, bei geringfügigen Sachen „eine minder solenne Form der Beteuerung" einzuführen[110]).

Einen bestimmten Vorschlag macht dagegen Gmelin 1909[111]). Er meint, jeder Zeuge solle etwa folgende feierliche Wahrheits-

---

[108]) Vgl. Mieg, a. a. O., S. 391, u. Käckell: Der Einfluß der neuen Reichsverfassung auf Straf- u. Prozeßrecht, in ZStW., 1920, Bd. 41, S. 716.

[109]) Vgl. Kapitel I, Anmerk. 14, S. 36.

[110]) Stenglein, a. a. O., S. 251/52.

[111]) Gmelin, a. a. O., S. 79.

versicherung abgeben: „Ich N. N. erkläre und versichere feierlich, wahrhaftig und aufrichtig, daß ich die volle Wahrheit und nichts als die Wahrheit sagen werde" (oder „gesagt habe") oder „daß ich alles, was ich in dieser Sache weiß, nach bestem Wissen und Gewissen sagen werde". Hiernach solle, führt Gmelin aus, der Zeuge noch vom Richter durch Hinweis auf die Straffolge zur besonderen Anspannung seiner Geisteskräfte angehalten werden.

Wiederum ohne bestimmte Vorschläge äußert Haase 1914, daß die Einführung einer bürgerlichen Beteuerungsformel wünschenswert sei[112]).

1920 kritisiert Sontag[113]) lebhaft die Fassung des § 82 des NE. III[114]). Er bezeichnet die verkürzte Fassung des Eides als ganz unglücklich. Die Worte „ich schwöre es" („so wahr mir Gott helfe") seien eine inhaltslose Floskel, die einen großen Teil ihrer Wirkung auf einfache Leute verloren habe. Es sei eindringlicher und wertvoller, wenn die Leute selbst versicherten, daß sie die Wahrheit sagen wollen. Hierzu schlägt Sontag folgende Fassung vor: „Ich habe die reine Wahrheit gesagt und habe nichts verschwiegen" („so wahr mir Gott helfe"). Aus diesem Vorschlag einer neuen „Eidesformel" spürt man deutlich die grundlegende Erschütterung, die der Begriff „Eid" durch die inzwischen von der Reichsverfassung gewährleistete Möglichkeit des Schwörens ohne ausdrückliche Anrufung Gottes erfahren hat. Denn was hier vorgeschlagen wird, ist eben nicht mehr das, was wir unter einem Eid verstehen, sondern eine neue, bürgerliche Bekräftigungsformel. Daran ändert es auch kaum etwas, daß dann, wenn der Zeuge die „religiöse" Eidesform wählt, die Worte „so wahr mir Gott helfe" ziemlich unorganisch an diese bürgerliche Form angehängt werden sollten.

Aus diesem langsamen Hinneigen zum Verbürgerlichen der Bekräftigungsform tritt zum erstenmal energisch die von der Reichsregierung dem 21. Ausschuß vorgelegte Drs. Nr. 175 mit

---

112) Die nächsten Reformen auf dem Gebiete des Strafprozesses. Rundfrage der Schriftleitung, in DJZ., 1914, Haase, S. 271.

113) Sontag, in GA., 1920, S. 338.

114) Vgl. oben I. 1) letzter Absatz, S. 83.

dem Vorschlag einer bürgerlichen Aussagebekräftigung hervor. Diese soll hiernach die Regel, der Eid die Ausnahme bilden. Nach § 63 dieser Drucksache hätte der Zeuge künftig nach der Vernehmung an Stelle des Eides in der Regel die Worte zu sprechen: „Ich bekräftige die Richtigkeit meiner Aussage auf Pflicht und Gewissen". Nach § 62, Abs. 1, wäre der Zeuge sowohl vor der Vernehmung als auch erneut vor Abgabe der Bekräftigung über die strafrechtlichen Folgen der falschen Aussage zu belehren.

Die weiter ausgearbeiteten Vorschläge der Drucksachen Nr. 202 und 203 — die ja nur angeben, wie die strafprozessualen Vorschriften, auf welchen das vorgeschlagene materielle Strafrecht beruhen soll, „etwa" aussehen müssen — bringen keine Formulierung der Bekräftigungserklärung, besagen aber in ihrem jeweiligen § 58, der Zeuge habe nach der Vernehmung die Richtigkeit und Vollständigkeit seiner Aussage unter Berufung auf die Pflicht zur Wahrheit zu versichern. In den §§ 56a wird bestimmt, daß die Zeugen vor der Vernehmung zur Wahrheitsangabe zu ermahnen und auf die folgende Bekräftigung und die strafrechtlichen Folgen der falschen Aussage hinzuweisen sind. Die §§ 58 ordnen einen nochmaligen Hinweis auf die Strafbarkeit vor Abgabe der Versicherung an.

In der 48. Sitzung des 21. Ausschusses erklärte Emminger[115]) gelegentlich seiner zusammenfassenden Darstellung: Das Reichsjustizministerium wünsche die Betonung der Wahrheitspflicht als große leitende Idee jeder Aussage vor Gericht[116]) und habe außerdem nach einer etwas volleren Form der Versicherung, die anderseits keine Verwechslung mit dem Eid zulasse, gesucht. So sei man auf die „Versicherung der Richtigkeit und Vollständigkeit unter Berufung auf die Pflicht zur Wahrheit" gekommen. Im Ausschuß habe man sich über die Frage, ob diese Ausdrucksweise für den einfachen Mann des Volkes überhaupt verständlich sei, aber noch nicht geeinigt. In der gleichen Sitzung stellte

---

[115]) Emminger, a. a. O., S. 2 u. 3.

[116]) Dies entspricht auch der Meinung Sontags, daß der Zeuge angehalten werden solle, selbst eine Erklärung über die Wahrheit seiner Aussage abzugeben.

der Vorsitzende D. Dr. Kahl fest, daß nach einmütiger Meinung des Unterausschusses die Berufung auf die Pflicht zur Wahrheit in eine ganz feierliche Form gefaßt werden müsse.

Wie wenig die vorgeschlagene Fassung bisher dieser Forderung entspreche, betont Wunderlich in einem Aufsatz in der DJZ.[117]), wo er die „Berufung auf die Pflicht zur Wahrheit“ „Papierdeutsch“ nennt, das künftig „sozusagen sakrale Form erhalten soll“. Die Bestimmungen des Entwurfs eines Einführungsgesetzes bringen jedoch keine sachliche Änderung. Die Versicherung (unter Berufung auf die Pflicht zur Wahrheit) des § 60 entspricht vielmehr den letzten Vorschlägen[118]). Hierbei hat nur der Richter die lange Norm auszusprechen, der Zeuge hat darauf nur die Erklärung: „Ich versichere es“ abzugeben. Der § 57 sieht die Belehrung über die künftige Versicherung und daraus folgende Strafbarkeit falscher Aussage, der § 60, Abs. 1, den nochmaligen Hinweis auf die Strafbarkeit vor Abgabe der Versicherung vor.

In der Begründung wird zu der, doch gegenüber allen früheren revolutionär neuen, Formulierung überhaupt nichts gesagt. Es wird nur darauf hingewiesen, daß die Abnahme der Versicherung sich gegenüber der bisherigen Eidesabnahme „einfacher und eindrucksvoller“ gestalte, da das mechanische Nachsprechen langer Formeln durch das Nachsprechen der kurzen und klaren Worte „ich versichere es“ ersetzt werde.

II. Daß bei der Abnahme des Eides eine feierliche Form gewahrt werden müsse, ist stets gefordert worden. Unsere StPO. sowie alle Gesetzesvorschläge schreiben vor, daß der Richter dem Zeugen vor seiner Beeidigung „ in angemessener Weise“ auf die Bedeutung des Eides hinzuweisen habe[119]). Es ist natürlich, daß diese „angemessene Weise“ von dem Gericht, seiner Zusammensetzung, seinem allgemeinen Geschäftsgang abhängen

---

[117]) Wunderlich: Der Fortgang der Beratungen im Strafrechtaussch. des Reichtags, in DJZ., 1929, S. 818.

[118]) Vgl. die Formulierung i. d. synopt. Gegenüberstellg.

[119]) StPO., § 60; NE. I, 1898/99, § 59, Abs. 2, NE. II, 1907/09, § 62, Abs. 3; N. Komm. B., 1909/11, § 61, Abs. 3; NE. III, 1920, § 81, Abs. 3; „soweit es angemessen erscheint“: Drs. Nr. 175, § 62, Abs. 2; Drs. Nr. 202 und 203, § 56 a, Abs. 2; E. eines Ei. G., § 64 a, Abs. 2.

muß. Bei der bisher vorgeschriebenen Eidesabnahme in jeder Sache und jedem Fall hatte sich in der Regel eine Lässigkeit herausgebildet, über die allerorts geklagt wurde[120]). So wurde im 32. und 21. Strafrechtsausschuß von den verschiedensten Mitgliedern immer wieder die Forderung gestellt, daß der Eid, soweit dies überhaupt noch geschehen solle, mit mehr Würde und Feierlichkeit abgenommen werden müsse[121]). Diese größere Feierlichkeit hoffte man insbesondere dann zu erreichen, wenn man den Eid zur seltenen Ausnahme machte[122]). Neue bestimmte Vorschriften, die eine Feierlichkeit durch gewisse Formeln oder sonstige Maßnahmen garantieren, wurden dagegen nirgends geschaffen. Die einzige Neuerung ist im Zusammenhang mit den Vorschlägen, die den Eid zur Ausnahme machen, bei seiner Abnahme vorgesehen: Die Aussage soll, soweit sie beeidigt wird, wörtlich in das Protokoll aufgenommen werden[123]). Im Strafrechtsausschuß wurde dies als Verbesserung begrüßt[124]). Die Begründung zum Entwurf eines Einführungsgesetzes erklärt den § 64 c besonders wegen der Grundlage zu einem eventuellen späteren Meineidsprozeß für wichtig[125]).

Eine letzte Änderung wurde in bezug auf die Abnahme des Eides in den früheren Reformvorschlägen vielfach behandelt:

---

[120]) Oehlert, a. a. O., S. 502/05, erwähnt die geradezu lächerliche Situation, die sich durch das immer wieder Vereidigen der gleichen Schutzleute in so und so vielen Verhandlungen, womöglich am gleichen Tag, ergibt. In seiner Heimat sage man, um gewissenloses, gleichgültiges, geschäftsmäßiges Schwören zu kennzeichnen: „Er schwört wie ein Gendarme."

[121]) Vgl. hierzu Emminger, RT., 1924/28, 32. Aussch., 53. Sitzg., S. 3; Bell, ebenda, S. 7, und 32. Aussch., 57. Sitzg., S. 2; ebenda, Rosenfeld — der aber grundsätzlich überhaupt für Abschaffung eintritt —, S. 2 u. 4; Landsberg, S. 4.

[122]) Vgl. hierzu Koch-Weser, RT., 1928, 21. Aussch., 44. Sitzg., S. 5, und zu der entsprech. Forderung die im 1. Kapit., S. 40 in Anm. 35/36 angegebene Literatur.

[123]) Vgl. hierzu Drs. Nr. 175, § 61 a, letzter Satz; Drs. Nr. 202, § 61 a, letzter Satz; Drs. Nr. 203, § 61 a, Abs. 2, letzter Satz; E. eines Ei. G., § 64 c, letzter Satz.

[124]) Rosenfeld, im 21. Aussch., 45. Sitzg., S. 3.

[125]) E. eines Ei. G., Begr. S. 44, oben.

die Kollektivbeeidigung. Da diese Frage bei den neuesten Reformvorschlägen nicht oder so gut wie nicht erwähnt wurde, in ihnen auch keinen gesetzgeberischen Niederschlag gefunden hat, wird hier nicht auf sie eingegangen. Es scheint dies um so weniger nötig, als die Bestimmung dort, wo sie eingeführt ist, in der ZPO. (§ 392, S. 2) ohne jede praktische Bedeutung geblieben ist.

II. Richter, Partei und Zeuge.

§ 1. Zeugnisbekräftigung und richterliches Ermessen.

Die Erweiterung des richterlichen Ermessens bei Abnahme der Zeugnisbekräftigung ist einer der verschiedenen Wege, die zur Einschränkung des Eides führen können. Diese Ermessenserweiterung ist auf verschiedene Arten möglich. Die weiteste wäre die, dem Richter völlig frei zu überlassen, ob und wann er eine Bekräftigung abnehmen will. Eine andere wäre denkbar, bei welcher die Fälle des möglichen Unterbleibens der Bekräftigung nach Ermessen des Richters kasuistisch aufgezählt wären. Innerhalb dieser letzten könnten wieder die Kriterien, von denen die Abnahme abhängig gemacht werden soll, enger oder weiter gefaßt sein. Das heißt, es wäre möglich, dem Richter die Abnahme einer Bekräftigung nur beim Vorliegen objektiver Voraussetzungen (Beispiel: Zeuge ist mit Angeklagtem verwandt oder hat ein gewisses Alter noch nicht erreicht) anheim zu stellen oder aber der Richter kann bei solchen Voraussetzungen von der Beeidigung absehen, über deren Vorliegen sein subjektives Urteil entscheidet (Beispiel: Zeugenaussage scheint dem Richter unglaubwürdig oder die Aussage scheint ihm für die Sache unerheblich). Selbstverständlich ist bei allen Ermessenserweiterungen letzten Endes die subjektive richterliche Entscheidung ausschlaggebend; weiter sind die letzten Beispiele gegenüber den ersten nur insofern, als bei den letzten die Voraussetzungen objektiv festgestellt und nur der Entschluß über die Beeidigung subjektiv getroffen, beim zweiten über Voraussetzung und Entschluß subjektiv entschieden wird.

Zur grundsätzlichen Frage, ob überhaupt die Erweiterung des richterlichen Ermessens in diesem Punkt notwendig und wünschenswert sei, hat es immer verschiedene Meinungen gegeben.

1894 hat schon Brettner[1]) geäußert, daß es gut und zweckmäßig scheint, in gewissen Fällen die Beeidigung ganz dem richterlichen Ermessen zu überlassen.

1901 hat Hamburger[2]) hingegen erklärt, die Beeidigung nach richterlichem Ermessen bedeute nicht nur eine gewaltige Erweiterung der richterlichen Machtbefugnisse, sondern „gleichzeitig den Bruch mit einem Grundsatz des bestehenden Strafprozesses". Er meint, die Abnahme der Beeidigung gehöre nicht nur zur Beweiswürdigung, sondern zur Beweiserhebung, und in dieser letzten sei der Richter nach den geltenden Prozeßregeln nicht frei. Die Erweiterung des richterlichen Ermessens in diesem Punkt sei somit eine Verkürzung der Prozeßbeteiligten in ihrem Recht auf richterliches Gehör. „Hier läßt sich dem Ermessen des Richters kein Platz einräumen, es sei denn, daß man die Unfehlbarkeit des Richters voraussetzt."

Bambergers[3]) Ausführungen (1903) lassen den Schluß zu, daß ihm die Ausdehnung des richterlichen Ermessens bedenklich scheint. Er warnt dringend davor, über dem Bemühen, die Zeugen zu schützen, nicht den Schutz des Angeklagten zu vergessen. Die Glaubwürdigkeit der Zeugen werde gar nicht richtig geprüft, vielmehr verlasse sich das Gericht regelmäßig (es gebe Ausnahmen) auf seinen persönlichen Eindruck. Dieser ominöse persönliche Eindruck spiele bei den Erkenntnisgründen des Gerichts ganz im Gegensatz zum übrigen praktischen Leben (wo man, wie bei der Dienstbotenanstellung, Kreditgewährung usw., immer noch andere Nachforschungen anstelle) eine große, zu große Rolle. Dabei sei das Erscheinen eines Zeugen vor Gericht, in dieser fremden, ungewohnten (oder vielleicht gerade nicht fremden) Umgebung ungefähr die

---

[1]) Brettner, a. a. O., S. 1.

[2]) Hamburger: Die Nichtbeeidigung unglaubwürdiger Zeugenaussagen und die Bestrafung uneidlicher falscher Aussagen, in DJZ., 1901, S. 365/66.

[3]) Bamberger: Die Feststellung der Zuverlässigkeit der Zeugen im Strafprozeß, im Recht, 1903, S. 120.

schlechteste Gelegenheit, die es überhaupt gibt, eine Persönlichkeit aus ihrer Erscheinung, ihrem Auftreten zu beurteilen. Darum, meint Bamberger, solle dem flüchtigen, trügerischen persönlichen Eindruck, den die Gerichtsverhandlung gewährt, regelmäßig kein Einfluß auf die Beweiswürdigung gestattet werden.

In der Kommission für die Reform des Strafprozesses von 1903/05 wurde hingegen der Vorschlag gemacht, dem richterlichen Ermessen sehr weiten Spielraum zu geben und eine allgemeine Vorschrift vorzusehen, die es ermögliche, überflüssige Eide zu vermeiden[4]). Hiergegen sprachen aber zu vielerlei Bedenken. Die schließlichen Beschlüsse der Kommission sahen Erweiterung des richterlichen Ermessens in Einzelpunkten vor. Oehlert hat 1905 auch vorgeschlagen[5]), dem Richter völlige Freiheit einzuräumen und, falls die Beeidigung beibehalten werden sollte, die einzelnen Fälle ganz seinem Ermessen zu überlassen.

Dagegen warnt Armbruster[6]) 1908 gelegentlich der Überlegungen zur ZPO.-Reform heftig vor solcher Ermessenserweiterung. Er meint, die Zeugen würden erleben, daß ungünstige Schlüsse aus ihrer Beeidigung oder Nichtbeeidigung über ihren Charakter oder ihre Glaubwürdigkeit im Publikum gezogen würden. Die unterliegende Partei wird den Richter für befangen halten. „Das Experiment ist vorzüglich geeignet, das jetzt schon allerwärts bestehende Mißtrauen gegen die Gerichte ins Unendliche zu vermehren. Weder der Wahrheit, noch der Gerechtigkeit, noch dem Gericht, noch den Parteien oder den Zeugen wird mit der Reform ein Dienst erwiesen. Wohl aber werden der Erforschung der materiellen Wahrheit neue Schwierigkeiten bereitet, wird Mißtrauen gegen Gericht und Zeugen gesät und ein neues Element der Ungleichmäßigkeit in die Gesetzesanwendung hineingetragen."

---

[4]) Prot. d. Reform-Komm., 1905, a. a. O., S. 52/53.

[5]) Oehlert, a. a. O., S. 527.

[6]) Armbruster: Nochmals zum Vorschlage der Nichtbeeidigung, in JW., 1908, S. 707.

Die vielen Klagen über die Mehrung der Meineide haben aber doch immer wieder zu der Forderung geführt, durch Ermessenserweiterung wenigstens für begrenzte Fälle die Abnahme des Eides zu verringern. Hertel[7]) verlangt 1926 die Erweiterung des freien Ermessens bei bestimmter Verfahrensart. Kahl[8]) erklärte 1927 in der Plenarsitzung des Reichstags — wo er die Stellungnahme der früheren Entwürfe, insbesondere auch des Entwurfs Radbruch erwähnte —, daß der Streit um Freiheit des richterlichen Ermessens (ein „Hauptzankapfel") nur noch um Art und Maß und Anwendung gehe. Ohne die Freiheit des richterlichen Ermessens überhaupt könne der höchste Zweck des Strafrechts nicht erreichbar sein. Man möge bedenken, daß heute niemand die freie Beweistheorie entbehren wollte und doch seien in der Literatur vor jetzt ungefähr 100 Jahren aufs Haar genau die gleichen Gründe gegen die Einführung der gesetzlichen Beweistheorie angeführt, die man heutzutage gegen die Erweiterung der Freiheit des richterlichen Ermessens erhebe.

In der Justiz tritt Goldschmidt 1927[9]) für weiteste Ausdehnung des richterlichen Ermessens bei Abnahme des Eides ein. Er verweist dabei auf das Verfahren der freiwilligen Gerichtsbarkeit, wo seit 1898 (vgl. § 15 des FGG.) über die Beeidigung von Zeugen und Sachverständigen das Ermessen des Gerichts entscheide, ohne daß in den Jahrzehnten der Anwendung des Gesetzes Klagen über Mißbrauch dieses Ermessens laut geworden wären.

Soweit ist jedoch noch keiner der formulierten Gesetzesvorschläge bisher gegangen, wenn auch stetig eine Erweiterung des richterlichen Ermessens vorgesehen ist[10]).

---

7) Hertel: Mehr freies Ermessen bei Vereidigung von Zeugen im Privatklageverfahren, in DRZ., 1926, S. 351/52.

8) Kahl: Rede bei der Beratung des E. eines Allg. Dtsch. StGB., in ZStW., 1928, Bd. 48, S. 257.

9) Goldschmidt: Eidesverletzung und Eidesüberschätzung, in Justiz, Bd. 3, 1927, S. 175.

10) Vgl. hierzu NE. II, 1907/09, §§ 59, 60, und N. Komm. B., 1909/11, §§ 59, 60; NE. III, 1920, §§ 79 u. 80.

Bei den neuesten Reformvorschlägen wurden im Antrag Drucksache Nr. 250 unter Ziffer 2 und 3 bestimmte Forderungen gestellt, die stillschweigend grundsätzlich von der Erweiterung des richterlichen Ermessens ausgehen. In den Bestimmungen der §§ 60, 61 der Drucksachen Nr. 175 und der §§ 59, 60, 61 der Drucksachen Nr. 202 und 203 wird diese Forderung weitgehend erfüllt. Diesen Bestimmungen entsprechen in exakterer Formulierung die §§ 61, 62, 63[11]) des Entwurfs eines Einführungsgesetzes, deren Bestimmungen einzeln im folgenden ausführlich zu behandeln sein werden.

Die Bestimmung des § 61, Ziffer 4 (und bis zu einem gewissen Grad auch Ziffer 3 und § 63, Ziffer 6) sowie die Bestimmung des § 62, Ziffer 2, überlassen dem Gericht subjektiv die Feststellung des Vorliegens der Voraussetzungen der Bekräftigungsabnahme, während nach den übrigen Bestimmungen erst beim Vorliegen objektiver Kriterien die subjektive Entscheidung des Gerichts getroffen werden könnte.

Bisher ist zu diesen Änderungsvorschlägen in der Literatur im wesentlichen — neben dem nur referierenden Bericht[12]) — nicht zur prinzipiellen Frage des richterlichen Ermessens, sondern jeweils nur zu den vorgeschlagenen Anwendungsfällen Stellung genommen.

Während bei diesen Einzelbehandlungen zwar häufig die Zweckmäßigkeit dieses oder jenes Reformvorschlags bestritten wird, wird meist doch die Notwendigkeit und Möglichkeit der Ermessenserweiterung in gewissen Fällen zur Verminderung der Eide und damit zur Verminderung der Klagen über die Eidesverletzung als gegeben angesehen[13]). In einem gewissen Gegensatz hierzu befindet sich Löwenthal[14]), der 1928 ausführt, daß zwar im Strafrechtsausschuß der Versuch gemacht werde,

---

[11]) Vgl. synopt. Gegenüberstellung.

[12]) Vgl. hierzu z. B. Schäfer: Der E. eines Ei. G. z. Allg. Dtsch. StGB., in DJZ., 1929, S. 805 u. ff., u. Oborniker: Kritische Bemerkungen zum E. eines Ei. G., in Justiz, 1929, Bd. 4, S. 41/42; Schultz, in JRsch., 1929, S. 113 ff.

[13]) Vgl. z. B. Floegel, in DRZ., 1929, S. 218.

[14]) Loewenthal: Eid und Meineid im Strafrechtsaussch., in Justiz, Bd. 4, S. 284.

die „grotesken Unstimmigkeiten“, die unser Beeidigungssystem mit sich bringe, dadurch zu umgehen, daß man dem Richter größere Freiheit in der Beeidigung ließe. Solange aber der Eid überhaupt besteht, „führt jede Durchbrechung des Eideszwangs nur immer tiefer in die Verwicklungen und Ungerechtigkeiten hinein“.

§ 2. Wegfall der Bekräftigung wegen

a) der *Person des Zeugen*.

Der Wunsch, der Person des Zeugen mehr gerecht zu werden, sein Interesse an der Geheimhaltung seiner Privatsphäre und die Gewissenskonflikte, in die ihn seine Aussagepflicht bringen kann, mehr als bisher durch Nichtbeeidigung zu berücksichtigen, mußte notwendig zunächst grundsätzlichen Bedenken begegnen. Die von Löwenthal geäußerte Meinung, daß jede Durchbrechung des Eideszwangs immer tiefer in Verwicklungen und Ungerechtigkeiten hineinführe, rührt an das Grundproblem.

Wie weit kann, muß das Individuum als solches um der Gemeinschafts- (Staats-) Zwecke willen zurücktreten? Wie weit ist es möglich, innerhalb einer Gemeinschaftsordnung (Staatsordnung) die grundsätzlich unentbehrliche Schematisierung zu durchbrechen, um einzelnen Individuen in bestimmten Lebenslagen gerecht zu werden? Wird durch ein solches Durchbrechen nicht etwa der Gemeinschaftszweck (hier materielle Wahrheitserforschung und Sicherheit der Rechtspflege) oder die Interessen anderer dieser Gemeinschaft angehörigen Individuen (hier zum Beispiel des jeweiligen Angeklagten) gefährdet oder geschädigt?

Trotz dieser grundsätzlichen, nie wirklich lösbaren Fragen mußte aber, wenn der Eid respektive die Bekräftigung beibehalten und dennoch der Häufung der Eidesdelikte entgegengearbeitet werden sollte, irgendein Ausweg gefunden werden. und so wird seit Jahrzehnten der Versuch gemacht, die schon jetzt bestehenden Ausnahmen von der Eidespflicht, die mit persönlichen Beziehungen des Zeugen zum Gegenstand oder den Personen des Strafprozesses oder mit seiner speziellen Tätigkeit im öffentlichen oder privaten Leben zusammenhängen, zu erweitern.

Diese Ausnahmen von der Eidespflicht sollen aber auch mittelbar durch Vermehrung der Zeugnisverweigerungsrechte geschaffen werden.

I. Die heute gültige StPO. kennt ein Zeugnisverweigerungsrecht wegen verwandtschaftlicher Beziehung zum Beschuldigten (§ 52 StPO.), wegen der mit der Aussage verbundenen Selbstbeschuldigung (respektive Beschuldigung eines Verwandten. (§ 55, StPO.) und wegen einer vom Zeugen ausgeübten Berufstätigkeit, die ihm besondere Kenntnisse über Privatangelegenheiten anderer verschafft, dementsprechend aber besondere Diskretion bezüglich dieser Kenntnisse erfordert.

Eine Vermehrung der Zeugnisverweigerungsrechte ist durch Erweiterung dieser Tatbestände und durch Schaffung neuer denkbar[15]).

1. Den Begriff der „verwandtschaftlichen" Beziehungen auch auf gewisse verwandtschaftsähnliche Beziehungen auszudehnen, wurde schon in der Kommission von 1903/05 vorgeschlagen. Ein Antrag, die uneheliche Verwandtschaft der ehelichen bezüglich des Aussageverweigerungsrechtes gleichzustellen, wurde damals mit 19 gegen 2 Stimmen abgelehnt[16]). In die Gesetzentwürfen ist ein ähnlicher Vorschlag nie aufgenommen, wohl aber ist bei den Diskussionen im Strafrechtsausschuß die Frage aufgetaucht, ob nicht die „Eheähnlichen Beziehungen" den durch die Ehe begründeten Beziehungen bezüglich des Zeugnisverweigerungsrechts gleichgesetzt werden könnten. Sling[17]) berichtet über diese Diskussion unter dem Titel „Liebe im Ausschuß". Er

---

[15]) Nach § 56 n. F. des geltenden Strafprozesses ist die „Tatsache", auf welche das Zeugnisverweigerungsrecht gestützt wird, vom Zeugen glaubhaft zu machen. Bei den Beratungen der Reform.-Komm., 1903/05, wurde ein Antrag gestellt, wonach künftig der Zeuge in diesem Falle nicht die Tatsache, sondern die Behauptung, auf welche er die Verweigerung des Zeugnisses stützt (also das Bestehen eines Zeugnisverweigerungsrechtes) glaubhaft machen solle. Vgl. Prot. d. Reform-Komm., 1. Bd., 1. Lesg., S. 35/36, und 2. Bd., 2. Lesg., § 55, S. 415). Diese sehr einleuchtende Neuerung ist erstaunlicherweise weder in der Literatur noch in den folgenden Entwürfen aufgenommen worden.

[16]) Vgl. Prot. d. Reform-Komm., 1905, I. Bd., 1. Lesg., S. 23/II.

[17]) Vgl. Sling: Richter und Gerichtete, 1929, S. 343/46.

meint, dringend werde eine Erweiterung des Begriffs des Angehörigen in all den Punkten, die Eid und Meineid betreffen, benötigt. Der Gewissenskonflikt — vor dem das Aussageverweigerungsrecht bewahren solle — entstehe immer, wenn ein Mensch über einen anderen geliebten Menschen die ungeschminkte (also hier als gefährlich angenommene) Wahrheit sagen solle. Hinsichtlich dieses Gewissenskonfliktes sei die Einbeziehung des Begriffs Eheähnlichkeit nur eine Beschränkung mehr, und zwar eine recht spießige. Was erwirkt werden müsse, sei die Erweiterung des Zeugnisverweigerungsrechts auf diejenigen menschlichen Beziehungen, die im besonderen Maße gefühlsbetont sind. Die Erweiterung des Kreises der „Angehörigen" sei sinnlos und eine überflüssige juristische Anstrengung, wenn man nicht zugleich danach trachte, andere hochwertige Beziehungen mitzutreffen.

Eine so weitgehende Berücksichtigung des Einzelinteresses findet sich jedoch bisher in keinem Gesetzesvorschlag. Es wird immer wieder betont, daß zwar nach Möglichkeit vermieden werden muß, den Zeugen in schwere Konflikte mit anderen Pflichten zu bringen, die Berücksichtigung verdienen. „Immerhin dürfen derartige Rücksichten nicht zu weit gehen, wenn sie nicht die Strafrechtspflege in ihrer Wirksamkeit lähmen sollen" . . . und „die Interessen der Allgemeinheit können nicht vor jedem Konflikte zurückweichen, der durch widerstreitende Interessen einzelner entsteht[18])."

Auch der Entwurf eines Einführungsgesetzes hat den Angehörigenbegriff (generell und also auch bezüglich des Zeugnisverweigerungsrechts) nur durch Aufnahme der „Pflegeeltern und Pflegekinder" erweitert[19]).

2. Das Zeugenverweigerungsrecht, das unsere StPO. wegen der Beschuldigung seiner selbst oder seiner Angehörigen gewährt, be-

[18]) So Begr. zu NE. II, 1907/09, S. 28/29; vgl. auch Wach: Das Recht der Zeugnisverweigerung, in Ger. S., 1905, Bd. 66, S. 9/10.

[19]) Vgl. synopt. Gegenüberstllg. Entw. eines Ei. G., § 22, Abs. 2, in Verb. mit § 52. Ein solcher Antrag wurde in der Reform-Komm., 1905, auch gestellt, damals jedoch mit 20 gegen 1 Stimme abgelehnt. Vgl. hierzu Prot. d. Reform-Komm., I. Bd., 1. Lesg., S. 22/23.

zieht sich nur auf einzelne verfängliche Fragen und steht dem Zeugen nur dann zu, wenn die Aussage ihm oder dem Angehörigen „die Gefahr strafgerichtlicher Verfolgung zuziehen würde."

In der Kommission 1905 wurde vorgeschlagen, die Bestimmung auch auf solche Fragen auszudehnen, deren Beantwortung dem Zeugen oder seinen Angehörigen „zur Unehre gereichen" könnten. Hiefür wurde geltend gemacht, wie die Erfahrungen der Praxis ergäben, werde durch Beantwortung solcher Fragen öfters die gesellschaftliche oder wirtschaftliche Existenz des Zeugen oder seiner Angehörigen vernichtet und zuweilen ein ganzes Familienglück auf das Spiel gesetzt. Diese Wirkung stehe häufig nicht im Einklang mit dem verhältnismäßig geringen Interesse, das bestimmten Fragen in speziellen Fällen der Strafrechtspflege wegen zukomme. Hiergegen wurde eingewendet: „es lasse sich schon schwer feststellen, was überhaupt unter Unehre und Schande zu verstehen sei, und die Entscheidung darüber dürfe man nicht dem Ermessen des Zeugen selbst anheim stellen. Ferner werde die Weigerung des Zeugen, die Auskunft zu erteilen, oft schon genügen, um die Ehre verletzt erscheinen zu lassen. Außerdem seien zum Beispiel Sittlichkeitsdelikte kaum feststellbar, wenn der Zeuge alle ehrverletzenden Fragen ablehnen dürfe. Insbesondere aber sei das Interesse des Angeklagten am Beweis seiner Unschuld höher zu schätzen, als das hier erwähnte des Zeugen und dies sei durch solch neue Vorschrift gefährdet[20]). Der Vorschlag, das Zeugnisverweigerungsrecht auch auf die „zur Unehre gereichenden" Antworten auszudehnen, ist verschiedentlich wiederholt[21]) in die Gesetzesvorschläge jedoch nicht übernommen

---

[20]) Vgl. zu alldem Prot. d. Reform-Komm., 1905, I. Bd., 1. Lesg., S. 35.

[21]) Vgl. z. B. Stern: Zeugnis und Eidespflicht in betreff eigener strafbarer Handlungen, in Ger. S., 1904, Bd. 63, S. 205. Verfasser ist für Ausdehnung des Zeugnisverweigerungsrechts bezüglich der Aussage über eigene strafbare Handlung, warnt aber im Interesse der Strafrechtspflege vor Ausdehnung auf Aussagen die zur Schande gereichen könnten. Landé: Zeugnisverweigerung wegen Gefahr strafgerichtlicher Verfolgung in DJZ 1908, S. 695; Ebermayer (mit gewissen Bedenken): Epilog zum Fall Krantz, in DJZ., 1928, S. 415; Lederer: Zur Frage des Zeugnisverweigerungsrechts, in DJZ., 1928, S. 590, gibt einen Vergleich mit dem österreichischen Recht.

worden[22]). Auch der Entwurf eines Einführungsgesetzes sieht im § 55 keine Erweiterung der Bestimmung über Zeugnisverweigerungsrechte in dieser Richtung vor.

3. Um die Erweiterung des Zeugnisverweigerungsrechts wegen einer besonderen Berufstätigkeit ist jahrelang heftig gekämpft worden.

Eine solche Erweiterung ist dadurch möglich, daß die bisherige Formulierung weiter gefaßt wird. So ist vielfach die Meinung vertreten worden, daß nach § 53, Ziffer 1 n. F. (§ 52 a. F.) StPO. dem Geistlichen gewährte Zeugnisverweigerungsrecht sei nicht umfassend genug.

In der Kommission 1905[23]) wurde vorgebracht, die Verschwiegenheitspflicht, die dem Geistlichen auf Grund seines Amtes obliege, könne schon durch Verweigerung des Zeugnisses und durch die daraus möglicherweise ziehbaren Folgerungen verletzt werden. Die Vernehmung des Geistlichen dürfe vielmehr gar nicht auf solche Tatsachen gerichtet werden, bei denen erkennbar sei, daß ohne Verletzung der Pflicht zur Verschwiegenheit das Zeugnis nicht abgelegt werden könne.

Damit glitt der Versuch, der Zeugnisverweigerung mehr Raum zu lassen, zu einer anderen Art der Regelung über, bei der nicht unmittelbar die Freiheit des Zeugen bezüglich seiner Antworten erweitert, sondern mittelbar durch Einschränkung der Fragestellung ihm diese Antworten erspart werden könnten. Darüber wird in diesem Abschnitt unter § 3 mehr zu sagen sein.

Am eifrigsten wurde die Erweiterung des Zeugnisverweigerungsrechts durch Einbeziehung neuer Personengruppen in den Kreis der Berechtigten angestrebt. Insbesondere ist immer wieder die Forderung gestellt worden, ein Zeugnisverweigerungsrecht für die Presse einzuführen.

1903 hat Stenglein[24]) ausgeführt, das Verlangen nach dem Zeugnisverweigerungsrecht der Redakteure und des Hilfspersonals der Presse bezüglich der Person des Einsenders sei gerechtfertigt und entspräche den Pflichten des Anstands, mit denen

---

[22]) Vgl. NE. II, 1907/09, und N. Komm. B., 1909/11, S. 205.

[23]) Prot. d. Reform-Komm., 2. Bd., 2. Lesg., S. 205.

[24]) Stenglein: Zur Reform d. StPO., in Ger. S., 1903, Bd. 62, S. 246/49.

sich der Staat nie in Konflikt bringen solle. Hiergegen polemisiert Feisenberger 1905[25]) bei Besprechung der Kommissionsberatungen lebhaft. Er meint, die Pflicht des Anstandes läge in den fraglichen Fällen beim Einsender und bestünde darin: für sein Wort einzustehen und nicht einen anderen verurteilen zu lassen. Darum sei die Behauptung unrichtig, daß der Staat bei Ausübung des Zeugniszwangs hier in Konflikt mit der Anstandspflicht komme. Es sei auch nicht einzusehen, warum der Urheber des gesprochenen freien Wortes verfolgt werden solle, der des gedruckten, weitverbreiteten und daher gefährlichen aber nicht.

Im Kampf um das Zeugnisverweigerungsrecht der Presse ist ungeheuer viel geäußert und geschrieben worden[26]). Die Aufzeigung einer Meinung und Gegenmeinung zusammen mit diesem Hinweis mag jedoch hier genügen, da der Kampf durch die Bestimmung des Gesetzes zur Abänderung der StPO. vom 27. Dezember 1926[27]) zu einem gewissen Stillstand gekommen ist. Der Entwurf eines Einführungsgesetzes sieht auch keine weitere Änderung bezüglich des Zeugnisverweigerungsrechts der Presse vor[28]). In einer Antwort, die der preußische Justizminister

---

[25]) Feisenberger: Zur Reform d. Strafprozesses, in Ger. S., 1905, Bd. 65, S. 23/24.

[26]) Vgl. u. a. hierzu Beling: Zur Strafprozeßreform, Ziff. 10, über Zeugnispflicht der Redakteure, in ZStW., 1904, Bd. 24, S. 66/68, u. 1905, Bd. 25, S. 594; Die Vorschläge in Prot. d. Reform-Komm., 1905, 1. Bd., 1. Lesg., S. 38/46; NE. II, § 49, und Begr. hierzu S. 28/29; N. Komm. B., 1909/11, § 49, und N. Komm. B., 4. Teil, Ausführungen zu § 49; weitgehend NE. III, 1920, § 65, und Begr. hierzu S. 27/28 und 39; Simson: Zur Reform des Strafprozesses, in DJZ., 1909, S. 111 (vergleichende Übersicht über entsprechende Regelung im österr., franz. und engl. Recht); Klein: Der Zeugniszwang gegenüber der Presse. Gutachten für den 15. Internat. Pressekongreß, in ZStW., 1910, Bd. 31, S. 924/30; weitere Literaturangabe bei Hegler, in ZStW., 1928, S. 669. Vgl. ferner Rosenberg: Meineid, in Justiz, 1926, S. 383, a. Ende.

[27]) Durch dieses Gesetz ist mit Ziff. 4 im § 53, StPO., das gewünschte Zeugnisverweigerungsrecht eingefügt.

[28]) Vgl. auch § 53, Ziff. 4, der synopt. Gegenüberstellg.; auch die Drs. Nr. 175 bringt im § 53, Ziff. 4, nur eine genaue Wiederholung der seit 1927 gültigen Bestimmung.

1930 auf eine kleine Anfrage gegeben hat, die auf Grund eines Zeugniszwangsverfahrens gegen einen Redakteur an ihn gerichtet worden war, heißt es unter anderem: „Es kommt hinzu, daß zurzeit gesetzgeberische Maßnahmen in Vorbereitung sind, durch welche das Zeugnisverweigerungsrecht der Redakteure usw. in Dienststrafsachen weiter ausgedehnt werden soll[29]).“

Das läßt auf neu zu erwartende Änderungen schließen, über die aber noch nichts weiter bekannt ist.

Auch die Bestimmung des § 53, Ziffer 2 und 3 n. F. (a. F. § 52, Ziffer 2 und 3) schienen zu eng gefaßt, sowohl in ihrer Formulierung als auch hinsichtlich der aufgezählten Personengruppen.

Während noch bei den Beratungen der Reformkommission von 1903/05 nur Stimmen gegen das Einbeziehen von Hebammen[30]) sowie Gehilfen von Ärzten, Apothekern, Notaren und Anwälten laut wurden[31]), und auch der Gesetzesvorschlag von 1907/09 keine Änderung in dieser Richtung vorsieht, wünschte man bei den Kommissionsberatungen von 1909/11 den Gehilfen der Anwälte und Ärzte ein Zeugnisverweigerungsrecht zu geben[32]). Den Kommissionsbeschlüssen entspricht auch der § 64 des NE. III von 1920. Die Drucksache Nr. 175 von 1929 erweitert den Personenkreis in § 53, Ziffer 2 und 3, noch wesentlich; das gleiche geschieht im Entwurf eines Einführungsgesetzes[33]).

Die Begründung zu diesem Entwurf erklärt hierzu, daß alle die Personen einbezogen seien, die nach § 325 eines Entwurfs eines allgemeinen deutschen Strafgesetzbuchs zur Wahrung von Privatgeheimnissen verpflichtet sind und daß die Einbeziehung ihrer Gehilfen sowie der an der berufsmäßigen Tätigkeit anders-

---

[29]) Vgl. Frankfurter Zeitg., Nr. 68 v. 26. Januar 1930, „Das Zeugnisverweigerungsrecht der Redakteure.“

[30]) Vgl. hierzu auch Wolff: Zeugnisverweigerungsrecht und Zeugnispflicht der Hebamme, in ZStW., 1910, Bd. 30, S. 76 ff., der für Gewährung des ZverR. an Hebammen eintritt.

[31]) Prot. d. Reform-Komm., 1. Bd., 1. Lesg., S. 34.

[32]) N. Komm. B., 1909/11, § 48.

[33]) Vgl. synopt. Gegenüberstellg. E. eines Ei. G., § 53. Ziff. 2 u. 3.

wie teilnehmenden, erforderlich schien, damit nicht durch deren Vernehmung die Wahrung des Berufsgeheimnisses umgangen werde.

Die weitere Bestimmung, nach der das Zeugnisverweigerungsrecht sich auf das erstreckt, was diesen Personen „kraft ihres Berufes zugänglich geworden sei", entspräche den Ergebnissen der Rechtssprechung[34]).

Einer weiteren Personengruppe (den Abgeordneten) ist durch Artikel 38 der Reichsverfassung ein Zeugnisverweigerungsrecht gewährt[35]). Bei den Beratungen der Kommission von 1909/11 wurde in § 47 a eine entsprechende Bestimmung bereits vorgesehen. Die Für und Wider sind ausführlich dort behandelt[36]).

Die heute in Deutschland auf Grund der Reichsverfassung gültige Bestimmung ist in dem Entwurf eines Einführungsgesetzes nicht ausdrücklich übernommen.

Dieses Zeugnisverweigerungsrecht wird auf Grund einer berufsartig ausgeübten öffentlichen Tätigkeit gewährt. Daneben ist die Frage gestellt worden, ob nicht auf Grund der Ausübung einer anderen Bürgerpflicht des öffentlichen Lebens: der Wahl, mit Rücksicht auf das Wahlgeheimnis das Zeugnisverweigerungsrecht gegeben werden müsse.

Der N. Komm. B. von 1909/11 sieht in § 45 a nicht nur ein Zeugnisverweigerungsrecht, sondern sogar ein Vernehmungsverbot für diesen Fall vor[37]).

---

[34]) Vgl. Begr. zum E. eines Ei. G., 1929, S. 42.

[35]) Art. 38 der R.-Verfassg. vom 11. Aug. 1919 lautet: Die Mitglieder des Reichstags und der Landtage sind berechtigt, über Personen, die ihnen in ihrer Eigenschaft als Abgeordnete Tatsachen anvertrauen, oder denen sie in Ausübung ihres Abgeordnetenberufes solche anvertraut haben, sowie über diese Tatsachen selbst, das Zeugnis zu verweigern. Auch in Beziehung auf Beschlagnahme von Schriftstücken stehen sie den Personen gleich, die ein gesetzliches Zeugnisverweigerungsrecht haben.

[36]) Vgl. N. Komm. B., 1909/11, I. Teil, S. 160/63.

[37]) N. Komm. B., 1909/11, 4. Teil, § 45 a, StPO., lautet in 2. Lesg.: „Kein Zeuge darf über Tatsachen gefragt werden, die darauf schließen lassen, für wen er bei einer auf Gesetz beruhenden geheimen Wahl gestimmt hat." Vgl. auch Wellstein: Die StPO. nach den Beschlüssen der 1. Lesg. der RT.-Komm., in DJZ., 1910, S. 1250/51.

Der Bericht gibt ausführlich die Überlegungen wieder, die zu der Aufnahme der Bestimmungen geführt haben und die gegen diese Aufnahme sprachen. Gegen die Behauptung, daß hier lediglich ein Rechtssatz übernommen werde, der sich schon aus der Natur des geheimen Wahlrechts ergebe, wurde insbesondere vorgebracht: das Reichsgericht stehe mit Recht auf dem entgegengesetzten Standpunkt, eine solche neue Bestimmung sei eine gefährliche, nicht rechtzufertigende Überspannung des Schutzes des geheimen Wahlrechts, die nur eine neue Schranke für die Ermittlung der Wahrheit im Strafverfahren aufrichte. Auch darüber, ob es nicht zweckmäßiger wäre, ein Zeugnisverweigerungsrecht an Stelle des Vernehmungsverbots zu setzen, wurde gestritten.

Reichel[38]) meint, es dürfe weder ein Vernehmungsverbot noch ein Zeugnisverweigerungsrecht in diesem Punkt eingeführt werden. Das Wort „geheime Abstimmung" der Reichsverfassung meine nur den Hergang der Abstimmung. Der „öffentlichen Rücksicht der Wahrheitserforschung hat das private Interesse an der Geheimhaltung der Abstimmung zu weichen". Delikte wie Wahlfälschung und Wahlstimmenkauf könnten sonst beim Bestehen einer solchen neuen Bestimmung gar nicht aufgeklärt werden.

Der NE. III von 1920 sieht in § 61 wieder ein entsprechendes Vernehmungsverbot bezüglich der Wahlabstimmung vor[39]).

Im Entwurf eines Einführungsgesetzes von 1929 ist hingegen zwar das Wahlgeheimnis prozessual durch ein Zeugnisverweigerungsrecht in § 53 a berücksichtigt[40]). Ein Vernehmungsverbot in diesen Dingen ist jedoch nicht vorgesehen. In der Begründung[41]) wird nur ausgeführt: „in § 53a will der Entwurf gemäß Artikel 125 der Reichsverfassung das Wahlgeheimnis schützen und den Zeugen der Verpflichtung entheben, Aussagen über

---

[38]) Reichel: Wahlgeheimnis u. Zeugniszwang, in DJZ., 1910, S. 385/89.

[39]) Vgl. auch Sontag: Zum E. eines Ges. über den Rechtsgang in Strafsachen, im GA., 1920, Bd. 68, S. 337; Hippel: Der E. eines Ges. über den Rechtsgang in Strafsachen, in ZStW, 1920, Bd. 41, S. 339.

[40]) Vgl. hierzu entsprechend § 53 a der Drs. Nr. 175.

[41]) Vgl. Begr. zum E. eines Ei. G., S. 42.

die Abgabe seiner Stimme bei einer auf Gesetz beruhenden geheimen Wahl oder Abstimmung in öffentlichen Angelegenheiten zu machen".

Schultz[42]) erwähnt bei Besprechung dieser Neuerungen, daß der durch die Verweigerungsrechte gewonnene Vorteil freilich mit Verlust wertvollen Zeugenmaterials erkauft werden muß.

Um einen so völligen Verlust des Prozeßmaterials möglichst zu vermeiden, hat man mehr nach neuen Wegen gesucht, bei denen zwar der Richter die Aussage fordern, bei der aber der Gefahr des Meineids durch Wegfall der Beeidigung (respektive Bekräftigung) begegnet werden kann.

II. Die Möglichkeit, auf Grund eigenen Willensentschlusses den Eid nicht abzulegen, hat der Zeuge nach geltendem Recht (durch § 58, Abs. 2, StPO.) überall da, wo ihm das Zeugnisverweigerungsrecht wegen persönlich-verwandtschaftlicher Beziehungen zum Beschuldigten zusteht. Das gleiche Recht soll den Zeugen nach dem Entwurf eines Einführungsgesetzes künftig gegeben werden[43]). Ferner soll durch die gleiche Bestimmung neuerdings[44]) ein Recht, die Bekräftigung[45]) der Aussage zu verweigern, für die Fragen geschaffen werden, deren Beantwortung der Zeuge wegen der Gefahr strafgerichtlicher Verfolgung hätte unterlassen können.

Bei den Forderungen, die Abnahme des Eides in gewissen Fällen einzuschränken, wurde vorgeschlagen, weiter als bisher das Verhältnis des Zeugen zur Tat oder seine notwendigen Hemmungen wegen möglicher Selbstbezichtigung oder seine

---

[42]) Schultz, in JRsch., 1929, a. a. O., S. 114.

[43]) Vgl. synopt. Gegenüberstellung. (§ 60, letzter Abs., Ei. G.)

[44]) Vgl. hierzu auch NE. II, 1907/09, und N. Komm. B., 1909/11, § 57. Ferner NE. III, 1920, § 77.

[45]) Nach dem E. eines Ei. G. ist diese Bekräftigung die „Versicherung unter Berufung auf die Pflicht zur Wahrheit". Im folgenden handelt es sich bei den Erwägungen über den Wegfall einer wie auch immer bezeichneten Bekräftigung grundsätzlich immer um die gleichen Probleme. In der ganzen Betrachtung über den Wegfall der Bekräftigung wird darum auf die jeweilige Verschiedenheit der Abnahmeform (als Eid, als Versicherung unter Berufung auf die Pflicht zur Wahrheit oder unter einem anderen Namen) nicht immer ausdrücklich hingewiesen.

persönliche Beschaffenheit oder sein (direktes oder indirektes) Interesse am Ausgang des Prozesses zu berücksichtigen.

1. Obligatorische Nichtbeeidigung ist in unserer StPO., § 57, Ziffer 3 n. F., angeordnet, wenn der Zeuge irgendeiner Form der Teilnahme an der Tat verdächtig oder überführt ist. Hierbei ist im geltenden Recht insofern eine Lücke, als der Fall, daß der Zeuge selbst Alleintäter sein könnte, nicht ausdrücklich vorgesehen ist. Der NE. II von 1907/09 und die N. Komm. B. von 1909/11 fügen schon in § 58, Ziffer 3, das Wort „Täter" ein; entsprechend ist dies in § 59, Ziffer 2, der Drucksache Nr. 175 (1929) und im Entwurf eines Einführungsgesetzes in § 61, Ziffer 2, vorgesehen.

Hiernach würde also ein Zeuge dann nicht zu beeidigen sein, wenn er verdächtig (oder überführt, was nur unter besonderen Umständen möglich erscheint) wäre, die Tat, die Gegenstand der Untersuchung ist, selbst begangen zu haben.

Eine solche Bestimmung scheint manchem noch nicht ausreichend. So schildert Buhl[46]) einen Fall, in welchem ein vorbestrafter Dieb wegen Diebstahls eines Fensterbleches verurteilt wurde. Seine übelbeleumdete Freundin belastet ihn im Vorverfahren; im Hauptverfahren beeidigt, stellt sie unter Widerruf ihrer früheren Aussage in Abrede, daß sie von dem Diebstahl etwas wisse. Der Dieb leugnet, wird aber auf Grund von Indizienbeweisen verurteilt und legt kein Rechtsmittel ein. Gegen die Freundin wird ein Meineidsverfahren eingeleitet. In diesem wird der Verurteilte eidlich vernommen, eidlich auch darüber, ob er den Diebstahl begangen hat, da dieser ja im Meineidsverfahren gegen die Freundin nicht „den Gegenstand der Untersuchung" bildet. Er bekundet unter diesem Eid, er habe den Diebstahl, wegen dessen er rechtskräftig verurteilt ist, nicht begangen! Ein unerträgliches Resultat, das unter allen Umständen vermieden werden muß. Buhl erklärt, es könne vermieden werden, „wenn man den § 56, Ziffer 3 (alte Folge), StPO., dahin erweitert, daß Zeugen dann unbeeidigt zu bleiben

---

[46]) Buhl: Wann sollen Zeugen unvereidigt bleiben? im Recht, 1907, 11. Jahrg., S. 1456/57.

haben, wenn sie befragt werden, ob sie eine konkrete strafbare Handlung begangen haben, gleichgültig, ob sie deshalb schon zur Verantwortung gezogen worden sind oder nicht". Auch Stern[47]) meint, daß eine Regelung gefunden werden müsse, die grundsätzlich von dem Prinzip ausgeht, daß niemand vom Gesetz zu einem Eide bezüglich irgendeiner eigenen strafbaren Handlung gezwungen werden dürfe, gleichgültig, ob bei ihr noch die Gefahr strafgerichtlicher Verfolgung bestehe oder durch Aburteilung sowie aus anderen Gründen ausgeschlossen sei. Diesen beiden Forderungen ist zwar nirgends durch ein Vereidigungsverbot (etwa durch Erweiterung des § 56, StPO., a. F.) entsprochen[48]), aber bis zu einem gewissen Grad würde die gewünschte Wirkung durch die Vorschläge erreicht, bei denen die Beeidigung einer Selbstbezichtigung des Zeugen weitergehend als bisher vermieden werden sollte.

2. Für solche Tatsachen, die dem Zeugen oder seinen Angehörigen zur Unehre gereichen könnten — dies wären auch begangene Straftaten — ist zwar ein Zeugnisverweigerungsrecht nicht in die Gesetzesvorschläge aufgenommen worden[49]). Wenn man aber auch annahm, auf die Aussage im Interesse der Rechtspflege nicht verzichten zu dürfen, so war man sich doch seit langem darüber klar, daß bei Beeidigung solcher Aussagen die besondere Art des Konfliktes leicht zu Meineiden führen könne.

Der NE. II 1907/09 schlägt daher im § 59, Ziffer 3, StPO., vor, dem richterlichen Ermessen anheim zu stellen, den Zeugen bei der Auskunft über solche Fragen unbeeidigt zu lassen. Die Begründung erklärt hierbei, daß gerade von dieser Vorschrift

---

[47]) Stern: Zeugnis u. Eidespflicht in betr. eigener strafbarer Handlungen, im Ger. S., 1904, Bd. 63, S. 205 ff.

[48]) Vgl. hierzu auch Beling: Zur Strafprozeßreform, in ZStW., 1904, Bd. 24, S. 465/66. Er wendet sich energisch gegen Sterns Forderung, welche ihm weit über das Ziel hinauszuschießen scheint. Dem Zeugen könne in solchen Fällen höchstens ein Eidesverweigerungsrecht gewährt werden und auch dies könne nicht dem bereits rechtskräftig Verurteilten zugestanden werden.

[49]) Vgl. hierzu die vorhergehenden Ausführungen dieses Paragraphen unter I, 2. Ferner auch Wach: Das Recht der Zeugnisverweigerung, im Ger. S., 1905, Bd. 66, S. 9/12.

erwartet werde, daß sie zur Verhütung bedenklicher Eide beitrage. Die gleiche Bestimmung enthält der N. Komm. B. 1909/11 (§ 59, Ziffer 4)[50]) und NE. III, 1920, § 79, Ziffer 3. Dem entspricht der § 61, Ziffer 6 des 1929 in Drucksachen Nr. 175 von der Regierung gemachten Vorschlags[51]). Ebenso soll nach dem Entwurf eines Einführungsgesetzes § 63, Ziffer 6, von der Abnahme einer Versicherung bei Fragen, die dem Zeugen oder seinen Angehörigen[52]) „die Gefahr strafgerichtlicher Verfolgung zuziehen oder zur Unehre gereichen können" nach richterlichem Ermessen abgesehen werden können.

In einer Kritik des Entwurfs meint Schultz, die Ausdehnung auf die „zur Unehre gereichenden Fragen" gehe etwas weit[53]). Namentlich werde die Aussonderung dieser Teile der Aussage in der Praxis nicht ganz leicht sein. Sonst lasse sich gegen eine solche neue Bestimmung nichts einwenden.

3. Ein gewisses Alter eines Zeugen oder eine bestimmte Geistesbeschaffenheit gibt nach geltendem Recht Anlaß zur Nichtbeeidigung. Die Mängel der geistigen Beschaffenheit hindern nach § 57, Ziffer 1, StPO., die Beeidigung nur dann, wenn sie zur Zeit der Vernehmung gegeben sind.

Hier scheint Aschaffenburg eine Erweiterung nötig[54]). Er fordert, daß auch solche Geisteskranke, die zur Zeit der Vernehmung genesen sind, dann nicht beeidigt werden dürften, wenn sie über Wahrnehmungen auszusagen haben, die sie während der Zeit der Geisteskrankheit gemacht haben. Man müsse nämlich immer wieder beobachten, wie sonst völlig Genesene Dinge, die sich in der Krankheitszeit abgespielt haben, völlig entstellt darlegten und trotz logischer Widerlegung nicht von ihrem falschen Erinnerungsbilde abzubringen seien.

---

[50]) Hierzu auch Lilienthal: Der E. einer StPO. u. Novelle z. GVG., in ZStW., 1909, S. 6.

[51]) 1926 hat auch Loewenthal in der Justiz auf die Notwendigkeit der Erweiterung der Nichtbeeidigung auf persönlich belastende Fragen hingewiesen, vgl. a. a. O., S. 292.

[52]) Vgl. bez. d. Formulierg. synopt. Gegenüberstellg.

[53]) Schultz, a. a. O., S. 114.

[54]) Aschaffenburg: Zur Vereidigung genesener Geisteskranker, in Mon. f. Krim. Psych., Bd. 3, 1906/07, S. 416 ff.

Gegen diesen Wunsch wendet unter anderem Beling ein[55]): Der Eid sei nur dazu bestimmt, dem Lügen und dem bewußt fahrlässigen Umspringen mit dem Bewußtseinsinhalt vorzubeugen. Der Vorschlag Aschaffenburgs sei daher schon systematisch gar nicht unterbringbar, weil eine Nichtbeeidigung im Gesetz bisher nur wegen Verdachts gegen die Wahrhaftigkeit des Zeugen, nicht aber wegen objektiver Unrichtigkeit, subjektiv richtiger Aussagen vorgesehen sei. Der Eid müsse aber auch gerade in solchen Fällen verlangt werden, um den Zeugen wenigstens zur subjektiven Wahrheit anzuhalten.

Der Vorschlag, dem § 58, Ziffer 1, StPO. (a. F.) die Worte „oder dessen Aussage oder Wahrnehmungen durch Geisteskrankheit oder Geistesschwäche beeinflußt sind" einzufügen, wurde auch bei den Kommissionsberatungen von 1909/11 gemacht[56]), aber mit ähnlichen Gründen wie die Belings abgelehnt. In neuester Zeit wird er nochmals in einem Artikel von Schläger als sehr empfehlenswert bezeichnet[57]). In die Gesetzesvorlagen ist er nirgends aufgenommen.

Dagegen bringt schon der Vorschlag der Drucksache Nr. 175 in § 61, Ziffer 4, und entsprechend der Entwurf eines Einführungsgesetzes im § 63, Ziffer 4, eine Neuerung, nach der es dem Richter möglich sein soll, „die geistige Entwicklung"[58]) eines Zeugen zu berücksichtigen. Der Richter soll nämlich dann von Abnahme der Bekräftigung absehen können, wenn der Zeuge zur Zeit der Vernehmung zwar das 16. aber noch nicht das 18. Lebensjahr vollendet hat. Bei dieser völlig neuen Bestimmung wird die im Jugendgerichtsgesetz[59]) bedeutsame Altersgrenze berücksichtigt.

4. Schon 1899 hat Frank[60]) geschrieben, daß die Meineide unter anderem dadurch zu verringern seien, daß Personen von

---

[55]) Beling: Nichtvereidigung geistig Genesener mit Rücksicht auf ehemalige Geisteskrankheit, in Mon. f. Krim. Psych., 1906/07, Bd. 3, S. 613/15.

[56]) N. Komm. B., 1909/11, I. Teil, S. 177/78.

[57]) Schläger: Eidesleistungen und Strafrechtsreform, in Lpz. Ztschr., XXII, 1928, S. 885 ff.

[58]) Vgl. Begr. zum Ei. G., S. 43, zu § 63, Ziff. 4.

[59]) Vgl. JGG. vom 16. Februar 1923, §§ 1 u. 2.

[60]) Frank: Zur lex Salisch, in DJZ., IV, 1899, S. 144.

der Eidesleistung ausgeschlossen würden, die, wie zum Beispiel der Verletzte oder der Nebenkläger, am Ausgang des Prozesses interessiert sind.

Bei den Kommissionsberatungen von 1909/11 wurde auch vorgesehen[61]), die Beeidigung „des Verletzten" und seiner Angehörigen dem richterlichen Ermessen zu überlassen. Der Verletzte könne häufig am Prozeßausgang interessiert sein; für seine Angehörigen gilt dies freilich nur mittelbar[62]). Der NE. II 1907/09 nannte für den Wegfall der Beeidigung nur die „Angehörigen des Privatklägers". Der „Verletzte" ist jedoch der weitere Begriff, in dem auch der „Privatkläger" regelmäßig eingeschlossen ist. Imhoff[63]) zeigt in der Deutschen Richter-Zeitung an Hand eines Falles, wie sehr stark die Angehörigen gerade des Privatklägers sich am Ausgang des Rechtsstreits beteiligt fühlen können und wie nötig es darum sei, von ihrer Beeidigung absehen zu können. Auch im Entwurf eines Einführungsgesetzes wird im § 63, Ziffer 1, StPO., die Beeidigung des Verletzten und seiner Angehörigen in das Ermessen des Gerichts gestellt[64]). In der Begründung wird gesagt[65]), daß damit den Bedenken Rechnung getragen werden solle, die bei Beeidigung der Personen entstehen, die bei ihrer Aussage von einer gewissen Voreingenommenheit gegen den Beschuldigten geleitet werden. Schultz[66]) meint bei seiner Besprechung der neuen Eidesbestimmungen des Entwurfs, eine

---

[61]) Vgl. N. Komm. B., 1909/11, IV. Teil, § 59, und hierzu S. 179/80.

[62]) Die Nichtbeeidigung resp. Nichtabnahme der Bekräftigung bei Angehörigen des Angeklagten steht nach geltendem Recht, § 59, Abs. 1, StPO., ebenso wie nach Ei. G., § 63, Ziff. 2, im Ermessen des Ger. (soweit die Abgabe der Beeidigung nicht verweigert wird). Änderungen sind hier nicht vorgesehen.

[63]) Vgl. Imhoff: Nachdenkliches zu einem Meineidsprozeß, in DRZ. 1929, S. 219. Mit einem sehr kühnen Schluß aus dem Gegenteil versucht Imhoff freilich den Nachweis zu führen, daß auch nach geltendem Recht Angehörige des Privatklägers wie die des Verdächtigen zu behandeln sind. Er widerlegt sich dabei selbst durch Anführung der Reformversuche.

[64]) Vgl. auch ebenso Drs. Nr. 175, § 61, Ziff. 1 u. 3.

[65]) Vgl. Begr. zum E. eines Ei. G., S. 43.

[66]) a. a. O., S. 114.

solche Einschränkung sei höchstens gegenüber dem Privatkläger oder dem Nebenkläger, der ja wirklich Partei geworden sei, allenfalls angebracht. Im übrigen könne man sich gegenüber dieser Neuerung grundsätzlicher Bedenken nicht erwehren. „Der Verletzte und seine Nächststehenden sind häufig die unentbehrlichsten Zeugen; drückt man ihnen gesetzlich von vornherein den Stempel einer gewissen Minderwertigkeit auf, macht man sie sozusagen zur Partei, dann wird man dadurch leicht manche durchaus berechtigte Strafverfolgung vereiteln und mindestens einer rücksichtslosen Verteidigung willkommene Handhaben zur Anzweiflung der Glaubwürdigkeit solcher Zeugen bieten; die Bestimmung fordert ja geradezu dazu heraus."

5. Auf Grund von Änderungen des materiellen Strafrechts sieht § 63, Ziffer 5, des Entwurfs eines Einführungsgesetzes schließlich noch eine Erweiterung der Beeidigungs- resp. Bekräftigungsmöglichkeit gegenüber dem geltenden Recht vor. Da der Entwurf eines allgemeinen deutschen Strafgesetzbuchs die Aberkennung der Eidesfähigkeit nicht kennt, muß § 57, Ziffer 2, StPO., geändert werden. Es soll künftig dem richterlichen Ermessen überlassen sein, ob Zeugen, die wegen Versicherungs- oder Eidesverletzung bestraft sind, zur Bekräftigung herangezogen werden oder nicht[67]).

§ 2. Wegfall der Bekräftigung wegen

b) des Inhalts oder der Art der Zeugenaussage.

Die lex Salisch hatte schon die Aufnahme einer Bestimmung in die Strafprozeßordnung vorgesehen, welche lautete: „Die Beeidigung eines Zeugen darf unterbleiben, wenn das Gericht einstimmig die Aussage für offenbar unglaubwürdig oder unerheblich hält und letzteren Falles die Beeidigung nicht beantragt ist[1])."

In einem kurzen Satz sind hier dem Ermessen des Gerichts zwei völlig verschiedenartige Vorgänge anheimgegeben. Beide

---

[67]) Vgl. hierzu synopt. Gegenüberstellg. Begründung zum E. eines Ei. G., S. 43, und Schultz, a. a. O., S. 114 zu 2 d.

[1]) NE. I, 1898/99, Art. 2, § 60, Abs. 2.

neuen Möglichkeiten haben zu lebhafter wissenschaftlicher Diskussion, meist zu heftigem Widerspruch gegen den Gesetzesvorschlag geführt.

I. Die Bestimmung, daß die Vernehmung eines Zeugen wegen Unerheblichkeit abgelehnt werden kann, erklärt Staub[2]), 1899, für „durchaus sachwidrig". Die Erörterung der Erheblichkeit oder Unerheblichkeit werde dadurch in einen Zeitpunkt verlegt, in den sie entschieden nicht hingehöre. Manche Tatsache, die für sich allein betrachtet „unerheblich" erscheine, bilde im Zusammenhang des Gesamtmaterials — das erst zum Schluß der Beweisaufnahme übersehbar sei — ein wichtiges Glied für die Beurteilung der Sach- und Rechtslage. Frank[3]) sieht in der Einführung einer solchen Bestimmung eine Gefahr für die Rechtssicherheit, da ein Irrtum des Richters bei einer Entscheidung über die Unerheblichkeit wohl möglich sei.

Kronecker[4]) äußert ebenfalls Bedenken, er hält die Einführung der Bestimmung jedoch dann für zulässig, wenn der Angeklagte auf sein Recht, die Beeidigung zu verlangen, ausdrücklich hingewiesen werde; wogegen Stenglein 1903[5]) heftig gegen diese Einführung protestiert.

Trotz all dieser Gegenstimmen wurde bei den Beratungen der Kommission von 1905 wieder beschlossen, dem Gericht anheim zu geben, unerhebliche Aussagen unbeeidigt zu lassen, wenn Staatsanwalt und Angeklagter damit einverstanden seien. Den von Staub geäußerten Bedenken kam ein zweiter Absatz der von der Kommission vorgesehenen Bestimmung entgegen, wonach die Beschlußfassung über solche Beeidigung oder Nichtbeeidigung regelmäßig erst am Schluß der Beweisaufnahme erfolgen sollte.

---

[2]) Staub: Juristische Rundschau, in DJZ., 1899, S. 104/05. Staubs Ausführungen beziehen sich zwar auf die mit der lex Salisch geplanten Änderungen der ZPO. (vgl. § 391, ZPO., im Gesetzesvorschlag) sind jedoch ebenso für die ganz parallel geplante Änderung der StPO. gültig.

[3]) Frank, 1899, a. a. O., S. 143.

[4]) Kronecker, 1899, a. a. O., S. 164/65.

[5]) Stenglein, a. a. O., S. 249/50.

Von der Minderheit wurde eingewandt, daß eine solche Bestimmung es dem Zeugen erleichtern werde, seine Aussage so einzurichten, daß sie unerheblich erscheine und damit der Beeidigung zu entgehen. Daß dagegen auch das Einverständnis der Beteiligten mit der Nichtvereidigung nicht schütze, da diese von der weitergehenden Wahrnehmung des Zeugen oft nichts wissen und der nichtverteidigte Angeklagte seine Zustimmung zuweilen auch gegen sein eigenes Interesse auszusprechen geneigt sei. Der Mehrheit schienen jedoch diese Bedenken nicht durchschlagend. Die Kommission vertrat vielmehr den Standpunkt, die Beeidigung unerheblicher Aussagen sei ohne praktischen Wert und bedeute eine unnötige Belästigung des Zeugen und Verzögerung des Verfahrens[6]).

Hiergegen wendet Oehlert ein[7]): Die nötige Beratung respektive Überlegung des Gerichts über die Erheblichkeit der Aussage werde eine größere Verzögerung herbeiführen als die frühere Beeidigung des Zeugen. Auch ihm scheint bedenklich, daß der Zeuge sehr viel leichter einfach etwas verschweigen und so seiner Aussage den Anschein des Unerheblichen geben könne. Ebenso hält Feisenberger[8]) die Bestimmung für verfehlt. Er meint, die Feststellung der Unerheblichkeit sei mit zu viel Schwierigkeiten verbunden. Dennoch erscheint die Bestimmung wieder im NE. II, 1907/09 als § 60, Abs. 2[9]), und auch in den N. Komm. B. 1909/11 ist sie an anderer Stelle[10]) der StPO. als § 236a wieder entsprechend vorgeschlagen. In der Literatur

---

[6]) Vgl. zu alldem: Prot. d. Reform-Komm., 1905, 1. Bd., 1. Lesg., S. 51 u. 55, II; ferner 2. Bd., 2. Lesg., S. 417, § 59, u. S. 223/24, Ziff. 3.

[7]) Oehlert, a. a. O., S. 506.

[8]) Feisenberger, 1905, a. a. O., S. 25.

[9]) Hier ist aber nicht nur die Auffassung des Ger. maßgebend, die Vereidigung darf vielmehr nur unterbleiben, wenn auch „die anwesenden Prozeßbeteiligten" die Aussage für unerheblich halten, vgl. § 60, NE. II, S. 34.

[10]) Vgl. N. Komm. B., 4. Teil, S. 830, unter den Bestimmungen über die Hauptverhandlung; § 236 a, Abs. 2, mit der etwas abgewandelten Formulierung: Wenn die Mitglieder des Gerichtes und die Prozeßbeteiligten „den Inhalt der" Aussage für unerheblich halten. Hierzu N. Komm. B., 1. Teil, die Beratung zum § 60, S. 181, 182; vgl. auch den referierenden Artikel von Bumke, in ZStW., Bd. 33, 1912, S. 53.

fand diesmal die Änderung etwas mehr Anklang. So finden 1916 sowohl Preiser als Karsten die Einführung einer solchen Bestimmung mit gewissen Abänderungen zweckmäßig[11]). Auch Hippel[12]) billigt die Änderung, die auch im NE. III, 1920, im § 80, Abs. 2, wiederkehrt. Else Koffka[13]) erwägt bei einer Besprechung dieses § 80, Abs. 2, daß dem Gesetzgeber wohl kein anderer Weg bliebe, als der subjektiven Beurteilung des Gerichts zu überlassen, ob die falsche Aussage im einzelnen Fall erheblich sei; denn die einzelnen Momente, die eine Aussage unerheblich scheinen lassen, ließen sich ja in der Tat nicht von vornherein durch das Gesetz feststellen. Sie gibt jedoch zu bedenken, ob nicht bezüglich der Generalfragen (das sind diejenigen Fragen, die jedem Zeugen zwecks Feststellung seiner Persönlichkeit gestellt werden) eine Ausnahme gemacht werden könne[14]). Antworten auf diese Fragen seien in der Regel für die Beurteilung des Prozesses völlig unerheblich. Sie verweist auf den österreichischen VE. von 1909, bei welchem die strafrechtliche Regelung diesem prozessualen Gedanken insofern entspräche, als dort falsche Aussagen über die Generalfragen nur dann strafbar sein sollen: „Wenn der Richter außer der allgemeinen Frage nach diesen Verhältnissen eine besondere Frage über die Wahrheit der mitgeteilten Umstände an den Zeugen gerichtet hat und das im Protokoll vermerkt ist." Dazu bemerke die österreichische Begründung noch ausdrücklich, daß der Richter eine solche besondere Frage über die Wahrheit nur stellen soll, wenn er ausnahmsweise die Feststellung dieser persönlichen Verhältnisse des Zeugen für prozeßwesentlich hält.

Dieser Gedanke auf unser Recht übertragen, führt zu der Bestimmung, daß der Eid sich grundsätzlich nicht auf die Be-

---

[11]) Preiser, a. a. O., S. 133/34; Karsten: Ist der Zeugeneid beizubehalten? in Lpz. Ztschr., 1914, S. 1320 ff.

[12]) Hippel: Der E. eines Ges. über d. Rechtsg. in Strafs., in ZStW., 1920, Bd. 41, S. 340; vgl. auch referierend Neumann, in Mitt. d. JKV., 1922, S. 79.

[13]) Else Koffka: Die Bestrafung der falschen uneidl. Aussage, in ZStW., 1927, Bd. 48, S, 15/16.

[14]) Vgl. hierzu auch RT., 1924/28, 32. Aussch., 53. Sitzg., Landsberg, S. 7.

antwortung der Generalfragen bezieht und es im Einzelfall eines besonderen Hinweises des Richters bedarf, um diese Angaben in die eidliche Aussage hineinzubeziehen.

Der Entwurf eines Einführungsgesetzes von 1929 hat eine solche Neuerung nicht gebracht. In § 61, Ziffer 4, hat er aber entsprechend den früheren Entwürfen ebenfalls dem Richter die Möglichkeit der Nichtbeeidigung unerheblicher Zeugenaussagen gegeben. Schon im Vorschlag Drucksachen Nr. 175 soll die Bekräftigung solcher Aussagen „unzulässig" sein[15]), und ebenso stellt die Bestimmung des § 61, des Einführungsgesetzes, die Bekräftigung nicht nur dem richterlichen Ermessen anheim, sondern bezeichnet sie dann als unzulässig: „wenn nach Überzeugung aller Mitglieder des Gerichts die Aussage unerheblich ist und der Zeuge auch nicht in der Lage ist, erhebliche Tatsachen zu bekunden[16])".

Durch den Nachsatz soll, wie die Begründung[17]) sagt, verhindert werden, „daß ein Zeuge nur unerhebliche Aussagen macht, um sich der Bekräftigung seiner Aussage zu entziehen"[18]).

Wie und woher freilich die Kenntnis, „daß der Zeuge noch anderes bekunden könne", gewonnen werden solle, sagt die Begründung nicht[18a]).

Auch jetzt begegnet die neue Bestimmung wieder erheblichen Bedenken. Beling[19]) nennt die Zulassung der Nicht-

---

[15]) Vgl. Drs. 175, S. 3, § 60.

[16]) Vgl. synopt. Gegenüberstellg.; auch refer. Darstllg. v. Schäfer, in DJZ., 1929, S. 810/11.

[17]) Vgl. Begr. zum Ei. G., § 61, S. 43.

[18]) Vgl. hierzu z. B. die schon von der Minderheit bei der Komm.-Beratg. 1903/05 geäußerten, oben angeführten Bedenken.

[18a]) In der 137. Sitzg. des 21. Strafrechtsaussch. wurden vom Vertreter des Reichsjustizministeriums „Richtlinien für die Umgestaltung der Verfahrensgesetze zum Zwecke der Einschränkung der Eide" vorgelegt, die sachlich mit fast allen Vorschlägen des E. eines Ei. G. übereinstimmten. Die Unzulässigkeit der Bekräftigung unerheblicher Aussagen wurde auch aufrechterhalten. Daneben wurde noch neu vorgesehen, daß das Gericht nach seinem Ermessen von Abnahme der Bekräftigung absehen kann: „Bei Aussagen, die für die Entscheidung der Sache nur von untergeordneter Bedeutung sind." S. 9, B. 2 d.

[19]) Beling: Der amtl. E. eines Ei. G. usw., in DJZ., 1929, S. 1170/71.

beeidigung wegen Unerheblichkeit „eine Prämie auf Aussagedrückebergerei zum Schaden der Wahrheitserforschung"; Oborniker[20]) bezeichnet sie als „eine außerordentlich bedenkliche Neuerung, die in jedem Fall für das Einzelrichterverfahren abgelehnt werden muß". Schultz hat noch 1928[21]) geäußert, er verspreche sich nichts von der Nichtbeeidigung offenbar unglaubwürdiger Aussagen. Wenn selbst die inhaltliche Unerheblichkeit, wie das notwendig wäre, von Gericht und Prozeßbeteiligten einstimmig anerkannt sei, so sei ein solch neues Vorgehen umständlich und schwierig, und die notwendige Feststellung könne in diesem Zeitpunkt nicht einmal sicher zutreffend gemacht werden. Bei der Besprechung des Entwurfs eines Einführungsgesetzes hingegen äußert er neuerdings weniger Bedenken. Er meint, bei einer gründlichen Vernehmung, bei der auch die Beteiligten zu Worte kommen, würden von der neuen Beeidigungsbeschränkung „keine unüberwindlichen Schwierigkeiten oder Mißstände zu erwarten sein"[22]) [22a]).

II. Der Vorschlag, die Beeidigung dann zu unterlassen, wenn „das Gericht die Aussage für offenbar unglaubwürdig hält" [23]),

---

[20]) Oborniker: Kritische Bemerkungen zum E. eines Ei. G., in Justiz, 1929, Bd. 5, S. 48.

[21]) Schultz: Voreid oder Nacheid im Strafverfahren, in Lpz. Ztschr., 1928, S. 1191 ff.

[22]) Vgl. Schultz, in JR., 1929, S. 115 a.

[22a]) Vgl. auch Sachse, in GA., 1930, S. 6/7, bei dem die Bedenken gegen die Bestimmung überwiegen, dem aber eine Lösung auf strafrechtlichem Gebiete möglich scheint.

[23]) Die Bestimmung war ebenso schon im Entwurf von 1895 vorgesehen und wurde von Brettner (a. a. O., S. 2/3) sehr freudig begrüßt. Brettner sieht im geltenden Zustand eine abscheuliche Fessel für den Richter, der geradezu in gewissen Fällen gezwungen sei, „Meineidsgehilfe" zu sein. Wenn der Richter „von der Schuld oder Unschuld bereits vollständig unumstößlich überzeugt" sei und den gegenteilig aussagenden Zeugen trotz aller Ermahnungen und Vorhaltungen beeidigen müsse, so sei dies nicht nur eine unnütze, sondern eine „die Moralität und Sittlichkeit' untergrabende Handlung. Br. glaubt, die Tatsachen: daß ein Kollegialgericht beschließe, daß ferner „offenbare" Unglaubwürdigkeit verlangt werde, und schließlich, daß die Nichtbeeidigung einer ausdrücklichen Begründung bedarf, würden dem freilich naheliegenden Mißbrauch genügend entgegenwirken

ist noch weit lebhafterem, eingehend begründetem Widerstand begegnet. Insbesondere darum, weil in dieser neuen Vorschrift für den Richter kein wesentlicher Gewinn, für die Wahrheitserforschung, für den Zeugen und auch den Angeklagten aber nur überwiegend Nachteiliges gefunden wurde.

1 a) Der vorgeschlagenen Änderung lag zum Teil die Überlegung zugrunde, daß dem Richter die unerträgliche Situation erspart werden solle, in der er gezwungen sei, einen Zeugen, dessen Aussage ihm in keiner Weise glaubwürdig scheine, zu beeidigen und damit selbst sehend beim Meineid mitzuwirken[24]). Hiergegen wurde aus Richterkreisen vorgebracht: Es sei zwar in der Tat für den Richter außerordentlich peinlich, einen Eid, der ihm ein Meineid scheine, abzunehmen; diese Empfindung müsse aber gegen das Interesse der Wahrheitsermittlung zurücktreten, und diese werde durch die neue Vorschrift gefährdet[25]). Von anderer Seite[26]) wurde eingewendet: Der sittlich denkende Richter müsse es gewiß als Qual empfinden, den Eid auf eine Aussage hin abnehmen zu müssen, die er für falsch halte. Nach der modernen Auffassung von der Deliktsnatur des Meineids liege dessen Rechtswidrigkeit aber doch nicht in der Handlung des Schwörens, sondern in der Gefährdung der Rechtspflege durch eine falsche Aussage. Somit werde für den Richter begrifflich dadurch gar nichts gebessert, daß die falsche Aussage unbeschworen bleibt. Das Wesen der Sache sei immer das gleiche: die Entgegennahme der Aussage im Namen des Staates und zum Zwecke der Rechts-

---

[24]) Vgl. hierzu Beling: Die Nichtbeeidg. unglaubw. Zeugenaussagen usw., in DJZ., 1901, S. 362; Frank, a. a. O., S. 143; insbesondere auch das Gutachten für d. Dtsch. Anwaltstag von Gall, im JW., 1901, S. 367/68. Er führt u. a. aus: „Ein falscher Zeuge verdient Strafe, es ist aber nicht Richteramtes, seinerseits zu einer Erhöhung der Strafe beizutragen; die Gesetzgebung darf ihre Diener aber niemals in die traurige Lage bringen, dabei mitzuwirken, daß ein Verbrecher angesichts des Gerichtes seinem schon begangenen Verbrechen ein schwereres hinzufügt.

[25]) Vgl. Kronecker, 1899, a. a. O., S. 164.

[26]) Vgl. Hamburger: Die Nichtbeeidg. unglaubw. Zeugenaussagen und d. Bestrafg. uneidl. falsch. Aussagen, in DJZ., 1901, S. 365, dessen Ausführungen sich insbes. gegen Galls Gutachten (vgl. Anm. 24) richten.

pflege. Mangels eines begrifflichen Unterschieds erscheine es geradezu schwächlich, in dem bloßen Wegfall der feierlichen Form eine Beruhigung zu suchen[27]).

Wenn auch von anderer Seite die Möglichkeit zugegeben wurde, daß der Richter durch die neue Bestimmung in manchen Fällen vor einem Gewissenskonflikt bewahrt werden könne, so führten doch andere überwiegende Bedenken immer wieder zur Ablehnung der Neuerung[28]).

1b) Insbesondere schien vielen darin eine Durchbrechung des strengen Pflichtgebots zu liegen, welches heute den Richter verpflichte, zur materiellen Wahrheitserforschung nichts unversucht zu lassen, was Klarheit zu schaffen geeignet ist. Hierzu gehöre aber auch die Ausübung des Eidesdruckes auf den Zeugen; auch hier sei die Gefahr gegeben, daß der Zeuge seine Aussage unglaubwürdig einrichtet, um der Beeidigung zu entgehen. Überhaupt entsprechen die Argumente zum Teil denjenigen, die gegen die Nichtbeeidigung wegen Unerheblichkeit vorgebracht wurden. Auch hier hieß es, der Richter könne, dürfe und solle nicht den Augenblickseindruck zu wichtig nehmen. Bei der Schwierigkeit und Wichtigkeit der Feststellung der Wahrheit könne sich der Richter nach nur teilweiser Vorführung des Beweismaterials gar nicht genug hüten, schon etwas für wahr oder nicht wahr zu halten[29]). Er könne aber bei der

---

[27]) Vgl. in ähnlichem Sinn auch Beling, a. a. O., 1901, S. 363.

[28]) Vgl. z. B. Frank, a. a. O., S. 143, „der Knoten wird zerhauen, aber nicht gelöst, zerhauen um des richterlichen Gewissens willen". Und Hamburger (1901), a. a. O., S. 365/66, wo er Franks Anspruch zitiert, fügt an, das werde nicht zur Stärkung der Rechtssicherheit und ebensowenig zur Hebung des Vertrauens in die Rechtspflege beitragen.

[29]) Hierzu sind Bambergers Ausführungen zur Feststellung der Zuverlässigkeit der Zeugen im Strafprozeß (Recht, 1903, S. 121) interessant: „Wenn dann ein solcher (gemeint ist ein gerichtsungewohnter) Zeuge unsicher wird, ins Stottern gerät. Vorgänge verwechselt sich widerspricht, so kann man aus dem unter diesen Umständen gewonnenen Eindrucke keine Schlüsse zu seinen Ungunsten ziehen; man kann nicht sagen, daß dem Zeugen wegen der Unbestimmtheit oder der Widersprüche seiner Angaben kein Glauben beizumessen sei. Noch viel unrichtiger ist aber der Schluß von der Bestimmtheit einer Aussage auf ihre Richtigkeit. Bestimmt drückt sich vor Gericht regelmäßig nur der aus, der oft vor den Schranken steht,

Verhandlung ein zuverlässiges Urteil über die Glaub- oder Unglaubwürdigkeit der Aussage noch kaum haben; sonst sei die Entscheidung oberflächlich und eine antizipierte Beurteilung der Sachlage[30]). Die neue Bestimmung enthalte aber geradezu eine Aufforderung an den Richter, sich je schneller je besser eine vorgefaßte Meinung zu bilden und die so gewonnene Position hartnäckig gegen jede Aufklärung zu verteidigen. Damit werde dem schlimmsten Feind einer gesunden Rechtspflege Eingang verschafft: „dem Vorurteil". Bei der Nichtbeeidigung des geltenden Rechts hindert den Richter nichts, auch dem unbeeidigten Zeugnis Glauben zu schenken; bei Nichtvereidigung wegen Unglaubwürdigkeit dagegen bricht er alle Brücken hinter sich ab: die Aussage des Zeugen ist als falsch gebrandmarkt; solange sie nicht mit dem Eid belegt wird, ist sie unverwertbar; der Richter läßt den Zeugen also unvereidigt, weil er ihm nicht glaubt; und nachher glaubt er ihm nicht, weil er unvereidigt geblieben ist — ein böser „circulus vitiosus" [31]).

1c) Diese Tatsache, daß der Zeuge auf gewisse Art bei einer Nichtbeeidigung wegen Unglaubwürdigkeit „gebrandmarkt" werde, hat den heftigsten Widerspruch gegen die Neuerung hervorgerufen. Staub erklärt 1899, wenn diese Bestimmung Gesetz werde, so würde die Vernehmung als Zeuge künftig zu den lästigsten Verpflichtungen gehören, die dem deutschen Reichsbürger obliegen. Jeder anständige Mensch könne, wenn durch eine unglückliche Konstellation der Umstände seine Aussage im Augenblick nicht glaubwürdig erscheint, riskieren, unvereidet mit dem „Brandmal der Unglaubwürdigkeit" den

---

wie Polizeibeamte; oder wer in seinem Beruf zu klarer, unzweideutiger Ausdrucksweise angehalten wird, wie namentlich der Soldat; aber auch andere Personen, die als Partei oder Zeugen oft mit dem Gericht zu tun haben, pflegen ein recht bestimmtes Wesen zur Schau zu tragen, ganz abgesehen von denen, die sich bemühen, die Unwahrheit ihrer Angaben durch Festigkeit zu verdecken." Vgl. auch in diesem Sinne Gmelin, a. a. O., S. 16.

[30]) Vgl. Radlauer, 1898/99, a. a. O., S. 281; Stenglein, 1903, a. a. O., S. 251; Kronecker, 1899, a. a. O., S. 164/65, und Hamburger, 1901, a. a. O., S. 365/66.

[31]) Beling, 1901, a. a. O., S. 162/63.

Gerichtssaal zu verlassen[32]). Werde aber auf seine Person Rücksicht genommen, so könne dies wieder zu Verdächtigungen aller Art führen[33]).

Gegen die dem Zeugen aus all diesem möglicherweise erwachsenden sozialen[34]) und Rechtsnachteile sei ihm aber dann kein Mittel gegeben[35]) [36]).

1d) Aber auch im Interesse der Angeklagten schien die neue Bestimmung gefährlich. Hierzu wurde vorgebracht: Der Anklageseite sei im Strafprozeß größere Freiheit bei der Vorbereitung des Verfahrens gegeben; hierdurch und auf Grund der Tatsache, daß sie stets von einem Rechtskundigen vertreten sei, werde es ihr leichter als dem Angeklagten gelingen, dem Richter den Eindruck von der Glaubwürdigkeit ihrer Zeugen zu vermitteln. Dazu komme, daß meist üblich sei, die Zeugen der Staatsanwaltschaft zuerst zu vernehmen. So könne leicht ein prima-facie-Beweis, der bei Vernehmung der Belastungszeugen gewonnen werde, und ebensogut falsch als richtig sein könne, zur Nichtbeeidigung der gegenteilig aussagenden Ent-

[32]) Staub, a. a. O., S. 105; ein weiteres von Staub geltend gemachtes, bei anderen Kritikern immer wiederkehrendes Bedenken liegt darin, daß gleichzeitig mit der Möglichkeit der Nichtbeeidigung wegen Unglaubwürdigkeit die Strafbarkeit der falschen uneidl. Aussage eingeführt werden soll. So daß die abgelehnte Beeidigung wegen Unglaubwürdigkeit den Zeugen, neben den anderen Nachteilen, überdies reif mache, wegen unbeeidigter falscher Aussage angeklagt zu werden. Vgl. auch Hamburger a. a. O., S. 364/66.

[33]) Stenglein, a. a. O., 1903, S. 251.

[34]) Vgl. hierzu Feisenberger, 1905, a. a. O., S. 24/25.

[35]) Vgl. Kronecker, 1899, a. a. O., S. 164/65.

[36]) Wie stark heute (auch ohne die Möglichkeit der Nichtbeeidigung wegen Unglaubwürdigkeit) schon die Person des Zeugen Angriffen hilflos ausgesetzt ist, schildert Erich Baer im kleinen Journal vom 30. Mai 1927. Bever (der zwar eine Vergröberung der Wirklichkeit hierin findet) bespricht referierend diesen Aufsatz unter dem Titel: Mehr Schutz dem Zeugen, in der DRZ., 1927, S. 403/04. Baer schildert die Leiden eines Zeugen, der ohne prozessualen Schutz lediglich auf den Takt des Vorsitzenden angewiesen, Angriffen und Fragen der Partei, zu deren Ungunsten er aussagt, über Vorgänge aus seinem Leben — die entstellt und aufgebauscht werden — preisgegeben sei, um „die Unglaubwürdigkeit zu dokumentieren“ oder „zur Illustration seiner Persönlichkeit“.

lastungszeugen wegen Unglaubwürdigkeit führen. Was wieder zur Folge hat, daß bei der endgültigen Beweiswürdigung dann das unbeeidigte Zeugnis der Entlastungszeugen dem beeidigten der Belastungszeugen gegenübersteht und weniger gilt[37]).

2. Bei den Kommissionsberatungen von 1903/05 wurde wieder der Vorschlag gemacht, die Nichtbeeidigungsmöglichkeit wegen „offenbarer Unglaubwürdigkeit der Aussage" einzuführen, weil der Richter diesen Aussagen auch beeidigt nicht glaube, und es daher zwecklos und unwürdig für ihn sei, bei einem Meineid mitzuwirken. Die oben dargelegten, in der Kommission wiederkehrenden Gegenargumente waren stärker; die Bestimmung wurde in den von der Kommission formulierten Gesetzesvorschlag nicht aufgenommen[38]). Auch ein Antrag, dem Gericht die Möglichkeit zu geben, die Beeidigung wegen völliger Glaubwürdigkeit der Aussage als überflüssig zu unterlassen, drang nicht durch. Diesem Antrag lag die sehr verständliche Erwägung zugrunde, daß nicht die „Unglaubwürdigkeit oder Unerheblichkeit einer Aussage, sondern die Unerheblichkeit der Beeidigung maßgebend" sein müsse. Gegen die praktische Anwendung dieses Grundsatzes sprach jedoch die Überlegung: es bestehe eine gewisse Gefahr, daß die sozial Höherstehenden leichter als glaubwürdig angesehen würden und ferner, daß der Antrag auf Beeidigung dann leicht als Mißtrauensvotum wirken müsse[39]). In den Gesetzesvorschlag des NE. II 1907/09 und in den N. Komm. B. 1909/11 wurde eine Bestimmung über Nichtbeeidigung wegen Unglaubwürdigkeit ebenfalls nicht aufgenommen.

1911 schildert Heldmann einen Fall, in dem eine Ehefrau eines als Komplizen verdächtigen und deshalb in dieser Sache unvereidigten Mannes, das Alibi des angeklagten Totschlägers beeidigte, obwohl schon bei ihrer Aussage dem Gericht die Unwahrheit völlig klar war. Die fromme Frau, unter Meineidsanklage gestellt, gesteht ihre Seelennot, die Abhängigkeit vom

[37]) Vgl. Beling, DJZ., 1901, S. 363, u. Hamburger, ebenda, S. 365.

[38]) Vgl. Prot. d. Reform-Komm., 1. Bd., 1. Lesg., S. 51/52; auch Hamm, 1905, a. a. O., S. 705/06, u. Oehlert, a. a. O., 1905, S. 511.

[39]) Prot. d. Reform-Komm., 1. Bd., 1. Lesg., S. 53/54.

brutalen Mann, der sie zur Aussage gezwungen habe: „Ich dachte weiter nichts, als wenn ich anders sagte, und ich käme nach Haus, er schlüge mich tot." An Hand dieses Falles erklärt der Verfasser erneut, daß es unwürdig und zwecklos sei, solche Meineide schwören zu lassen und verweist auf die Bestimmung des § 299 Abs. 4 der MStGO., die auch die Nichtbeeidigung wegen Unglaubwürdigkeit vorsehe. Es sei widersinnig, eine Prozeßhandlung vorzunehmen, die von vornherein ihren Erfolg nicht erreichen kann, und wider die Staatsautorität, wenn der Richter einen Schlag ins Wasser tut. „Es geht gegen die ersten sittlichen Grundlagen der menschlichen Gemeinschaft, wenn er ein Verbrechen wissentlich herbeiführt . . . . Frivolität treibt den Zeugen nicht immer zum Meineid, meist ist es Abhängigkeit, die ihm das Grauen vor dem Verbrechen überwinden heißt. Dienstboten, Angestellte, Schuldner erliegen so der Gewissenlosigkeit ihrer Machthaber"[40]). Auch 1914 wurden wieder Stimmen laut, die für Einführung dieser Bestimmung eintreten. Ihre Gründe sind die gleichen, die früher schon für die Aufnahme der Änderung vorgebracht wurden; auch sie berufen sich auf die Militärstrafgerichtsordnung; mit der Gegenmeinung setzen sie sich nicht erkennbar auseinander[41]).

Der NE. III von 1920 folgt jedoch den Beschlüssen der Kommission von 1909/11 und führt die Neuerung nicht ein[42]).

Die vom Justizministerium dem Strafrechtsausschuß 1929 vorgelegte Drucksache Nr. 175 enthielt im § 60, StPO., eine Bestimmung, mit welcher die Bekräftigung der Aussage dann, wenn sie „nach der Überzeugung aller Mitglieder des Gerichts offenbar unglaubwürdig" wäre, nicht nur dem richterlichen Ermessen anheimgegeben, sondern als „unzulässig" bezeichnet wurde. Dieser Vorschlag hat zu lebhafter Kritik im Strafrechtsausschuß geführt.

---

[40]) Heldmann: „Eidesnot", in DJZ., 1911, S. 1343/44. In dem von Heldmann angeführten Fall hätte nach geltendem Recht für die Frau freilich nach § 55, StPO., für die ihren Mann belastenden Fragen ein Zeugnisverweigerungsrecht bestanden.

[41]) Vgl. Preiser, a. a. O., S. 133/34. und Karsten, a. a. O., S. 1320.

[42]) Vgl. § 80, NE. III, und Begr. S. 27, XI, am Anfang.

Die Gründe für und gegen Einführung der Vorschrift sind gegenüber dem seit Jahrzehnten ausgeführten nicht neu. Die Vertreter der Änderung gaben wieder wie früher zu bedenken: dem Richter müsse die Möglichkeit gegeben werden, eine Bekräftigung auf eine Aussage, von deren absoluter Unglaubwürdigkeit er überzeugt sei, dann nicht abzunehmen, wenn er genau wisse, daß ein fanatischer oder interessierter Zeuge seine falsche Aussage zu beschwören bereit sei. In der Öffentlichkeit habe in den letzten Jahren gerade die Eidesabnahme bei solchen Zeugen Anstoß erregt[43]).

Die Gegner der Vorschrift befürchteten namentlich wieder eine nachteilige Wirkung im Interesse der Wahrheitserforschung. Sie wiesen erneut darauf hin, daß der Zeuge, dem seine Aussage unbequem und unangenehm sei, diese geschickt so einrichten werde, daß er wegen offenbarer Unglaubwürdigkeit gar nicht zur Bekräftigung herangezogen werde; und daß so, ohne den Eidesdruck, die Wahrheit, wie die Erfahrung lehre, nicht gefördert werde. In diesem Zusammenhang wurde erwähnt, daß doch die heute gültige Bestimmung, nach welcher der Untersuchungsrichter „zur Herbeiführung einer wahrheitsgemäßen Aussage" schon die Beeidigung eines Zeugen anordnen kann, auf der Erfahrungstatsache beruhe, daß der Zeuge unter dem Druck des Eides erst dazu angehalten werde, es mit der Wahrheit genau zu nehmen.

Auch hinsichlich der Wirkung auf die Autorität des Staates wurden Bedenken geäußert und behauptet, die Sache laufe auf eine Kapitulation des Staates vor dem unzuverlässigen Zeugen hinaus[44]). Weiter wurde — wie schon früher — auf die Gefahr hingewiesen, daß Entlastungszeugen anders als Belastungszeugen behandelt würden. Insbesondere sei hier die Möglichkeit gegeben, die Zugehörigkeit der einen oder anderen Zeugengruppe zu einer gewissen politischen Partei ungünstig zu ver-

---

[43]) Vgl. RT., 1929, 21. Aussch., 44. Sitzg.; Koch-Weser, S. 5, und Bumke, S. 6; vgl. auch für Einführg. d. Vorschrift, Wunderlich, S. 8.

[44]) Vgl. hierzu 21. Aussch., 44. Sitzg., Bell, S. 4 u. 5; ebenda Hanemann, S. 8, Emminger, S. 10; und 45. Sitzg., Ehlermann, S. 1.

werten. Hierzu komme, daß die Vorschrift nicht nur vom Kollegialgericht, sondern auch vom Einzelrichter angewendet werden könne, was besonders bedenklich sei[45]). Besonders unerwünscht schien aber, daß durch die „Ist-Vorschrift" dem Gericht nicht einmal die Möglichkeit gegeben werden sollte, zu unterscheiden zwischen Zeugen, die von vornherein unzuverlässig scheinen, so daß man ihnen auch im Falle ihrer Vereidigung keinen Glauben schenken könnte, und „unglaubwürdigen Aussagen", die sich unter dem Bekräftigungsdruck vielleicht doch wandelten. Es wurde daher von verschiedenen Seiten vorgeschlagen, wenn überhaupt, wenigstens nur eine „Kann-Vorschrift" einzuführen[46]). Der Entwurf eines Einführungsgesetzes hat trotz der grundsätzlichen Bedenken eine Bestimmung über Nichtbeeidigung „offenbar unglaubwürdiger" Zeugenaussagen aufgenommen[47]), erklärt aber nur, daß das Gericht in diesen Fällen von Abnahme der Versicherung absehen „kann". In der Begründung[48]) heißt es: „damit soll dem bisher häufig zutage getretenen Übelstand abgeholfen werden, daß das Gericht derartige Aussagen beeidigen lassen und dadurch mittelbar die Begehung einer Eidesverletzung fördern mußte. Im § 299, Abs. 4 einer MStGO., war schon bisher eine gleiche Bestimmung enthalten, die sich in der Praxis durchaus bewährt hat. Allerdings wird das Gericht von seiner Befugnis zweckmäßig nur dann Gebrauch machen, wenn nach seiner Ansicht von dem Zeugen auch unter dem Druck einer Versicherung eine wahrheitsgemäße Aussage nicht zu erwarten ist".

Nach den Besprechungen des Entwurfs in der Literatur zu schließen, hat die neue Bestimmung nicht gerade begeisterte Aufnahme gefunden. Schultz[49]) gibt gedrängt noch einmal all die bekannten Bedenken wieder, die gegen die Einführung

---

[45]) Vgl. hierzu 21. Aussch., 45. Sitzg., Ehlermann, S. 1, und Alexander, S. 5.

[46]) Vgl. hierzu RT., 1928, 21. Aussch., 44. Sitzg., Bell, S. 4, und 45. Sitzg., Ehlermann, S. 1, Alexander, S. 5.

[47]) Vgl. synopt. Gegenüberstellg., § 62, Ziff. 2, Ei.G.

[48]) Vgl. Begr. zum E. eines Ei.G., S. 43.

[49]) Schultz, 1929, a. a. O., S. 114, zu 3 und 115 b.

dieser Neuerung sprechen. Er kommt zu dem Ergebnis, daß mindestens dem Gericht dringend zu raten sei, mit Anwendung der Vorschrift — sollte sie Gesetz werden — vorsichtig umzugehen, und namentlich die Entschließung über Abnahme der Versicherung bis zum Ende der Beweisaufnahme auszusetzen. Oborniker[50]) hält die Vorschrift für sehr bedenklich und mindestens für das Einzelrichterverfahren für verfehlt. Sachse meint, daß auch hier, wie bei der unerheblichen Aussage, der Eid ja gerade erst der Prüfstein dafür sei, ob nicht der Zeuge seine Aussage noch wandle. Wenn die Möglichkeit bestehe, daß der Eideszwang den Zeugen veranlasse, die Wahrheit zu sagen und so zur notwendigen Aufklärung der Sache mitzuwirken, dürften nicht zum Zweck der Verhütung von Meineiden die wichtigen Interessen der Rechtspflege unbedingt untergeordnet werden[50a]), Beling schließlich steht weiter ganz auf dem bereits 1901[51]) von ihm vertretenen ablehnenden Standpunkt. Er erklärt erneut, wie gefährlich die Festnagelung eines vorläufigen Eindrucks sei, und daß dies praktisch eine Entwaffnung des Entlastungsbeweises bedeute. Hierzu gibt er ein sehr anschauliches Beispiel:

In einer Verhandlung wurden drei Belastungszeugen zuerst vernommen und sagten so glaubwürdig aus, daß drei unmittelbar geladenen Entlastungszeugen gar kein Glauben geschenkt wurde. Der Richter fragte die Entlastungszeugen: „Und das wollen Sie wirklich beschwören?" Antwort: „Ja." Richter: „Nun, dann kann ich Ihnen nicht helfen." Die Eide wurden geschworen. Der Angeklagte wurde schließlich freigesprochen. Das Meineidsverfahren gegen die Belastungszeugen endete mit deren Geständnis und Verurteilung. Bei Zulässigkeit der Nichtbeeidigung wegen Unglaubwürdigkeit wären die Entlastungszeugen in diesem Fall zweifellos unbeeidigt geblieben.

---

[50]) a. a. O., 1929, Justiz, S. 48.

[50a]) Sachse, a. a. O., S. 8.

[51]) Beling: Der amtliche Entwurf eines Einführungsgesetzes zum Allgemeinen deutschen Strafgesetzbuch und zum Strafvollzugsgesetz, in DJZ., 1929, S. 1170/71.

c) Verzichts der Beteiligten.

Auf der Suche nach neuen Möglichkeiten die Eidesabnahme einzuschränken, wurde bei den Kommissionsberatungen 1903/05 von mehreren Seiten befürwortet, von der Aufzählung bestimmter Fälle im Gesetz abzusehen und statt dessen eine allgemeine Vorschrift zu geben, die es ermögliche, überflüssige Eide zu vermeiden. In dieser Richtung bewegte sich unter anderem ein Vorschlag, der vorsah, daß die Beeidigung dann nicht stattfindet, „wenn die Mitglieder des Gerichts und die Parteien auf sie verzichten“ [1]). Es hieß, durch diese Bestimmung gewönne man die Möglichkeit, solche Aussagen nicht erneut zu beeidigen, die schon durch andere Zeugen sicher festgestellt oder sonst, zum Beispiel durch Geständnis des Angeklagten, überflüssig scheinen. Gegen einen so allgemein gehaltenen Antrag wurde aber geltend gemacht: beim Wegfalle der Angabe eines Grundes für die Nichtbeeidigung könne es vorkommen, daß bei den einzelnen Beteiligten verschiedene Gründe maßgebend seien. Das sei unter Umständen bedenklich, zum Beispiel, wenn der Angeklagte annehme, der Zeuge werde wegen Unglaubwürdigkeit nicht beeidigt, während das Gericht die Beeidigung unterlasse, weil es dem Zeugen vollen Glauben schenke. Die angeregten Vorschriften trügen sämtlich die Gefahr in sich, daß infolge einer großen Bequemlichkeit des Gerichts oder aus Entgegenkommen gegen einzelne Zeugen von der Beeidigung in Fällen abgesehen werde, wo sie wünschenswert wäre. Vor allen Dingen werde, wenn die Beeidigung auch wegen völliger Glaubwürdigkeit unterbleiben könne, hiervon vorzugsweise zu gunsten der sozial Höherstehenden Gebrauch gemacht. Selbst der Angeklagte werde, wenn er keinen Verteidiger besitze, oft entgegen seinem Interesse auf die Beeidigung solcher Zeugen verzichten,

---

[1]) Vgl. Prot. d. Reform-Komm., 1905, 1. Bd., 1. Lesg., S. 53, Ziff. 8 u. Ziff. 9, in ähnlichem Sinne, nur Nichtbeeidigung hier noch weitgehender dem Antrag der Parteien überlassen; vgl. auch Ziff. 11 u. 12, die noch bestimmte Ausnahmefälle vorsehen, in denen wiederum die Beeidigung nicht unterbleiben darf.

namentlich wenn er zu dem Zeugen in einem Abhängigkeitsverhältnisse stehe[2]).

Die Bedenken wirkten so stark, daß die Bestimmung nicht in den von der Kommission formulierten Gesetzesvorschlag aufgenommen wurde.

1909 vertrat der sächsische Richterverein wieder die Einführung der Bestimmung[3]). In den NE. II 1907/09 und in den N.Komm.B. 1909/11 ist sie jedoch nicht aufgenommen worden. Sie wurde 1914 wieder von Karsten[4]) empfohlen, fehlte jedoch wieder, entsprechend den N.Komm.B. im NE. III von 1920.

1928 schlägt Dosenheimer[5]) vor, eine dem § 391, Abs. II, ZPO., entsprechende Bestimmung über Nichtbeeidigung in die StPO. aufzunehmen, und Schlegelmilch[6]) macht im gleichen Jahre einen detaillierten Vorschlag für eine Neufassung, die er als § 61a der StPO. einfügen möchte. Er will, daß das Gericht gehalten werde, den Zeugen dann nicht zu vereidigen, wenn „die Prozeßbeteiligten" darauf verzichten. Hierbei sollen als Prozeßbeteiligte (ausschließlich) angesehen werden: die Staatsanwaltschaft, die Verwaltungsbehörden (§ 424 n. F. StPO.), der Privatkläger, der Nebenkläger, der Verteidiger und der Angeklagte bzw. sein gesetzlicher Vertreter.

In der Entschließung Drucksache Nr. 250 war unter a 3) gefordert, auf wesentliche Einschränkung der Eidesabnahme im Strafprozeß durch bestimmte Gesetzesvorschriften hinzuwirken „wobei insbesondere mit Zustimmung der Parteien die Beeidigung unterbleiben kann".

Die Vorlage Drucksache Nr. 175 sieht dementsprechend die Möglichkeit der Nichtbeeidigung wegen Verzichts des Gerichts und der Beteiligten in § 58, Abs. 2, letzter Satz, vor. Ebenso

---

[2]) a. a. O., S. 54, vgl. auch zu dieser Frage Beling: Zur StPO.-Reform, in ZStW., 1905, Bd. 25, S. 788/89.

[3]) Sächs. Richterverein: Zur Strafprozeßreform: DRZ. 1909, S. 183/84.

[4]) Karsten, a. a. O.

[5]) Dosenheimer: Vom Zeugeneid der ZPO. und der StPO., in DJZ., 1928, S. 372.

[6]) Schlegelmilch: Strafbarkeit der falschen uneidl. Aussage u. Verringerung d. eidl. Aussagen, in DRZ., 1928, S. 389.

hat der Entwurf eines Einführungsgesetzes als § 61, Ziffer 3, die Bestimmung aufgenommen, daß die Abnahme der Versicherung unzulässig ist, wenn das Gericht und die Beteiligten auf sie verzichten.

Die Begründung[7]) sagt dazu: „die Nr. 3 führt den im Zivilprozeß schon bisher bekannten Verzicht auf die Versicherung neu ein, doch muß im Gegensatz zu § 391 der ZPO. zu dem Verzichte der Beteiligten auch der des Gerichts treten".

Hiergegen macht Schulz[8]) bei seiner Besprechung des Einführungsgesetzes geltend, daß im Strafprozeß einer Übereinstimmung der Beteiligten kein allzugroßes Gewicht beigelegt werden dürfe. Das würde eine Annäherung an den Zivilprozeß bedeuten, in welchem die Parteien den Prozeßstoff beherrschen und dem Gericht einen fertig zurechtgemachten Tatbestand zur Entscheidung vorlegen können. Dem Strafverfahren müsse aber jedes derartige Paktieren fernbleiben. Schultz erwähnt jedoch, daß diesen Bedenken wohl im wesentlichen durch die Bestimmung abgeholfen sei, daß hier neben dem Verzicht der Parteien auch der des Gerichts notwendig würde. Er meint: „von dem Gericht wird zu erwarten sein, daß es in der Auswahl der Fälle das Richtige trifft".

§ 2. Wegfall der Bekräftigung wegen

d) des Gegenstandes der Verhandlung.

Das Mißverhältnis zwischen Wesen und Wirkung des Eides einerseits und dem Inhalt der Aussage, die mit diesem Eid bekräftigt werden muß, anderseits hat zu besonders heftiger Kritik an den bestehenden Einrichtungen im Strafprozeß geführt.

Bei allen Reformvorschlägen und Versuchen war man sich darüber klar, daß zwar ein Weg gefunden werde müsse, um zu vermeiden, daß der Eid (respektive die Bekräftigung) unwürdig und sinnlos um jeder Belanglosigkeit willen abgegeben werden müsse, daß es aber äußerst schwierig sei, hierfür ein allgemeines Kriterium zu finden.

---

[7]) a. a. O., S. 43.

[8]) Schultz, a. a. O., S. 113 u. 114, zu 1.

Mit der lex Salisch wurde zum erstenmal gesetzgeberisch der Versuch gemacht[9]), die Möglichkeit der Nichtbeeidigung vom Gegenstand der Verhandlung abhängig zu machen. § 60, Abs. III, dieses Gesetzesvorschlags sieht vor, daß „in den Verfahren wegen Übertretungen" die Beeidigung dann unterbleiben darf, wenn sie weder beantragt, noch von einem Mitglied des Gerichts verlangt wird[10]). Bei den kritischen Betrachtungen zur lex Salisch wird diese Neuerung im allgemeinen als begrüßenswert bezeichnet[11]).

In der Kommission zur Strafprozeßreform von 1903/05 wurde bei Durchberatung der Frage: Ist die Beeidigung in geringfügigen Sachen einzuschränken? der Antrag: bei Übertretungen zwangsläufig Nichtbeeidigung vorzusehen, abgelehnt. Es wurde vorgebracht: die Beeidigung dürfe hier nicht ganz ausgeschlossen werden, da, gleichgültig, ob es sich um leichte oder schwere Strafsachen handle, die Vernehmung immer den Zweck objektiver Wahrheitserforschung habe. Auch könnten Verurteilungen in Übertretungssachen wichtige Konsequenzen für den Verurteilten haben: wie z. B. die Entziehung einer Konzession usw. Dagegen war die Mehrheit der Kommission ebenfalls der Meinung, daß es sehr wünschenswert wäre, dem Gericht wenigstens die Möglichkeit zu geben, von der Beeidigung, die in der Tat häufig ohne Nachteil für die Rechtspflege in Übertretungssachen entbehrt werden könne, dann abzusehen, wenn Angeklagter und Staatsanwaltschaft damit einverstanden sind. Eine der lex Salisch ähnliche Formulierung wurde dabei in der Kommission angenommen[12]); weiter wurde bei den Beratungen vorgesehen, daß die Beeidigung unterbleiben darf „im Verfahren auf erhobene Privatklage, wenn die Parteien mit der Unter-

---

[9]) Brettner (a. a. O., S. 2) schlägt 1894 schon vor dem Gericht bei Übertretg. die Möglichkeit der Nichtbeeidigung zu geben.

[10]) Vgl. Begr. zu NE. I, 1899, S. 10. Dort wird die neue Vorschrift u. a. darum als unbedenklich bezeichnet, weil die Strafbarkeit wissentl. falscher uneidl. Aussage ja künftig eingeführt werden soll.

[11]) Vgl. Frank, a. a. O., S. 144; Kronecker, a. a. O., S. 165/66.

[12]) Vgl. Prot. d. Reform-Komm., I. Bd., 1. Lesg., S. 70; II. Bd., 2. Lesg., S. 417 b, § 60, u. S. 224.

lassung einverstanden sind und kein Mitglied des Gerichts die Beeidigung verlangt". Hierbei ging man davon aus, daß in Privatklagesachen bei allseitigem Einverständnis ohne Nachteil für die Rechtspflege von der Beeidigung abgesehen werden könne, weil hier die Zeugen den Parteien in der Regel bekannt seien, und daher im Falle des Verzichts auch ohne Beeidigung eine genügende Gewähr für wahrheitsgemäße Zeugenaussagen bestehe. Auch die Ähnlichkeit des Privatklageverfahrens mit dem Zivilprozeß war für die vorgeschlagene Neuerung bestimmend[13]). Oehlert[14]) äußert auch gegen diese Neuerung keine Bedenken, während er sich scharf gegen den anderen Vorschlag wendet. Ihm scheint die Deliktskategorie „Übertretung" kein maßgebendes Unterscheidungsmerkmal für den Begriff der geringfügigen Sache. Er gibt zu bedenken, daß die Verurteilung wegen Bettelei Arbeitshaus, und wegen einer baupolizeilichen Übertretung den Abbruch eines Hauses zur Folge haben könne.

Von anderer Seite wird gerade wieder vor der Nichtbeeidigung in Privatklagesachen, wo von den Parteien mit solcher Erbitterung und Heftigkeit gekämpft werde, gewarnt, und zwar eben darum, weil die Zeugen an dieser Leidenschaft erheblich teilnähmen. Deswegen schiene der Eidesdruck besonders notwendig[15]).

Der NE. II von 1907/09 sucht wieder nach einem neuen Weg, um ein Kriterium für weniger erhebliche Fälle zu schaffen. Er bestimmt im § 60, Abs. 1, daß die Beeidigung der Zeugen unterbleibt „in Sachen, die in erster Instanz vor den Amtsgerichten zu verhandeln sind, soweit sie nicht vom Vorsitzenden für erforderlich erachtet oder vor Schluß der Beweisaufnahme von einem Mitglied des Gerichts oder einem Prozeßbeteiligten verlangt wird; die anwesenden Prozeßbeteiligten sind zu befragen, ob sie die Beeidigung verlangen".

---

[13]) Vgl. Prot. d. Reform-Komm., I. Bd., 1. Lesg., S. 71/72; II. Bd., 2. Lesg., S. 417 c, § 61, u. S. 224/25.

[14]) Oehlert, a. a. O., S. 509, geht bei seinen Ausführungen von der Straflosigkeit jeder anderen als der beeidigten Aussage aus.

[15]) Striemer: Zur Justizreform, in JW., 1908, S. 418.

Die entsprechende Bestimmung sah auch der N. Komm. B. 1909/11, § 236 a, Abs. I, vor[16]).

Der Entwurf (NE. III) von 1920 kehrte dann wieder zu der alten, in der Kommission 1903/05 vorgeschlagenen Art der Unterscheidung zurück. Nach seinem § 80, Abs. 1, sollte die Zeugenbeeidigung bei Privatklagesachen („Eigenklagesachen") und Übertretungen unterbleiben, „es sei denn, daß sie zur Beurteilung der Glaubwürdigkeit der Aussage unerläßlich ist oder von einem Beteiligten beantragt wird".

Hippel[17]) bezeichnet die Bestimmung, soweit sie sich auf Privatklagesachen bezieht, als nicht wünschenswert, weil es sich doch oft um wichtige, folgenschwere Dinge handelt. Immer aber scheint es ihm nötig, daß nicht nur jeder einzelne Beteiligte, sondern auch jedes einzelne Mitglied des Gerichts das Recht hat, die Beeidigung zu verlangen, wenn es sie zur Bildung einer gesicherten Überzeugung für nötig hält[18]).

Im Gegensatz zu Hippels Bedenken wegen der möglichen Nichtbeeidigung im Privatklageverfahren fordert Hertel[19]) gerade hier größere Freiheit. Er verweist darauf, daß mit Recht die Bestimmungen des Privatklageverfahrens, was Sicherheitsleistung, Armenrechtsbewilligung, Prozeßfähigkeit, Widerklage usw. anbelangt, weitgehend denen der ZPO. entsprechend gebildet seien, und daß dies auf das stärker hervortretende Zweiparteienverhältnis zurückzuführen sei.

Es sei dringend zu wünschen, daß auch die Bestimmungen über die Zeugenbeeidigung mehr aus dem Zivilprozeß für dieses Verfahren übernommen würden. Namentlich müsse das Verwandtschaftsverhältnis zum Privatkläger bei der Beeidigung hemmend berücksichtigt werden. Die grotesken und am leichte-

---

[16]) Vgl. N. Komm. B., 1909/11, 4. Teil, S. 831, § 236 a, und S. 748, § 60.

[17]) Hippel: Der E. eines Gesetzes über den Rechtsgang in Strafsachen, in ZStW., 1920, Bd. 41, S. 340.

[18]) Hippels Kritik ist hierin etwas unverständlich; denn dies Recht des Gerichts scheint doch im wesentlichen durch den Satz „es sei denn, daß sie zur Beurteilung der Glaubwürdigkeit unerläßlich sei" gegeben zu sein.

[19]) Hertel: Mehr freies Ermessen bei Vereidigung von Zeugen im Privatklageverfahren, in DRZ., 1926, S. 351/52.

sten zum Meineid führenden Resultate ergäbe der jetzige Zustand, in welchem die Ehefrau als Zeuge in dem Prozeß vereidigt werden m u ß, in dem der Ehemann auf Grund von §§ 195, 232, Abs. 3, StGB., in Verbindung mit § 374, Abs. 2, StPO., selbständig Privatklage wegen Verletzung seiner Ehefrau erhoben habe. Meist liegt in solchem Fall wechselseitige Beleidigung vor, Widerklage ist nicht möglich, weil der Kläger nicht die beleidigte Person ist. Die Ehefrau verweigert trotz § 55, StOP., in solchem Fall meist ihr Zeugnis über ihre eigene Handlung nicht. Es kommt dann zur neuen Privatklage der Gegenseite, und jetzt schwört der nichtklagende Eheteil der Gegenseite den Gegeneid!

Sling gibt in seinem Buch „Richter und Gerichtete" unter dem Titel „Schattenriß an der Wand"[20]) ein anschauliches Beispiel dafür, wie lächerlich auf das Publikum immer wieder gerade in Privatklagesachen das Mißverhältnis vom Gewicht des Eides zum Inhalt der beschworenen Aussage wirken muß.

Bei den neuesten Reformbestrebungen wurde auch im 32. Ausschuß immer wieder betont, daß der Eid bei Übertretungen und Privatklagen eingeschränkt werden müsse[21]).

So enthielt auch der vom 32. Ausschuß angenommene Antrag Nr. 250 unter Ziffer 2 eine entsprechende Anweisung.

In der dem 21. Ausschuß zur Grundlage seiner Beratungen von der Reichsregierung vorgelegten Drucksache Nr. 175 war jedoch (entgegen dem in der Drucksache Nr. 250 niedergelegten Wunsch) nicht die Einschränkung der Beeidigung in Privatklageverfahren vorgesehen. Der § 58, Abs. 2, lautet nur: „In einem Verfahren, das ausschließlich eine Übertretung betrifft, entscheidet das Gericht nach freiem Ermessen, ob eine Bekräftigung der Aussage erfolgt." Ganz ähnlich ist die Bestimmung des § 62 des Einführungsgesetzes formuliert. Auch dort soll es nur im Verfahren, das ausschließlich eine Übertretung betrifft,

---

[20]) Sling, a. a. O., S. 266/70.

[21]) Vgl. 32. Aussch., 53. Sitzg., Emminger, S. 3; Wunderlich, S. 4; Brodauf, S. 8; 54. Sitzg., Landsberg, S. 7.

nach freiem Ermesesen des Gerichts möglich sein, von der Abnahme der Versicherung abzusehen. An dieser neuen Bestimmung wurde bisher kaum Kritik geübt[22]).

Die Möglichkeit, die Verwandten in Privatklagesachen nicht zur Bekräftigung heranzuziehen, ist aber dabei durch die Bestimmung des § 63, Ziffer 3 (Angehörige des Verletzten vergleiche oben), gegeben; weiter ist durch den neu vorgesehenen „Verzicht der Beteiligten" (vgl. oben § 2c) die Möglichkeit des Unterbleibens der Bekräftigung für jeden Fall — und also auch bei diesen Sachen — geschaffen[22a]).

§ 3. Richterliche Fragestellung.

Von den Möglichkeiten, dem Meineid des Zeugen vorzubeugen, wurden bisher diejenigen dargestellt, die dem Zeugen ein Aussageverweigerungsrecht oder dem Gericht ein Recht zur Nichtbeeidigung (oder Nichtabnahme der Bekräftigung) gaben. Eine weitere radikale Möglichkeit der Meineidsverhütung liegt darin, den Zeugen über gewisse Dinge, die ihn in bestimmte Konflikte führen könnten, überhaupt nicht zu befragen.

Gesetzlich ist eine solche Regelung denkbar: entweder durch Bestimmungen, die ein Vernehmungsverbot hinsichtlich bestimmter Vorgänge enthalten oder durch solche, die den Richter nur anweisen, Fragen nach gewissen Vorgängen nach Möglichkeit zu vermeiden.

1. Das Verbot der Vernehmung schneidet den Beweis mit Rücksicht auf die Lage des Zeugen völlig ab und setzt so der Wahrheitsermittelung bedenkliche Schranken. Es ist darum nur für ganz besondere Ausnahmefälle denkbar und wurde bisher auch nur ganz ausnahmsweise vorgeschlagen. Die Kommission von 1903/05 hat bezüglich der Aussagen der Geistlichen die Forderung vertreten, daß ihnen solche Fragen nicht gestellt wer-

---

[22]) Vgl. Schultz, a. a. O., S. 113 u. 114, zu 1; Floegel, a. a. O., am Anfang.

[22a]) Sachse, a. a. O., S. 50, erklärt diese Bestimmung des Entwurfs für bedenklich, da auch in Übertretungsfällen die Wahrheit sicher ermittelt werden müsse.

den dürfen, welche sie ohne Verletzung der Pflicht zur Verschwiegenheit nicht beantworten könnten[23]). Die Meinung, daß der Schutz der kirchenamtlichen Schweigepflicht eine so weitgehende Einschränkung der Vernehmungsmöglichkeit notwendig mache, kehrt dann auch in dem NE. II von 1907/09 und den Kommissionsbeschlüssen von 1909/11 und ebenso im NE. III von 1920 wieder[24]). Alle sehen ein Vernehmungsverbot bezüglich der Tatsachen vor, „über die der Geistliche nach Annahme des Gerichts oder nach seiner ausdrücklichen Versicherung nicht aussagen kann, ohne die ihm als Seelsorger obliegende Pflicht zur Verschwiegenheit zu verletzen".

Der Entwurf eines Einführungsgesetzes von 1929 hat diese Vorschläge nicht übernommen. Er hat überhaupt kein Vernehmungsverbot vorgesehen. Das Zeugnisverweigerungsrecht, das der § 55 der geltenden StPO. dem Geistlichen gewährt, wird nicht erweitert oder verändert. Ebenso ist in dem anderen Falle, in welchem die früheren Entwürfe ein Vernehmungsverbot vorschlagen — nämlich bei der Frage über die Abstimmung des Zeugen bei der geheimen Wahl —, im Entwurf eines Einführungsgesetzes zwar mit § 53 a ein Zeugnisverweigerungsrecht neu vorgeschlagen, von dem Verbot der Fragestellung jedoch abgesehen worden[25]).

2. In der Kommission 1903/05 wurde beantragt, dem Vorsitzenden unter gewissen Umständen die Möglichkeit zu geben, die Fragen zurückzuweisen, deren Beantwortung dem Zeugen oder seinen Angehörigen zur Unehre gereichen könnte.

Dieser Antrag wurde mit der Begründung angenommen, daß ein Bedürfnis dafür bestehe, den Zeugen einen möglichst wirksamen Schutz gegen ein in der Sache selbst nicht begründetes Eindringen in ihre privaten Verhältnisse zu gewähren[26]).

---

[23]) Vgl. auch oben § 2 a, I, 3, S 98; u. Prot. d. Reform.-Komm., II. Bd., 2. Lesg., § 53, S. 413.

[24]) Vgl. NE. II, S. 32, § 47; N. Komm. B., 4. Teil, S. 742, § 47; NE. III, 1920, S. 25, § 63, u. Begr. S. 27.

[25]) Vgl. hierzu ausführlich oben, S. 101, Anm. 37.

[26]) Vgl. Prot. d. Reform-Komm., II. Bd., 2. Lesg., S. 114, vgl. auch mit ausführlicherer Begr. Prot., I. Bd., 1. Lesg., S. 244.

Mit dieser Bestimmung, die systematisch in den Abschnitt Hauptverhandlung eingearbeitet werden sollte, war aber im wesentlichen ein Schutz des Zeugen durch den Richter vor Fragen der Beteiligten bezweckt. Der NE. II von 1907/09 sieht dagegen in § 55, Abs. 3 — systematisch unter dem Abschnitt Zeugen —, erstmals einen Schutz des Zeugen vor Fragen des Richters vor. Hiernach dürften die zur Unehre gereichenden Fragen nur dann gestellt werden, wenn das Gericht sie für unerläßlich hält. Ebenso sollen Fragen nach Vorstrafen nur dann zulässig sein, wenn sie dem Gericht zur Beurteilung der Glaubwürdigkeit unerläßlich scheinen. Auch dürften solche Fragen nur auf eine bestimmte Bestrafung gerichtet werden[27]).

In der Begründung hierzu[28]) wird erneut betont, daß es vermieden werden müsse, den Zeugen in Gewissensbedrängnis zu bringen. Ihm müssen namentlich solche Fragen ferngehalten werden, deren Beantwortung ihm Schaden bringen kann, weil gerade diese die Gefahr einer unrichtigen Beantwortung in besonders hohem Maße in sich bergen.

In dem N. Komm. B. von 1909/11 wurde eine sachlich gleiche Bestimmung als § 55 a der Vorschläge aufgenommen.

Bei den Besprechungen dieser Probleme in der Literatur ist wiederholt darauf hingewiesen worden, daß selbstverständlich der Richter keine unnötigen Fragen, z. B. nach Vorstrafen, an den Zeugen richten solle. Dies könne aber nicht durch Gesetze, sondern nur durch den richterlichen Takt geregelt werden[29]). Der Entwurf eines Gesetzes über den Rechtsgang in Strafsachen hat die Bestimmung des § 55 a des N. Komm. B. in seinem § 71 fast wörtlich übernommen.

Inzwischen wurde immer wieder vorgebracht, daß ein Schutz des Zeugen vor Fragen, deren Beantwortung ihm einen anhaltenden und bedeutenden Nachteil bringen könnte, nötig sei[30]).

---

[27]) Vgl. NE. II, 1907/09, S. 33, § 55, Abs. III.

[28]) Vgl. Begründung zu NE. II, 1907/09, S. 29/30.

[29]) Vgl. z. B. Reichel, in DJZ., 1910, S. 385 ff.; Preiser, a. a. O., S. 135.

[30]) Vgl. hierzu Else Koffka, 1927, a. a. O., S. 18; Hentig: Falsche uneidliche Aussage, in Justiz, Bd. 3, 1927, S. 162, rechtsvergleichend zum österr. Recht.

Der 1928 von dem Unterausschuß gestellte Antrag Nr. 250 stellte auch als Ziffer 6 die Forderung auf, zu bestimmen, daß die Frage, ob ein Zeuge vorbestraft ist, nur gestellt werden dürfe, soweit sie zur Beurteilung der Glaubwürdigkeit notwendigi ist.

Der § 69 a der Drucksachen Nr. 175 entsprach dieser Forderung weitgehend und sah auch die Einschränkung der Fragestellung bei denjenigen Tatsachen vor, die dem Zeugen zur Unehre gereichen. Diese Bestimmung ist als § 69 b im Entwurf eines Einführungsgesetzes wörtlich übernommen[31]). Die Bestimmung entspricht völlig den früheren Entwürfen; der letzte Satz ist durch das Gesetz zur Löschung der Vorstrafen veranlaßt.

Oborniker[32]) wendet sich lebhaft gegen Einführung dieser Bestimmungen, die er als eine unzulässige Einengung der Verteidigung zugunsten des Zeugen bezeichnet. Der Begriff „unerläßlich" sei unklar und sachlich ungerechtfertigt. Nicht sicher sei, ob mit der Unzulässigkeit der Fragen auch sonstige Beweisanträge mit dem gleichen Ziel als unzulässig gelten sollen. „Eine solche Einschränkung der Beweisaufnahme über die allgemein geltenden Regeln hinaus ist geradezu unverständlich und unbedingt abzulehnen. Die Begründung zum § 69 b, daß ein Zeuge durch nicht zur Sache gehörige Erörterung seiner Vorstrafen nicht bloßgestellt werden soll, übersieht sowohl, daß dies heute schon nicht geschehen darf, als auch, daß § 69b über dieses Ziel weit hinausgeht."

Während diese Bedenken sich im wesentlichen mit den Gefahren beschäftigen, die den beteiligten Personen durch den neuen Schutz der Person des Zeugen erwachsen können, findet Schiffer[33]) die Hauptschwierigkeit bei der notwendigen Beschränkung der Fragestellung darin, daß sie nur durch höchstqualifizierte Richter richtig und gut durchführbar sein wird. Schiffer erklärt, daß die Frage der Eidesreform so auch schließlich in die der allgemeinen Justizreform münde. Hellwig[34]) gibt im gleichen Sinne eine anschauliche Darstellung davon, wie sehr

---

[31]) Siehe den Wortlaut bei der synopt. Gegenüberstellg.

[32]) Oborniker, in Justiz, Bd. 5, 1929, S. 48.

[33]) Schiffer: Zur Eidesreform, in DJZ., 1929, S. 611 ff.

[34]) Hellwig: Vernehmungstechnik u. Eidesnot, in JW., 1929, S. 1449.

wenig diese schwierigen Fragen der Vernehmung durch einzelne spezialgesetzliche Regelungen verbessert werden können. Die Schonung des Zeugen unter gleichzeitiger Abwägung und Berücksichtigung der übrigen Interessen gelingt nur dem geschulten, höchstqualifizierten Richter. Darum liegen, wie Schiffer und Hellwig betonen, alle Möglichkeiten auf diesem Gebiet mehr bei der sehr schwierigen Auswahl und Ausbildung der Richter, als bei der Festlegung gewisser Gesetzesbestimmungen.

§ 4. Die Erkundigungspflicht des Zeugen.

Seit Jahrzehnten ist die Frage, ob und wie der fahrlässige Falscheid festgestellt und gestraft werden soll, heftig umstritten. Die vielen Versuche, hier eine Lösung zu finden, haben nun neuestens dazu geführt, eine neue prozessuale Bestimmung vorzuschlagen, um so die Schaffung eines, auf neue Kriterien aufgebauten, strafrechtlichen Tatbestandes zu ermöglichen, der an Stelle der Bestimmung über den fahrlässigen Falscheid treten könnte. Diese strafprozessuale Bestimmung ist die erstmals im Entwurf eines Einführungsgesetzes von 1929 vorgesehene Erkundigungspflicht des Zeugen. Nach § 69 a dieses Entwurfs kann dem Zeugen die Pflicht auferlegt werden, bestimmte Nachforschungen und Prüfungen an Hand seiner Bücher oder anderer Aufzeichnungen vorzunehmen oder eine Sache oder Örtlichkeit zu besichtigen, um sich auf eine Aussage vorzubereiten, wenn diese sich auf einen bestimmten, mit den zu besichtigenden Dingen zusammenhängenden Gegenstand bezieht[35]). Diese Bestimmung findet sich noch nicht in der dem Einführungsgesetz vorangehenden Drucksache Nr. 175 und ist offensichtlich erst als Grundlage des in Drucksache Nr. 202 neugeschaffenen § 186 a des StR.-Entwurfs geschaffen. Auch die Begründung[36]) zum Einführungsgesetz verweist auf die strafrechtliche Bestimmung. Auf Wesen und Wirkung dieser prozessualen Norm kann und wird darum erst bei Dartsellung der Strafrechtsreform eingegangen werden.

---

[35]) Vgl. synopt. Gegenüberstellg.
[36]) Vgl. Begründung, S. 44.

III. Die Bekräftigung der Sachverständigen-Aussage.

Nach § 72 n. F. unserer StPO. finden, soweit nicht ausdrücklich anderes bestimmt ist, für die Sachverständigenaussage die Vorschriften des vorhergehenden Abschnitts über Zeugen entsprechende Anwendung. Hinsichtlich der Beeidigung sieht das geltende Recht keine grundsätzlichen Abweichungen gegenüber der Zeugenbeeidigung vor. Der § 79 n. F. besagt nur, daß auch der Sachverständige einen Voreid zu leisten habe und regelt dessen Inhalt entsprechend der von der Zeugentätigkeit abweichenden Funktion des Sachverständigen. Das Wesen der Zeugenaussage, das, wie dargestellt, so viele Möglichkeiten subjektiven Beteiligtseins und damit falschen Eides mit sich bringt, ist von dem der Sachverständigenaussage grundverschieden. Während der Zeuge verpflichtet ist, über Tatsachen zu berichten, soll der Sachverständige begutachten, das heißt, er soll seine auf seine Erfahrung und Spezialkenntnisse gestützte subjektive Meinung zu der vorgelegten Frage äußern. Einen Meineid könnte er dadurch leisten, daß er etwas ihm bekannt Unrichtiges als richtig darstellt. Abgesehen davon, daß viel seltener als beim Zeugen beim Sachverständigen ein Gewissenskonflikt denkbar ist, der ihn zu einer falschen Angabe bringen würde, ist bei ihm kaum jemals dem Gericht ein Kriterium dafür gegeben, ob wirklich das Dargelegte o b j e k t i v falsch ist. Denn wenn das Gericht selbst eine so sichere objektive Sachkenntnis besäße, brauchte es in dem bestimmten Fall eben keinen Sachverständigen. Kann aber das Gericht oder können die Beteiligten einmal wirklich objektive Unrichtigkeit der Sachverständigenaussage feststellen und nachweisen, so dürfte es weiter äußerst selten sein, zu klären, ob nicht der Sachverständige subjektiv seine Auffassung für richtig gehalten hat.

Unter diesen Umständen scheint ein Sachverständigen-Meineid eine Seltenheit. Und in der Tat beziehen sich alle Klagen über die „Eides- resp. Meineidsseuche" nicht auf den Sachverständigeneid.

Die Änderungen, die bei allen Überlegungen zur Eidesreform auch für den Sachverständigeneid vorgeschlagen werden, haben darum auch ihren Ursprung nicht etwa in besonderen Mängeln, die sich bei der Sachverständigenbeeidigung gezeigt haben, sondern in dem Wunsch, die Eide überall in der Prozeßgesetzgebung so weit als möglich zu vermindern. Die Begründungen zu den Änderungsvorschlägen sind meist allgemein gehalten und verweisen vielfach auf die vorgesehenen Änderungen der Bestimmungen über den Zeugeneid. Die Kritik hat sich mit der Frage der Sachverständigenbeeidigung nur wenig befaßt und behandelt sie, wenn überhaupt, regelmäßig nur als Anhängsel der Zeugeneidesreform.

Zwei Neuerungen werden auch beim Sachverständigeneid regelmäßig erwogen: der Zeitpunkt (Vor- und Nacheid) und die Möglichkeit des Unterbleibens der Abnahme. Die lex Salisch will es dem Richter frei lassen, ob der Eid vor oder nach Erstattung des Gutachtens abgenommen werden soll. Die Beeidigung bleibt nach ihr zwar die Regel, sie kann jedoch unterbleiben, wenn sowohl der Staatsanwalt als auch der Beschuldigte darauf verzichten[1]). Im Gegensatz hierzu kam die Kommission von 1903/05 zu dem Beschluß, es beim Voreid weiterhin zu belassen. Man erwog: Der Sachverständige übe als Gehilfe des Richters gleichsam ein öffentliches Amt aus. Er müsse deshalb seinen Eid wie der Beamte den Diensteid grundsätzlich vor Ausübung seiner Tätigkeit leisten. Die für den Nacheid des Zeugen maßgebenden Gründe träfen auf den Eid des Sachverständigen im allgemeinen nicht zu. Das subjektive Moment, das im Gutachten liege, gestatte auch dem Sachverständigen unbedenklich später, z. B. unter Berufung auf andere Gutachten, seine bereits unter Eid ausgesprochene Ansicht zu ändern[2]). Um jedoch zu einer Einschränkung der Eide zu gelangen, sollte auch nach den Kommissionsbeschlüssen die Nichtbeeidigung bei Verzicht des Angeklagten und des Staatsanwalts möglich sein[3]).

---

[1]) Vgl. NE. I, § 79, dazu Begründung S. 10 unter Verweis auf S. 7, Begründung zum § 410, ZPO.

[2]) Vgl. Prot. d. Reform-Komm., I. Bd., 1. Lesg., S. 60.

[3]) Vgl. Prot. d. Reform-Komm., I. Bd., 1. Lesg., S. 56/57; II. Bd., 2. Lesg., § 79, S. 425.

Oehlert[4]), der ja grundsätzlich für völlige Abschaffung des Zeugen- und Sachverständigeneides eintritt, betont dagegen, daß die Praxis überhaupt kein spezielles Bedürfnis zu Änderungen bei der Sachverständigenvernehmung ergeben habe.

Der NE. II von 1907/09 lehnt sich nicht an die Kommissionsbeschlüsse an, sondern gibt, wie NE. I im § 77, Abs. 1, dem Richter die Möglichkeit, vor oder nach Abgabe des Gutachtens den Sachverständigeneid abzunehmen. Die Begründung[5]) setzt sich mit der Gegenmeinung nicht auseinander, sondern besagt nur, es schiene hier unbedenklich, den Voreid wahlweise zu gestatten. Die Nichtbeeidigung wird in diesem Entwurf nach § 77 Abs. 3, zur Regel. Die Beeidigung soll nur noch erfolgen, soweit sie vom Vorsitzenden für erforderlich erachtet oder von einem Mitglied des Gerichts oder einem Prozeßbeteiligten verlangt wird. Diese Neuerung beruht auf der Erwägung, „daß die Gründe, die es angezeigt erscheinen lassen, die Vereidigung der Zeugen einzuschränken, auf Sachverständige in erhöhtem Maß zutreffen; denn in vielen Fällen, insbesondere bei Begutachtung wissenschaftlicher Fragen bietet die Persönlichkeit des Sachverständigen volle Gewähr dafür, daß er auch ohne Eidesleistung sein Gutachten unparteiisch und mit der erforderlichen Gewissenhaftigkeit abgibt"[6]). Die Kommissionsbeschlüsse von 1909/11 haben sachlich an dieser Bestimmung nichts geändert[7]). Dem entspricht § 98, Abs. 1, des NE. III von 1920; hiernach ist der Sachverständigeneid nur abzunehmen, „wenn es von einem Beteiligten oder einem Geschworenen verlangt wird".

Zur weiteren Verminderung der Eidesleistung wird hier aber abweichend vom Entwurf 1909 nur noch der Nacheid gestattet[8]).

Den Nacheid auch beim Sachverständigen als Regel einzuführen, empfiehlt 1927 Schlegelmilch[9]) darum, weil sich häufig bei

---

[4]) a. a. O., S. 513/14.

[5]) Vgl. Begründung zu NE. II, 1907/09, S. 87.

[6]) Vgl. NE. II, 1907/09, Begr. S. 87.

[7]) Vgl. N. Komm. B. 1909/11, 4. Teil, § 77, S. 755, u. § 236 a, Abs. 3, S. 831.

[8]) Vgl. NE. III, 1920, § 98, Abs. 3, u. Begr. hierzu S. 42.

[9]) Schlegelmilch: DRZ., 1927, S. 146.

der Vernehmung eines Sachverständigen zeige, daß er auch als Zeuge tatsächlich Beobachtungen gemacht habe; dann könne seine Nachbeeidigung als Zeuge und Sachverständiger verbunden werden.

Schultz[10]), der (1928) sehr davon abrät, dem Richter beim Zeugeneid die Wahl zwischen Vor- oder Nacheid zu lassen, erscheint diese Einrichtung beim Sachverständigen geeignet. Ebermayer wünscht (1928), womöglich völligen Wegfall des Sachverständigen- (wie des Zeugen-) Eides[11]).

In dem Antrag Drs. Nr. 250 von 1928 wird unter Ziffer 7 auch die Forderung gestellt, daß Sachverständige nicht beeidigt, sondern nur in der Form der strafbaren uneidlichen Aussage gehört werden sollen. Dementsprechend sieht § 79 der von der Regierung dem 21. Ausschuß vorgelegten Drucksachen Nr. 175 vor, daß eine Beeidigung des Sachverständigen nicht stattfindet. Er hat hiernach sein Gutachten lediglich nachträglich zu bekräftigen, und zwar nur dann, „wenn es das Gericht verlangt oder ein Beteiligter beantragt".

Der Entwurf eines Einführungsgesetzes hat im § 79 die entsprechende Bestimmung vorgesehen. Die Begründung[12]) erklärt hierzu, daß für die Abnahme einer solchen feierlichen Bekräftigung, wie sie der Eid nach dem Grundgedanken des Entwurfs nunmehr darstellen soll, beim Sachverständigen kein Bedürfnis mehr besteht. Da in der Regel schon die Person des Sachverständigen für ein unparteiisches Gutachten genügende Gewähr gebe, sei zu erwarten, daß auf diesem Gebiet auch noch eine starke Abnahme der Fälle eintreten werde, in denen die Abnahme einer besonderen Versicherung erfolgen muß.

Die vorgesehene Neuregelung wird von Schultz[13]) als praktisch und bedenkenfrei bezeichnet. „Wohl gibt es noch recht viele unrichtige Gutachten, aber sie sind, soweit nachweisbar, meist nur irrige, nicht unwahrhaftige; gegen sie hilft kein Zwangsmittel, sondern nur bessere Personenauswahl."

---

[10]) Schultz, in Lpz. Ztschr., 1928, S. 1195.

[11]) Vgl. Ebermayer: Brauchen wir noch den Eid? in Lpz. Neuesten Nachrichten vom 25. April 1928, Nr. 116.

[12]) Vgl. Begr. zum Ei.G., Ziff. 33, § 79, S. 45.

[13]) Schultz, in JR., 1929, S. 116.

II. Teil.

Die Strafrechtsreform.

1. Kapitel.

Abgrenzung des Themas.

1. Zeitlich.

Die Bestrebungen, die strafrechtliche Regelung der Eidesverletzung abzuändern, begannen, wie schon in der Einleitung gezeigt[1]), bereits gegen Ende des vorigen Jahrhunderts.

Zu den vielen schwierigen hiermit zusammenhängenden prinzipiellen und speziellen Fragen besteht eine reiche Literatur. Es liegen Entwürfe und Beratungen, Begründungen und Gegenentwürfe vor[2]); eine große Anzahl von Einzeldarstellungen und Aufsätzen schließt sich teils an die Entwürfe an; zum andern

---

[1]) Vgl. Einleitung, S. 21 ff.

[2]) Vgl. insbes.: Entwurf eines Gesetzes betr. Änderung der ZPO. und der StPO. sowie die Bestrafung falscher uneidlicher Aussagen nebst Begründung (Drucks. Nr. 108 der 10. Leg.-Per., I. Session, 1898/99), Abschnitt III; Vorentwurf zu einem Deutschen Strafgesetzbuch, 1909, 11. Abschnitt, §§ 165—170; Begründung zum Vorentwurf zu einem Deutschen Strafgesetzbuch, 1909, S. 528—550; Gegenentwurf zum Vorentwurf eines Allgem. Dtsch. StGB., 10. Abschn., §§ 199—201, v. Kahl, Lilienthal, Liszt, Goldschmidt, u. Begründg., S. 206—208, Berlin 1911; gutachtl. Äußerungen über d. VE. z. einem Allg. Dtsch. StGB., gefertigt im Justizamt Berlin, 1911, S. 287/91; Entwürfe zu einem Deutschen Strafgesetzbuch, I. Teil, Entwurf der Strafrechtskommission, 1913, 12. Abschn., §§ 226—230, II. Teil, Entwurf v. 1919, 11. Abschn., §§ 220—225, III. Teil, Denkschrift zu dem Entwurf v. 1919, S. 167—172, Veröffentlicht auf Anordnung des Reichsjustizministeriums, 1921; Amtl. Entw. eines Allg. Dtsch. StGB., 1925, 11. Abschn., §§ 171—179, Begr. S. 85—90; Schäfer Leopold, Deutsche Strafgesetzentwürfe v. 1909—1927 (Bensheimer, 1927).

Teil ist sie aus allgemein theoretischen Erwägungen und schließlich aus der Erkenntnis der Nöte und Mißstände der Praxis entstanden[3]). Die Darstellung des gesamten Entwicklungsganges der vielen Meinungen und Gegenmeinungen erscheint für die sachliche Beurteilung nicht erforderlich und würde die Übersicht über die Hauptprobleme nur erschweren; zudem wäre dazu eine Breite nötig, wie sie hier weder die Zeit noch der Raum gestattet. In den folgenden Ausführungen wird darum von dem Entwurf eines Allgemeinen Deutschen Strafgesetzbuches von 1927 als gegebener Reformgrundlage ausgegangen und gezeigt werden, welche Wandlungen in den Kommissionsberatungen inzwischen vorgeschlagen und wie diese Vorschläge begründet wurden.

Das Durcheinander- und Ineinandergreifen der straf r e c h t l i c h e n mit den straf p r o z e s s u a l e n Fragen erschwert dabei die Darstellung außerordentlich[3a]). Hinzu kommt, daß die

---

[3]) Vgl. hierzu u. a. zu d. allgemeinen Fragen: v. L i s z t: Die falsche Aussage vor Gericht od. öffentl. Behörde, 1871; v. L i s z t: Meineid und falsches Zeugnis, 1876; S e l l o: Zeugnis u. Einzelbekundung, im ZStW., 1901, Bd. 21, S. 707 ff.; S t o o s: Meineid in Vergl. Darstellg. d. Dtsch. u. ausl. Strafrechts, Bes. Teil, III. Bd., 1906, S. 384 ff.; D o c h o w: Vorschläge zur Abänderg. des RStGB., in ZStW., 1907, Bd. 27, S. 931; V o ß: Beiträge zur Lehre vom Meineid, in Ger. S., 1910, Bd. 78, S. 49 ff. u. 209 ff.; U n g e r: Vorentwurf z. Allg. Dtsch. StGB., im Recht, 1910, XIV. Jahrg., S. 338 ff.; A s c h r o t t u. L i s z t: Reform des Strafrechts, Berlin 1910; H e l d m a n n: Eidesnot, in DJZ., 1911, S. 1343; P i n o f f: Der Vorentwurf z. einem Dtsch. StGB., Verbrechen und Vergehen in Beziehung auf die „Rechtspflege", in DJZ., 1911, S. 1361; L u c a s: Die Beschlüsse der Strafrechtskommission, in DJZ., 1912, S. 658; M a n n h e i m: Beitrag zur Lehre v. d. Eidesdelikten, in Ger. S., 1913, Bd. 81, S. 392 ff.; K a h l: Mitteilungen der Dtsch. Landesgruppe der Int. krim. Vereinigung, 1924, Bd. 22, S. 103; W a c h e n f e l d: Der bes. Teil des Strafges.-Entw., 1925, Abschn. 10—15, in GA., 1925—1926, Bd. 70, S. 33 ff.; M a y e r: Meineid u. falsche Aussage n. d. Entw., in Ger. S., 1926, Bd. 93, S. 172—224; A s c h r o t t u. K o h l r a u s c h: Reform d. Strafrechts, Kritische Besprechg. des amtl. Entwurfs eines Allg. Dtsch. StGB., Berlin 1926, S. 270—289.

[3a]) Dies wird z. B. deutlich in den Berichten Emmingers im 21. Ausschuß, 43. Sitzg., S. 4 u. 7, u. 21. Aussch., 45. Sitzg., S. 1 ff., vgl. dazu auch 21. Aussch., 44. Sitzg., S. 1, 2, 3, 4 u. 5, u. d. gesamten Beratungen in der 45. Sitzg. des 21. Strafrechtsausschusses.

rein strafprozessualen Fragen schon so zahlreich und schwierig sind — wie dies der I. Teil der Arbeit zeigt —, daß die vorgesehene zeitliche Beschränkung in der Darstellung noch nicht genügt, um eine einigermaßen klare Übersicht über die damit zusammenhängenden strafrechtlichen Reformgedanken geben zu können. Es scheint darum nötig, noch nach einem weiteren Gesichtspunkt eine Abgrenzung innerhalb der zu behandelnden strafrechtlichen Fragen vorzunehmen, und zwar:

2. Sachlich.

Bei den Beratungen über die Eidesreform ist der Strafrechtsausschuß in den letzten Jahren im wesentlichen von den vorgesehenen Veränderungen des Strafprozesses ausgegangen. Der strafprozessual erhebliche Teil der Reform des Strafrechts bildet mit der Strafprozeßreform ein einigermaßen geschlossenes Ganzes. Nur dieser mit dem Strafprozeß zusammenhängende Teil der geplanten Neuregelung des Eidesrechts soll deshalb im folgenden dargestellt werden[4]). Die Strafbestimmungen beziehen sich freilich auch auf die Verletzung der bekräftigten Aussage in anderen Verfahren, namentlich im Zivilprozeß. Hierbei ist die Problemstellung weitgehend ähnlich. Soweit sie sich auf ganz andere Gebiete bezieht (z. B. Verletzung des Offenbarungseides, Verletzung des Parteieides usw.), muß sie hier wegfallen. Ebenso muß im Interesse der Klarheit und Kürze der Darstellung auf die Behandlung der Fragen verzichtet werden, die mit der prozessualen Regelung überhaupt nicht in unmittelbarem Zusammenhang stehen. Für die folgenden Überlegungen schaltet daher von den strafrechtlichen Bestimmungen des 11. Abschnittes aus:

a) Die Bestimmung des § 162 StGB., die nur auf Verletzung zivilprozessualer Vorschriften beruht und die auch in dieser Form in den Entwürfen nirgends wiederkehrt.

b) Die Bestimmung über die eidesstattliche Versicherung (§ 156 StGB., § 185 E. 1927). Auch diese Versicherung wird

---

[4]) Die als Anlage angefügten synopt. Gegenüberstellungen sollen die Betrachtung erleichtern. Zur besseren Übersicht über das Gesamtsystem schien es richtig, darin alle Bestimmungen aufzunehmen, wenn auch hier nur bestimmte Fragen behandelt werden.

regelmäßig nur im Zivilprozeß gebraucht. Im § 183a, Abs. 2 (Aussch.-Beschl. 1929)[5]), ist zwar eine so abgewandelte Form gewählt, daß hier auch die Anwendung im Zusammenhang mit dem Strafprozeß wahrscheinlich scheint. Jedoch die neueste Formulierung in § 185 der Ausschußbeschlüsse 1930 läßt schon wieder darauf schließen, daß die Bestimmung einen einfachen Ersatz der eidesstattlichen Versicherung des § 156 StGB. bilden soll[5a]).

c) Die Bestimmungen über die Zuständigkeit der Behörde (§§ 154, 156 StGB.; §§ 189 und 191 des E. 1927 und der Aussch.-Beschl. v. 1929 und 1930). Hier liegt zwar ein scheinbarer engerer Zusammenhang mit dem Strafprozeß vor; aber das Strafgesetz zieht mit den neu vorgesehenen Bestimmungen auch nur einen Rahmen. Es wird hier nach wie vor nur von der „zuständigen Behörde" schlechthin gesprochen, während die Frage, welche Behörde im Strafverfahren zur Abnahme von Bekräftigungen zuständig sein soll, ausschließlich bei der Neuregelung des Strafprozesses geregelt wird[6]).

Eine weitergehende Neuerung taucht in den Bestimmungen der §§ 189 der Ausschußbeschlüsse von 1929 und 1930 auf[7]). Hiernach ist die Tat nur strafbar, wenn die Bekräftigung in einem Verfahren abgegeben worden ist (oder werden sollte), „in dem die Abgabe" solcher Bekräftigungen „für Angaben der gleichen Art zulässig ist". Durch diese Fassung soll offenbar ein Zeuge davor geschützt werden, daß er für eine falsche bekräftigte Aussage dann bestraft wird, wenn ihm eine Bekräftigung irrtümlich abgenommen wurde, obwohl für diese Angaben die Abnahme der Bekräftigung nicht zulässig war. Diese Neuerung kann sehr wohl bei fehlerhafter Abnahme einer Bekräfti-

---

[5]) Vgl. synopt. Gegenüberstellung.

[5a]) Zur Behandlung der fahrl. falschen bekräftigten Versicherung, vgl. die Äußerungen von Emminger, Wunderlich, Brodauf, Sänger, Schäfer u. Landsberg, in d. Verh. d. 32. Aussch., 57. Sitzg., S. 4/5.

[6]) Vgl. I. Teil, II. Kapitel, I, § 3.

[7]) Vgl. zu dem allen die synopt. Gegenüberstellungen; hier insbes. die Formulierung d. § 189 in 2. Lesg., 1930, Anhang zum I. Kap. d. II. Teiles, S. 161.

gung im Strafprozeß zur Anwendung gelangen. Sie steht auch mit der Strafprozeßreform insofern im Zusammenhang, als nach dieser viele neue Fälle der Unzulässigkeit der Abnahme einer Bekräftigung geschaffen werden sollen. Die allgemein gehaltene Bestimmung, die den Mißbrauch oder fehlerhaften Gebrauch bestehenden Gesetzes voraussetzt, ist jedoch nicht in solchem Maß für die Strafprozeßreform erheblich, daß eine eingehendere Behandlung hier nötig schiene.

d) Alle diejenigen Strafbestimmungen, für deren Beibehaltung oder Abwandlung rein straf r e c h t l i c h praktische und theoretische Erwägungen ausschlaggebend sind. Dies sind insbesondere der § 159 StGB. (vgl. §§ 188 d. E. 1927, § 185 a der Aussch.-Beschl. 1929 u. 1930) und § 160 StGB. (vgl. §§ 186 des E. 1927 u. d. Aussch.-Beschl. 1929, 1930).

Der Kampf um die Reform dieser Bestimmungen ist kaum mit den prozessualen Problemen verknüpft. Er ist praktisch begründet durch die oft unberechtigten Härten, die sich aus der Anwendung dieser Paragraphen ergeben. Und er entspringt dem theoretischen Streit darüber, ob es nötig ist, hier einen selbständigen Tatbestand der Anstiftung einzufügen, und ob es richtig ist, eine eigene Strafbestimmung zu schaffen, die nach der Anschauung vieler eine Durchbrechung der allgemeinen Regeln über mittelbare Täterschaft bedeutet[8]).

e) Die Bestimmungen über die tätige Reue: § 163 StGB. (§§ 190 E. 1927 u. Aussch.-Beschl. 1929 u. 1930). Sie beziehen sich auf ein Verhalten des Täters in einem Zeitpunkt, wo das prozessuale Geschehen schon abgelaufen war und wo er den wie immer gearteten Vorschriften schon zuwidergehandelt hatte.

f) Das Problem des dolus eventualis. Die Frage nach der Strafbarkeit des dolus eventualis beim Meineid war bisher Gegenstand heftiger Auseinandersetzungen bei den Ausschußberatungen. Die Argumente dafür und dagegen entsprangen zum Teil praktisch-kriminalpolitischen, zum anderen rein straf-

---

[8]) Vgl. hierzu u. a. Liszt-Schmidt, Lehrb., 25. Aufl., 1927, S. 836/839, dort insbes. Lit.-Ang. z. Streitfr. in Anmerk. 16, S. 837; Stoos, Vgl. Darstg., S. 401/404; Frank, Komm. z. StGB., 18. Aufl., 1930, zu §§ 159 u. 160, S. 366/69.

rechtlich-begrifflichen, durchweg aber nicht strafprozessualen Erwägungen[9]).

---

[9]) Im 32. Aussch., 54. Sitzg., S. 6, und 56. Sitzg., S. 2 u. 3, erklärt Landsberg: der dolus eventualis sei beim Meineid begrifflich widersinnig, seine Beibehaltung verstoße gegen das Gefühl des Volkes.

Als unnötig, weil entweder dolus directus oder keine strafbare Handlung gegeben sei, wird er ferner bezeichnet im 32. Aussch., 56. Sitzg. von Haas, S. 3; 21. Aussch., 48. Sitzg., von Bell, S. 4 — der auch auf die allgemeine Änderung der auf den Eid bezüglichen Prozeßvorschriften und die daraus resultierende allgemein mögliche Milderung der Strafvorschriften über die Eidesverletzung hinweist —; ebenda, S. 5, Bumke, ebenda, S. 6, Landsberg.

Hiergegen glauben auf die Bestimmung nicht verzichten zu können: Wunderlich, 32. Aussch., 56. Sitzg., S. 2 u. 3; Lohmann, 32. Aussch., 56. Sitzg., S. 3, und ebenda, Brodauf.

Auf die Gefahren des dolus eventualis im Zusammenhang mit der Abschaffung des fahrlässigen Falscheides weisen hin: Bumke, 32. Aussch., 54. Sitzg., S. 5, u. 56. Sitzg., S. 2/3; Emminger, ebenda, S. 2; Bockius, ebenda, S. 3; Landsberg, 21. Aussch., 48. Sitzg., S. 6.

Anhang zum 1. Kapitel des II. Teils: Synoptische Gegenüberstellung.

StGB.	E. 1927.	Aussch.-Beschl. 1929.
9. Abschnitt. Meineid.	11. Abschnitt. Meineid und falsche Aussage.	11. Abschnitt. Falsche Versicherung und Meineid.
		§ 183 a. Falsche Versicherung. Wer wissentlich vor einer Behörde mündlich eine unrichtige oder unvollständige Angabe macht und deren Richtigkeit und Vollständigkeit unter Berufung auf die Pflicht zur Wahrheit versichert, wird mit Gefängnis nicht unter drei Monaten bestraft. In besonders schweren Fällen ist die Strafe Zuchthaus bis zu fünf Jahren.
Vgl. § 156.	Vgl. § 185.	Wer wissentlich einer Behörde schriftlich eine unrichtige oder unvollständige Angabe macht und deren Richtigkeit und Vollständigkeit unter Berufung auf die Pflicht zur Wahrheit versichert, wird mit Gefängnis bis zu drei Jahren bestraft. Ist die Angabe nur in Punkten, die für die Sache ohne jede Bedeutung sind, unrichtig oder unvollständig, so

§ 153.

Wer einen ihm zugeschobenen, zurückgeschobenen oder auferlegten Eid wissentlich falsch schwört, wird mit Zuchthaus bis zu zehn Jahren bestraft.

§ 154.

Gleiche Strafe trifft denjenigen, welcher vor einer zur Abnahme von Eiden zuständigen Behörde wissentlich ein falsches Zeugnis oder ein falsches Gutachten mit einem Eide bekräftigt oder den vor seiner Vernehmung geleisteten Eid wissentlich durch ein falsches Zeugnis oder ein falsches Gutachten verletzt.

§ 184.

Meineid. Fahrlässiger Falscheid.

Wer vor einer Behörde einen falschen Eid schwört oder unter Eid eine falsche Angabe macht, wird mit Zuchthaus bis zu zehn Jahren bestraft. Einem Eide steht die Berufung auf einen früheren Eid und bei Personen, die von der Pflicht zur Eidesleistung befreit sind, die an Stelle des Eides zugelassene Beteuerung gleich.

Wer die Tat fahrlässig begeht, wird mit Gefängnis bis zu zwei Jahren bestraft. Vgl. auch StGB. § 163, I.

kann das Gericht die Strafe nach freiem Ermessen mildern oder von Strafe absehen.

§ 184.

Meineid.

Wer wissentlich vor einer Behörde eine unrichtige oder unvollständige Angabe beeidigt, wird mit Zuchthaus bis zu fünf Jahren bestraft.

In besonders schweren Fällen ist die Strafe Zuchthaus bis zu zehn Jahren. Einem Eide steht bei Personen, die von der Pflicht zur Eidesleistung befreit sind, die an Stelle des Eides zugelassene Beteuerung gleich.

Ist das falsche Zeugnis oder Gutachten in einer Strafsache zum Nachteile eines Angeschuldigten abgegeben und dieser zum Tode, zu Zuchthaus oder zu einer anderen mehr als fünf Jahre betragenden Freiheitsstrafe verurteilt worden, so tritt Zuchthausstrafe nicht unter drei Jahren ein.

§ 155.

Der Ableistung eines Eides wird gleich geachtet, wenn

1. ein Mitglied einer Religionsgesellschaft, welcher das Gesetz den Gebrauch gewisser Beteuerungsformeln an Stelle des Eides gestattet, eine Erklärung unter der Beteuerungsformel seiner Religionsgesellschaft abgibt;
2. derjenige, welcher als Partei, Zeuge oder Sachverständiger einen Eid geleistet hat, in gleicher Eigenschaft eine Versicherung unter Berufung auf den bereits früher in derselben Angelegenheit geleisteten Eid abgibt, oder ein Sachverständiger,

welcher als solcher ein für allemal vereidet ist, eine Versicherung auf den von ihm geleisteten Eid abgibt;

3. ein Beamter eine amtliche Versicherung unter Berufung auf seinen Diensteid abgibt.

§ 156.

Wer vor einer zur Abnahme einer Versicherung an Eides Statt zuständigen Behörde eine solche Versicherung wissentlich falsch abgibt oder unter Berufung auf eine solche Versicherung wissentlich falsch aussagt, wird mit Gefängnis von einem Monat bis zu drei Jahren bestraft.

§ 185.

Falsche Versicherung an Eides Statt.

Wer einer Behörde eine falsche Versicherung an Eides Statt abgibt, wird mit Gefängnis bis zu drei Jahren bestraft. Der Versicherung steht die Berufung auf eine frühere Versicherung an Eides Statt gleich. Der Versuch ist strafbar.

Wer die Tat fahrlässig begeht, wird mit Gefängnis bis zu einem Jahr oder mit Geldstrafe bestraft.

Vgl. StGB. § 163, Abs. I.

Weggefallen. Vgl. aber § 183 a, Abs. II.

§ 185 a.

Verleitung zur falschen Versicherung oder zum Meineid.

Wer einen anderen zu einer falschen Versicherung (183 a) zu verleiten sucht, wird mit Gefängnis be-

StGB.	E. 1927.	Aussch.=Beschl. 1929.
Vgl. § 159.	Vgl. § 188.	straft. In besonders schweren Fällen ist die Strafe Zuchthaus bis zu fünf Jahren. Wer einen anderen zu einem Meineid (§ 184) zu verleiten sucht, wird mit Zuchthaus bis zu fünf Jahren bestraft. Verhindert der Täter aus freien Stücken die falsche Versicherung oder den Meineid, so wird er straffrei. § 27, Abs. 3, gilt entsprechend.
§ 157. Hat ein Zeuge oder Sachverständiger sich eines Meineides (§§ 154, 155) oder einer falschen Versicherung an Eides Statt schuldig gemacht, so ist die an sich verwirkte Strafe auf die Hälfte bis ein Viertel zu ermäßigen, wenn 1 die Angabe der Wahrheit gegen ihn selbst eine Verfolgung wegen eines Verbrechens oder Vergehens nach sich ziehen könnte oder 2. der Aussagende die falsche Aussage zugunsten einer Person, rücksichtlich welcher er die Aussage ableh=		

nen durfte, erstattet hat, ohne über sein Recht, die Aussage ablehnen zu dürfen, belehrt worden zu sein. Ist hiernach Zuchthausstrafe unter einem Jahre verwirkt, so ist dieselbe nach Maßgabe des § 21 in Gefängnisstrafe zu verwandeln.		
§ 158. Gleiche Strafermäßigung tritt ein, wenn derjenige, welcher sich eines Meineides oder einer falschen Versicherung an Eides Statt schuldig gemacht hat, bevor eine Anzeige gegen ihn erfolgt oder eine Untersuchung gegen ihn eingeleitet und bevor ein Rechtsnachteil für einen anderen aus der falschen Aussage entstanden ist, diese bei derjenigen Behörde, bei welcher er sie abgegeben hat, widerruft.	Vgl. § 190.	Vgl. § 190.
Vgl. § 160.	**§ 186.** Herbeiführung eines falschen Eides. Wer veranlaßt, daß ein anderer, ohne vorsätzlich zu handeln, vor einer Behörde einen falschen Eid schwört oder unter Eid eine falsche Aussage	**§ 186.** Herbeiführung einer falschen Versicherung oder eines falschen Eides. Wer wissentlich veranlaßt, daß ein anderer, ohne wissentlich zu handeln, einer Behörde eine unrichtige oder unvollständige Angabe macht und

E. 1927.

macht, wird mit Zuchthaus bis zu fünf Jahren bestraft.

Wer veranlaßt, daß ein anderer, ohne vorsätzlich zu handeln, einer Behörde eine falsche Versicherung an Eides Statt abgibt, wird mit Gefängnis bis zu zwei Jahren bestraft. Der Versuch ist strafbar.

Aussch.-Beschl. 1929.

deren Richtigkeit und Vollständigkeit unter Berufung auf die Pflicht zur Wahrheit versichert, wird mit Gefängnis bestraft. Der Versuch ist strafbar. In besonders schweren Fällen ist die Strafe Zuchthaus bis zu fünf Jahren.

Wer wissentlich veranlaßt, daß ein anderer, ohne wissentlich zu handeln, vor einer Behörde eine unrichtige oder unvollständige Angabe beeidigt, wird mit Zuchthaus bis zu fünf Jahren bestraft.

§ 186 a.

Verletzung der Erkundigungspflicht.

Wer in einem behördlichen Verfahren gegen eine ihm vom Gesetz oder kraft Gesetzes von der Behörde auferlegten Pflicht zur Nachforschung oder Prüfung verstößt, wird mit Gefängnis bis zu zwei Jahren bestraft, wenn er infolge des Verstoßes unrichtige oder unvollständige Angaben macht und deren Richtigkeit und Vollständigkeit unter Berufung auf die Pflicht zur Wahrheit versichert oder beeidigt.

	§ 187. Falsche uneidliche Aussage. Wer als Zeuge oder Sachverständiger uneidlich falsch aussagt, obwohl er von der Behörde auf die Strafbarkeit falscher uneidlicher Aussage hingewiesen worden ist, wird mit Gefängnis bis zu drei Jahren bestraft.	Wieder weggefallen.
§ 159. Wer es unternimmt, einen anderen zur Begehung eines Meineides zu verleiten, wird mit Zuchthaus bis zu fünf Jahren, und wer es unternimmt, einen anderen zur wissentlichen Abgabe einer falschen Versicherung an Eides Statt zu verleiten, mit Gefängnis bis zu einem Jahr bestraft.	**§ 188.** Verleitung zum Meineid. Wer einen anderen zu einem Meineid zu verleiten sucht, wird mit Zuchthaus bis zu fünf Jahren bestraft. Wer einen anderen zur vorsätzlichen Abgabe einer falschen Versicherung an Eides Statt zu verleiten sucht, wird mit Gefängnis bis zu zwei Jahren bestraft. Ebenso wird bestraft, wer einen anderen zu einer falschen uneidlichen Aussage zu verleiten sucht. Verhindert der Täter aus freien Stücken den Meineid, die Abgabe der falschen Versicherung an Eides Statt oder die falsche uneidliche Aussage, so wird er straffrei. § 27, Abs. 3, gilt entsprechend.	Vgl. § 185 a.

StGB.	E. 1927.	Aussch.-Beschl. 1929.
§ 160. Wer einen anderen zur Ableistung eines falschen Eides verleitet, wird mit Gefängnis bis zu zwei Jahren bestraft, neben welchem auf Verlust der bürgerlichen Ehrenrechte erkannt werden kann, und wer einen anderen zur Ableistung einer falschen Versicherung an Eides Statt verleitet, wird mit Gefängnis bis zu sechs Monaten bestraft. Der Versuch ist strafbar.	Vgl. § 186.	Vgl. § 186.
§ 161. Bei jeder Verurteilung wegen Meineides, mit Ausnahme der Fälle in den §§ 157 und 158, ist auf Verlust der bürgerlichen Ehrenrechte und außerdem auf die dauernde Unfähigkeit des Verurteilten, als Zeuge oder Sachverständiger eidlich vernommen zu werden, zu erkennen. In den Fällen der §§ 156 bis 159 kann neben der Gefängnisstrafe auf Verlust der bürgerlichen Ehrenrechte erkannt werden.		

§ 162.

Wer vorsätzlich einer durch eidliches Angelöbnis vor Gericht bestellten Sicherheit oder dem in einem Offenbarungseide gegebenen Versprechen zuwiderhandelt, wird mit Gefängnis bis zu zwei Jahren bestraft.

Vgl. Anfang der §§ 154, 156.

§ 189.

Zuständigkeit der Behörde.

In den Fällen des § 184, des § 186, Abs. I, und des § 188, Abs. I, ist die Tat nur strafbar, wenn die Behörde, vor der der Eid geleistet worden ist oder werden sollte, zur Abnahme von Eiden zuständig war.

In den Fällen des § 185, des § 186, Abs. 2, und des § 188, Abs. 2, Satz 1, ist die Tat nur strafbar, wenn die Behörde, der die Versicherung abgegeben worden ist oder werden sollte, zur Entgegennahme von Versicherungen an Eides Statt zuständig war.

In den Fällen des § 187 und des § 188, Abs. 2, Satz 2, ist die Tat nur strafbar, wenn die Behörde, vor der

§ 189.

Zulässigkeit der Versicherung und des Eides. Zuständigkeit der Behörde.

Verbrechen und Vergehen gegen diesen Abschnitt sind nur strafbar, wenn die Versicherung oder der Eid in einem Verfahren abgegeben oder geleistet worden ist oder werden sollte, in dem das Gesetz die Abgabe von Versicherungen unter Berufung auf die Pflicht zur Wahrheit oder die Leistung von Eiden zuläßt. Sie sind ferner nur strafbar, wenn die Behörde, der die Versicherung abgegeben oder vor der der Eid geleistet worden ist oder werden sollte, zur Abnahme oder Entgegennahme von Versicherungen unter Berufung auf die Pflicht zur

StGB.	E. 1927.	Aussch.-Beschl. 1929.
	die falsche Aussage gemacht worden ist oder werden sollte, zur eidlichen Vernehmung von Zeugen und Sachverständigen zuständig war.	Wahrheit oder zur Abnahme von Eiden zuständig war.
§ 163. Wenn eine der in den §§ 153 bis 156 bezeichneten Handlungen aus Fahrlässigkeit begangen worden ist, so tritt Gefängnisstrafe bis zu einem Jahr ein. Straflosigkeit tritt ein, wenn der Täter, bevor eine Anzeige gegen ihn erfolgt oder eine Untersuchung gegen ihn eingeleitet und bevor ein Rechtsnachteil für einen anderen aus der falschen Aussage entstanden ist, diese bei derjenigen Behörde, bei welcher er sie abgegeben hat, widerruft.	Vgl. § 184, Abs. 2.	Weggefallen.
	§ 190. Tätige Reue. Wenn der Täter die falsche Erklärung oder Aussage bei der Behörde, bei der sie abgegeben ist oder die sie im Verfahren zu würdigen hat, oder bei einem Amtsgericht aus freien Stücken widerruft (§§ 184, 185, 187) oder richtigstellt (§ 186), so kann das Gericht die Strafe nach freiem Ermessen mildern. Diese Vorschrift gilt nicht, wenn zur Zeit des Widerrufs oder der Berichtigung die Entscheidung oder Ver-	**§ 190.** Tätige Reue. Wer eine nach diesem Abschnitt strafbare Handlung begeht, wird straffrei, wenn er die unrichtige oder unvollständige Angabe der Behörde gegenüber, der sie abgegeben worden ist oder die sie im Verfahren zu würdigen hat, oder bei einem Amtsgericht widerruft, oder in den Fällen des § 186 richtigstellt, bevor eine Entscheidung oder Verfügung getroffen oder aus der Tat ein Nachteil für einen anderen entstanden ist.

fügung schon getroffen oder aus der Tat schon ein Rechtsnachteil für einen anderen entstanden ist.	Die Vorschrift des Abs. 1 gilt nicht mehr, wenn schon eine Anzeige gegen den Täter erfolgt oder eine Untersuchung gegen ihn eingeleitet worden ist.
§ 191.	§ 191.
Den Behörden gleichstehende Stellen.	Den Behörden gleichstehende Stellen.
Im Sinne dieses Abschnitts stehen den Behörden solche Stellen gleich, denen durch besondere Vorschriften die Befugnis zur Abnahme von Eiden oder zur Entgegennahme von Versicherungen an Eides Statt oder zur eidlichen Vernehmung von Zeugen und Sachverständigen eingeräumt ist.	Im Sinne dieses Abschnitts stehen den Behörden solche Stellen gleich, denen durch besondere Vorschriften die Befugnis eingeräumt ist, Versicherungen unter Berufung auf die Pflicht zur Wahrheit abzunehmen oder entgegenzunehmen oder Eide abzunehmen oder Zeugen oder Sachverständige eidlich oder mit Versicherung unter Berufung auf die Pflicht zur Wahrheit zu vernehmen.

Beschlüsse des 21. Strafrechtsausschusses.

Fassung in

1. Lesung 1929.	2. Lesung 1930.
11. Abschnitt. Falsche Versicherung und Meineid.	11. Abschnitt. Verletzung der Pflicht zur Wahrheit.
§ 183 a. Falsche Versicherung.	
Wer wissentlich vor einer Behörde mündlich eine unrichtige oder unvollständige Angabe macht und deren Richtigkeit und Vollständigkeit unter Berufung auf die Pflicht zur Wahrheit versichert, wird mit Gefängnis nicht unter drei Monaten bestraft. In besonders schweren Fällen ist die Strafe Zuchthaus bis zu fünf Jahren.	Ganz gestrichen. Vgl. aber § 184.
Wer wissentlich einer Behörde schriftlich eine unrichtige oder unvollständige Angabe macht und deren Richtigkeit und Vollständigkeit unter Berufung auf die Pflicht zur Wahrheit versichert, wird mit Gefängnis bis zu drei Jahren bestraft.	Vgl. hierzu § 185.
Ist die Angabe nur in Punkten, die für die Sache ohne jede Bedeutung sind, unrichtig oder unvollständig, so kann das Gericht die Strafe nach freiem Ermessen mildern oder von Strafe absehen.	Vgl. hierzu § 186 b.
§ 184. Meineid.	§ 184. Falsche Beteuerung.
Wer wissentlich vor einer Behörde eine unrichtige oder unvollständige Angabe beeidigt, wird mit Zuchthaus bis zu 5 Jahren bestraft. In besonders schweren Fällen ist die Strafe Zuchthaus bis zu zehn Jahren. Einem Eide steht bei Personen, die von der Pflicht zur	Wer vor einer Behörde eine falsche Angabe in der gesetzlich vorgeschriebenen Form feierlich beteuert, wird mit Zuchthaus bis zu zehn Jahren bestraft. Einer solchen Beteuerung steht die Berufung auf eine früher abgegebene Beteuerung gleich.

1. Lesung 1929.

Eidesleistung befreit sind, die an Stelle des Eides zugelassene Beteuerung gleich.

Fehlt. Vgl. aber § 183 a, Abs. II.

§ 185 a.

Verleitung zur falschen Versicherung oder zum Meineid.

Wer einen anderen zu einer falschen Versicherung (§ 183 a) zu verleiten sucht, wird mit Gefängnis bestraft. In besonders schweren Fällen ist die Strafe Zuchthaus bis zu fünf Jahren.

Wer einen anderen zu einem Meineid (§ 184) zu verleiten sucht, wird mit Zuchthaus bis zu fünf Jahren bestraft.

Verhindert der Täter aus freien Stücken die falsche Versicherung oder den Meineid, so wird er straffrei. § 27, Abs. 3, gilt entsprechend.

§ 186.

Herbeiführung einer falschen Versicherung oder eines falschen Eides.

Wer wissentlich veranlaßt, daß ein anderer, ohne wissentlich zu handeln, einer Behörde eine unrichtige oder unvollständige Angabe macht und deren Richtigkeit und Vollständigkeit unter Berufung

2. Lesung 1930.

§ 185.

Falsche Versicherung an Beteuerungs Statt.

Wer einer Behörde gegenüber eine falsche Versicherung an Beteuerungs Statt abgibt, wird mit Gefängnis bis zu drei Jahren bestraft.

Einer solchen Versicherung steht die Berufung auf eine früher abgegebene Versicherung gleich.

§ 185 a.

Verleitung zur falschen Beteuerung und zur falschen Versicherung an Beteuerungs Statt.

Wer einen anderen zu einer falschen Beteuerung zu verleiten sucht, wird mit Zuchthaus bis zu fünf Jahren bestraft.

Wer einen anderen zur vorsätzlichen Abgabe einer falschen Versicherung an Beteuerungs Statt zu verleiten sucht, wird mit Gefängnis bis zu zwei Jahren bestraft.

Verhindert der Täter aus freien Stücken die falsche Beteuerung oder Versicherung, so wird er straffrei. § 27, Abs. 3, gilt entsprechend.

§ 186.

Herbeiführung einer falschen Beteuerung und einer falschen Versicherung an Beteuerungs Statt.

Wer veranlaßt, daß ein anderer, ohne vorsätzlich zu handeln, vor einer Behörde eine falsche Angabe in der gesetzlich vorgeschriebenen Form feierlich beteuert, wird mit

1. Lesung 1929.

auf die Pflicht zur Wahrheit versichert, wird mit Gefängnis bestraft. Der Versuch ist strafbar. In besonders schweren Fällen ist die Strafe Zuchthaus bis zu fünf Jahren. Wer wissentlich veranlaßt, daß ein anderer, ohne wissentlich zu handeln, vor einer Behörde eine unrichtige oder unvollständige Angabe beeidigt, wird mit Zuchthaus bis zu fünf Jahren bestraft.

§ 186 a.

Verletzung der Erkundigungspflicht.

Wer in einem behördlichen Verfahren gegen eine ihm vom Gesetz oder kraft Gesetzes von der Behörde auferlegten Pflicht zur Nachforschung oder Prüfung verstößt, wird mit Gefängnis bis zu zwei Jahren bestraft, wenn er infolge des Verstoßes unrichtige oder unvollständige Angaben macht und deren Richtigkeit und Vollständigkeit unter Berufung auf die Pflicht zur Wahrheit versichert oder beeidigt.

Vgl. hierzu § 183 a, Abs. III.

§ 187.

Falsche uneidliche Aussage.

Gestrichen.

2. Lesung 1930.

Zuchthaus bis zu fünf Jahren bestraft. Wer veranlaßt, daß ein anderer, ohne vorsätzlich zu handeln, einer Behörde gegenüber eine falsche Versicherung an Beteuerungs Statt abgibt, wird mit Gefängnis bis zu zwei Jahren bestraft. Der Versuch ist strafbar.

§ 186 a.

Verletzung der Erkundigungspflicht.

Wer in einem behördlichen Verfahren gegen eine ihm vom Gesetz oder kraft Gesetzes von der Behörde auferlegte Pflicht zur Nachforschung oder Prüfung verstößt, wird mit Gefängnis bis zu zwei Jahren bestraft, wenn er infolge des Verstoßes eine falsche Angabe in der gesetzlich vorgeschriebenen Form feierlich beteuert.

§ 186 b.

Unbedeutende Unrichtigkeiten.

Ist in den Fällen der §§ 184, 185, 186, 186 a die Unrichtigkeit für die Sache ohne jede Bedeutung, so kann das Gericht die Strafe nach freiem Ermessen mildern oder von Strafe absehen.

§ 187.

Falsche uneidliche Aussage.

Gestrichen.

1. Lesung 1929.

§ 188.

Verleitung zum Meineid.
(Hier gestrichen; vgl. § 185 a.)

§ 189.

Zulässigkeit der Versicherung und des Eides. Zuständigkeit der Behörde.

Verbrechen und Vergehen gegen diesen Abschnitt sind nur strafbar, wenn die Versicherung oder der Eid in einem Verfahren abgegeben oder geleistet worden ist oder werden sollte, in dem das Gesetz die Abgabe von Versicherungen unter Berufung auf die Pflicht zur Wahrheit oder die Leistung von Eiden zuläßt. Sie sind ferner nur strafbar, wenn die Behörde, der die Versicherung abgegeben oder vor der der Eid geleistet worden ist oder werden sollte, zur Abnahme oder Entgegennahme von Versicherungen unter Berufung auf die Pflicht zur Wahrheit oder zur Abnahme von Eiden zuständig war.

§ 190.

Tätige Reue.

Wer eine nach diesem Abschnitt strafbare Handlung begeht, wird straffrei, wenn er die unrichtige oder unvollständige Angabe der Behörde gegenüber, der sie abgegeben worden ist, oder die sie im Verfahren zu würdigen hat, oder bei einem Amtsgerichte widerruft, oder in den Fällen des § 186 richtiggstellt, bevor eine Entscheidung oder Verfügung getroffen oder aus der Tat ein Nachteil für einen anderen entstanden ist.

2. Lesung 1930.

§ 188.

Verleitung zum Meineid.
(Hier gestrichen; vgl. § 185 a.)

§ 189.

Voraussetzung der Bestrafung.

Die in diesem Abschnitt mit Strafe bedrohten Handlungen sind nur strafbar, wenn die falsche Beteuerung oder Versicherung in einem Verfahren abgegeben worden ist oder werden sollte, in dem die Abgabe von feierlichen Beteuerungen oder von Versicherungen an Beteuerungs Statt für Angaben der gleichen Art zulässig ist. Sie sind ferner nur strafbar, wenn die Behörde, vor welcher die Beteuerung oder Versicherung abgegeben worden ist oder werden sollte, zur Abnahme feierlicher Beteuerungen oder zur Entgegennahme von Versicherungen an Beteuerungs Statt zuständig war.

§ 190.

Tätige Reue.

Wer eine nach diesem Abschnitt strafbare Handlung begangen hat, wird straffrei, wenn er die unrichtige Angabe bei der Behörde, der gegenüber sie abgegeben worden ist oder die sie im Verfahren zu würdigen hat, oder bei einem Amtsgericht widerruft oder in den Fällen des § 186 richtigstellt, bevor eine Entscheidung oder Verfügung getroffen worden oder aus der Tat ein Nachteil für einen anderen entstanden und bevor gegen ihn eine

1. Lesung 1929.

Die Vorschrift des Abs. 1 gilt nicht mehr, wenn schon eine Anzeige gegen den Täter erfolgt oder eine Untersuchung gegen ihn eingeleitet worden ist.

§ 191.

Den Behörden gleichstehende Stellen.

Im Sinne dieses Abschnitts stehen den Behörden solche Stellen gleich, denen durch besondere Vorschriften die Befugnis eingeräumt ist, Versicherungen unter Berufung auf die Pflicht zur Wahrheit abzunehmen oder entgegenzunehmen oder Eide abzunehmen oder Zeugen oder Sachverständige eidlich oder mit Versicherung unter Berufung auf die Pflicht zur Wahrheit zu vernehmen.

2. Lesung 1930.

Anzeige erstattet oder eine Untersuchung eingeleitet worden ist, und er von der Anzeige oder Untersuchung weiß.

§ 191.

Den Behörden gleichstehende Stellen.

Im Sinne dieses Abschnitts stehen den Behörden solche Stellen gleich, denen durch besondere Vorschriften die Befugnis eingeräumt ist, Zeugen oder Sachverständigen feierliche Beteuerungen abzunehmen oder Versicherungen an Beteuerungs Statt entgegenzunehmen.

II. Kapitel.

Gegenstand der Reform.

§ 1. Stellung des Delikts im System; Strafmaß.

Die Prozeßreform müht sich um neue Wege für die Aussagebekräftigung. Die Untersuchung der grundlegenden Frage nach der systematischen Zugehörigkeit des Delikts der Verletzung dieser prozessualen Bestimmungen findet daher in diesen Bestimmungen selbst zur Zeit keinen festen Boden.

Die Fragestellung geht nach zwei Richtungen.

1. Welche Stellung hat das Delikt der falschen bekräftigten Aussage[1]) innerhalb des Gesamtaufbaus einzunehmen? Welches ist das verletzte Rechtsgut? Und hiervon abhängig:

2. Von welchem Grunddelikt ist im Aufbau der Strafbestimmungen über die falsche bekräftigte Aussage auszugehen?

Mit dem Ergebnis dieser Feststellung steht wieder in engem Zusammenhang:

3. Wie ist das Strafmaß hierbei unter Berücksichtigung des verletzten Rechtsguts zu bestimmen?

Zu 1. Während früher das Delikt des Meineides als Religionsvergehen aufgefaßt wurde, ist heute — bei Geltung des StGB. von 1871 und der unabgeänderten StPO. — kaum noch Streit darüber[2]), daß die falsche bekräftigte Aussage als Delikt gegen

---

[1]) Im folgenden wird für beeidigte Aussage, Aussage unter Beteuerung, Versicherung usw. regelmäßig die Sammelbezeichnung „bekräftigte Aussage" angewandt.

[2]) Vgl. z. geschichtl. Entwicklg. d. Frage insbes.: Liszt-Schmidt, Lehrb., 25. Aufl., 1927, S. 830/831; Allfeld, Lehrb. d. Dtsch. Strafrechts, 8. Aufl., S. 579, Nr. 3: Zusammenfassung der Lehrmeinungen; Binding, Lehrb., Bd. 2, S. 108 ff. u. 132 ff.; Loewenthal, Ernst: Der Gerichtseid, 2. Aufl., Frankf. a. M., 1930, S. 21, 23 u. 24.

die Rechtspflege (resp. gegen die Rechtssicherheit) zu behandeln ist[3]). Die Verhandlungen des 32. und 21. Strafrechtsausschusses haben sich lebhaft mit der prozessualen Frage der Abschaffung des Eides beschäftigt. Bei diesen Verhandlungen ist auffällig, wie alle Überlegungen dahin gehen, ob der Eid noch wirksam, zulässig und notwendig sei, um eine wahrheitsgemäße Aussage zu erzielen und wie sein religiöser Charakter auf den einzelnen wirke, daß aber nicht gleichzeitig das Problem erörtert wird, wie die Verletzung einer solchen weltlich-religiösen Handlung systematisch zu bewerten sei. Das zeigt, daß dies eben kein Problem mehr ist. Wenn Alexander[4]) bei einer erneuten prozessualen Erörterung der Für und Gegen der religiösen Form der Bekräftigung unwidersprochen erklärt: „Für die Rechtsprechung sei es ganz gleichgültig, ob der Meineid eine Sünde sei oder nicht. Es komme nicht darauf an, den bösen Willen zu bestrafen, sondern eine Handlung, die schädlich sei. Eine Handlung, die niemandem Schaden zufüge, brauche auch dann nicht bestraft zu werden, wenn sie in religiösem Sinn eine Sünde sei," so gibt er damit etwas grob aber richtig die heutige Einstellung zur systematischen Stellung des Delikts der falschen bekräftigten Aussage wieder.

Die Bestimmungen sind im Entwurf 1927 und in den Kommissionsbeschlüssen 1929 und 1930 im 11. Abschnitt zusammengefaßt, wo sie unmittelbar dem „Schädigung der Rechtspflege" bezeichneten Abschnitt vorangehen. Obwohl man bei der Reform bisher darüber im wesentlichen einig war, daß als geschütztes Rechtsgut die Rechtspflege angesehen werden müsse[5]), hat man sich nicht zu einer entsprechenden neuen Bezeichnung der Bestimmungen entschlossen.

Im Entwurf 1927 ist die Überschrift „Meineid und falsche Aussage" gewählt. Bei den Kommissionsbeschlüssen 1929 wurde

---

[3]) Vgl. hierzu u. a. Alsberg, Max, Zur jur. Natur d. Eidesdelikte, in Ger. S., Bd. 66, S. 28 ff., u. weiter die unter 2 angegebene Literatur.

[4]) Vgl. im 21. Aussch., 138. Sitzg., Alexander, S. 3.

[5]) Vgl. hierzu Emminger, Referat im 32. Aussch., 53. Sitzg., S. 1, und im 21. Aussch., 43. Sitzg., S. 4; ferner Strathmann, 32. Aussch., 53. Sitzg., S. 3.

der Abschnitt „Falsche Versicherung und Meineid" überschrieben. In diesen beiden Fällen wurde also noch von einer Regelung der Strafprozeßordnung ausgegangen, in der die Beeidigung vorkam[6]). In den neuesten Kommissionsbeschlüssen wurde dem Antrag des Abgeordneten Strathmann entsprochen und für den 11. Abschnitt die Überschrift: „Verletzung der Pflicht zur Wahrheit" festgesetzt. Ob diese Wahrheitspflicht durch die Abgabe einer falschen bürgerlichen Bekräftigung oder eines falschen Eides verletzt werden kann, ist aus der Überschrift — auch aus der vorsichtigen Formulierung der einzelnen Bestimmungen, in deren Rahmen beides hineinpaßt[7]) — nicht ersichtlich. Aber es wird hieran besonders klar, daß die endgültige Entscheidung über die Form der Bekräftigung für die Frage nach dem verletzten Rechtsgut letzten Endes gleichgültig ist. Dies Rechtsgut wird immer das gleiche, nämlich die Rechtspflege oder die Rechtssicherheit sein.

Wesentlich eindeutiger von der prozessualen Neuregelung abhängig ist die Frage,

2. was als Grunddelikt innerhalb des Abschnittes zu behandeln sei.

Im Entwurf 1927 wird der Meineid — wie im geltenden Recht — an erster Stelle behandelt, obwohl dieser Entwurf eine neue Deliktsform in der „falschen uneidlichen Aussage" schaffen wollte. Hiergegen wurden Bedenken systematischer Art vorgebracht. Der Meineid, hieß es, dürfe höchstens als qualifizierter Fall der Lüge vor Gericht behandelt werden[8]). Bei den weiteren

---

[6]) Der E. 1927 ging vom geltenden Strafprozeß aus. Die Komm.-Beschlüsse v. 1929 hatten die prozessualen Richtlinien der Drucks. Nr. 203 zur Grundlage.

[7]) Vgl. hierzu die synopt. Gegenüberstellung z. II. Teil, anderer Meinung Emminger, der im 21. Aussch., 138. Sitzg., S. 2, erklärt: er halte die Ausführungen d. Abg. D. Dr. Kahl nicht für richtig, daß die Entscheidung, ob der Eid abgeschafft werden solle, nicht durch die Anträge, sondern erst im Einführungsgesetz erfolge. Man könne nicht leugnen, daß das Wort „Meineid" im ganzen Strafgesetzbuch nicht mehr erscheine. Es werde schon jetzt durch die Überschr. u. durch d. Formulierung darüber entschieden, ob es in Zukunft Eid u. Meineid noch geben solle oder nicht.

[8]) Vgl. hierzu Loewenthal, in d. Justiz, Bd. 4, S. 285.

Beratungen gingen aber die Vorschläge dahin, daß nicht schlechthin die Lüge vor Gericht strafbar sein solle, sondern daß nur dann eine strafrechtliche Verantwortung eintreten müsse, wenn die unwahre Aussage irgendwie bekräftigt wäre. Bei den strafrechtlichen Überlegungen ging man nun von dem neu vorgesehenen sogenannten Dreistufensystem aus (falsche Aussage, bekräftigte falsche Aussage, beeidigte falsche Aussage)[9]).

Auf dieser Grundlage wurde in den Ausschußbeschlüssen 1929 eine Einteilung gewählt, bei der an erster Stelle — als Grunddelikt sozusagen — die falsche Versicherung, der Meineid dagegen, als eine qualifizierte Abart, an zweiter Stelle stand.

Koch-Weser wies auch besonders bei den Verhandlungen des 21. Ausschusses[10]) für den Aufbau der neuen Strafrechtsbestimmungen darauf hin, daß es zweckmäßig sei, auch gesetzestechnisch von der falschen Bekräftigung als dem Regelfalle auszugehen; da ja künftighin die Bekräftigung die Regel, der Eid die Ausnahme bilden solle.

Dagegen wurde eingewandt, daß dies Vorgehen nicht der sonst im Strafgesetzbuch durchgeführten Systematik entspräche[11]). Nach dieser müsse vielmehr das schwerste Delikt, der Meineid, zugrunde gelegt, und dann erst könnten die übrigen Fälle falscher Aussagen vor Gericht geregelt werden.

Außer den Bedenken rein systematischer Art ergaben sich erhebliche Widerstände gegen die Neuregelung aus sachlichen Gründen. Im wesentlichen wurden die gleichen Einwände, die gegen die Einführung des gesamten Dreistufensystems vorgebracht worden waren, geltend gemacht. So wurde erklärt, daß vom ethischen wie vom Zweckstandpunkt aus eine Ungleichheit der strafrechtlichen Behandlung der falschen Aussage je nach der Form der Wahrheitsbeteurung gleichermaßen abgelehnt werden müsse[12]).

---

[9]) Vgl. I. Teil, II. Kapitel, I, § 1, Ziff. 7.

[10]) Vgl. 21. Aussch., 44. Sitzg., Koch-Weser, S. 3 u. 11.

[11]) Vgl. 21. Aussch., 44. Sitzg., Bell, S. 4.

[12]) Vgl. Finger: Strafr.-Ges. Bamberg, in JW., 1929, S. 1780; Loewenthal: Um Eid u. Meineid, in Frankf. Zeitg. v. 8. Mai 1929, „Die Pflicht zur Wahrheit kann nur e i n e sein; so darf es auch nur e i n Gesetz, nur

Zu den starken prinzipiellen Bedenken gegen das Stufensystem trat hinzu, daß dies auch bei den Beratungen mit den Österreichern über Angleichung der Gesetze nicht gerade Sympathie fand[13]). Hierbei wurde vielmehr wieder als Zukunftsziel die alleinige Bestrafung des Meineides unter möglicher Einschränkung der Eidesabnahme vorgesehen. Bei der Abneigung großer Gruppen, den Eid überhaupt noch zu verwenden, ist es jedoch nicht zu verwundern, wenn ein entsprechender Antrag[14]) im Strafrechtsausschuß nicht angenommen wurde. Wohl aber wurde in zweiter Lesung für den 11. Abschnitt eine Neufassung gewählt[15]), die nur ein einziges Delikt, nämlich in § 184 die „Falsche Beteuerung" vorsieht. Wenn diese Regelung wirklich durchdringen sollte — was bei der schwankenden Gestaltung der Dinge noch gar nicht vorausgesagt werden kann — steht fest, daß der Sinn des Dreistufensystems durch die eine einheitliche Bestimmung (u. damit voraussichtlich das ganze geplante Stufensystem) entfällt. Nicht aber steht fest, in welcher Form die Beteuerung künftig abgegeben werden sollte.

Strathmann selbst, von dem der im Ausschuß schließlich angenommene Antrag gestellt wurde, ging zunächst von dem Gedanken aus, daß die Neuformulierung auch die Abschaffung des Eides bedeute; im Verlauf der Debatte erklärte er aber: „Im übrigen sei ja ausdrücklich der späteren Entscheidung offen gelassen, in welcher Form die feierliche Beteuerung abgegeben werden solle. Erst im Einführungsgesetz werde diese Frage entschieden[16])."

---

eine Form der Aussage, nur eine Strafdrohung geben. Würde der Eid völlig abgeschafft, so wäre die Milderung der Strafdrohung ungefährlich, verschiedene Zeugnisformen und verschiedene Strafgesetze aber wirken bei der schwächeren Form fast wie ein Freibrief für das Verbrechen." S. auch Hegler: D. Eidesreform, S. 81, Anmerk. 218, mit Angabe verschiedener Vertreter dieser Meinung.

[13]) Vgl. Bericht Emminger, 21. Aussch., 137. Sitzg., S. 8.

[14]) Antrag Emminger, 21. Aussch., 137. Sitzg., nach Drs. Nr. 620, S. 6.

[15]) Vgl. synopt. Gegenüberstellung zum II. Teil.

[16]) Vgl. 21. Aussch., 137. Sitzg., Strathmann, S. 11 u. S. 13 am Ende; vgl. auch in gleicher Sitzung die Ausführungen von Bell, S. 11, Rosenfeld und Alexander, S. 12, u. insbes. zu Beginn der 138. Sitzg. des 21. Aussch. die Erklärung von Kahl, daß er trotz schwerer Bedenken gegen den An-

3. Für die Frage nach dem Strafmaß kann, wie unter 1 gezeigt, von der Tatsache ausgegangen werden, daß die Rechtspflege resp. die Rechtssicherheit heute dasjenige Rechtsgut ist, dessen Verletzung der behandelten Deliktsgruppe zugrunde liegt. Die besonders schwere Strafe, die unser geltendes Recht ohne Zulassung mildernder Umstände für den Meineid vorschreibt, ist neben dem großen Interesse, das der Staat am Eide hat (oder hatte), weitgehend aus der früheren Stellung des Eides als religiöses Vergehen zu erklären[17]).

Der Entwurf 1927 — bei dessen Zustandekommen die neuere Auffassung über das Wesen der Meineidsdelikte schon herrschte — sah zwar ebenfalls eine Zuchthausstrafe bis zu 10 Jahren für den Meineid vor. Die Milderungsgründe des § 157 StGB. wegen Selbstbezichtigung und versehentlicher Vernehmung im Falle des Bestehens eines Aussageverweigerungsrechts waren sogar weggefallen. Statt dieser eng begrenzten kasuistisch aufgezählten Erleichterungsgründe brachten aber die §§ 73 und 74 des Entwurfes 1927 die Möglichkeit, bei allen Straftaten und also auch beim Meineid auf Grund mildernder Umstände die Strafe bis zu drei Monaten Gefängnis zu ermäßigen.

Der Entwurf 1927 sollte weiter in § 187 eine wesentlich geringere Strafe für die falsche uneidliche Aussage einführen.

Bei den Beratungen des Ausschusses bestand eine allgemeine Tendenz zur Milderung der Strafmaße[18]). Von einer Seite wurde vorgetragen, daß Gefängnis als Grundstrafe für die Bekräftigungsdelikte völlig ausreiche[19]). Die Vorschläge dafür, wie inner-

---

trag — die durch Heglers Schrift über die Eidesreform noch bestärkt worden seien — zu dem Entschluß gekommen sei, sich dem Strathmannschen Grundsatz anzuschließen. Dies hauptsächlich aus dem Grunde, weil damit eigentlich die sachliche Entscheidung noch nicht präjudiziert sei, denn es heiße ausdrücklich: „In der gesetzlich vorgeschriebenen Form". Welche Form gesetzlich vorgeschrieben werde, das werde erst beim Einführungsgesetz entschieden.

[17]) Vgl. hierzu Rosenberg: Meineid. Ein Beitrag z. Strafrechtskritik, in Justiz, Bd. 1, 1925/26, S. 380/81.

[18]) Vgl. 21. Aussch., 45. Sitzg., Ehlermann, S. 1; Rosenfeld, S. 3.

[19]) 21. Aussch., 45. Sitzg., Alexander, S. 5; gleicher Ans. auch Rosenberg, a. a. O., S. 386, Ziff. 1; Loewenthal, Gerichtseid, 1930, S. 85, 4. Abs.

halb des Stufensystems der Strafrahmen für die beeidigte im Verhältnis zur anderswie bekräftigten Aussage zu bemessen sei, waren sehr verschieden. Einerseits wurde gewünscht, die wissentlich falsche Bekräftigung mit einer recht niederen Strafe zu belegen, damit nachher beim Eid auch in der Strafe eine erhebliche Stufung eintrete[20]). Andererseits meinte man, die falsche Bekräftigung möglichst hoch bestrafen zu müssen, um den Eid möglichst selten zu machen[21]).

In der Fassung erster Lesung wurde schließlich die falsche Versicherung (§ 183 a) mit Gefängnis nicht unter 3 Monaten und in besonders schweren Fällen mit Zuchthaus bis zu fünf Jahren, der Meineid mit Zuchthaus bis zu fünf und in besonders schweren Fällen bis zu zehn Jahren bedroht.

Der Meineid wird also weiterhin als Verbrechen, die anders bekräftigte falsche Aussage nur als Vergehen behandelt (§ 11, E. 1927 u. Aussch.-Beschl. 1. Lesung 1929). Die Anwendbarkeit der Bestimmungen über mildernde Umstände ist nach §§ 73, 74 der Ausschußbeschlüsse für beide Deliktsarten gegeben.

Die neueste Fassung (Beschl. 2. Lesung 1930) sieht nur die „falsche Beteuerung" vor. Da die Strafandrohung Zuchthaus bis zu 10 Jahren heißt, ist jede Verletzung ein Verbrechen. Die Anwendung der Vorschriften über mildernde Umstände ist möglich, aber unter einer Strafe von 3 Monaten könnte nach §§ 73, 74 in keinem Fall der falschen bekräftigten Aussage erkannt werden. Im Verhältnis zu den früheren Vorschlägen, bei denen noch als Zwischenform das Vergehen der falschen uneidlichen Aussage vorgesehen war, bedeutet dies eine gewisse Verschärfung, und es scheint fraglich, ob sich diese Neuerung, so begrüßenswert rein formal die knappe, vereinfachende Fassung ist, durchsetzen wird.

§ 2. Falsche uneidliche Aussage.

Den Mängeln der geltenden Meineidsbestimmungen versuchten seit 1885 zahlreiche Reformvorschläge abzuhelfen, in denen

---

[20]) Vgl. hierzu 21. Aussch., 45. Sitzg., Ehlermann, S. 1.

[21]) Vgl. 21. Aussch., 48. Sitzg., Emminger (Referat), S. 2.

sich immer wieder der Tatbestand der strafbaren falschen uneidlichen Aussage findet[22]). Auch nach dem Entwurf 1927 sollte diese neue Bestimmung (§ 187) eingeführt werden. In der Begründung[23]) wird darauf hingewiesen, daß in England, Belgien und Norwegen ähnliche Bestimmungen existierten und daß insbesondere in Österreich das nichteidliche falsche Zeugnis schon seit dem Jahre 1787 mit Strafe bedroht sei[24]).

Bei der Überlegung, ob § 187 wirklich Gesetz werden solle, ist die grundsätzlich erstrebte Rechtsangleichung zwischen

---

[22]) Die in Frage kommenden Gesetzesvorschläge seit und mit der lex Salisch sind in der Begründung zum E. 27, S. 95, Anmerk. 1, und bei Hegler: Eidesreform, Anmerk. 12, S. 40/41, ausführlich angegeben. An die Entwürfe knüpft sich jeweils eine eingehende Äußerung der Wissenschaft und Praxis. Zur Orientierung sei hier genannt: Radlauer: Die geplante Änderung d. Vorschriften über die Beeidigung der Zeugen sowie die geplante Bestrafung unbeeidigter Aussagen, in GA., 1898/99, 46. Bd., S. 282; Frank: Zur lex Salisch, in DJZ., IV, 1899, S. 145/46; Kronecker: Die Verminderung der Eidesleistungen u. d. Strafbarkeit der uneidl. falsch. Aussage, in DJZ., IV, 1899, S. 166; Gall: Bestrafung falsch. uneidl. Aussagen u. Nichtbeeidigung unglaubwürdiger Zeugenaussagen, in JW., 1901, S. 562 ff.; Beling: Die Nichtbeeidigung unglaubwürdiger Zeugenaussagen u. d. Bestrafung uneidl. falsch. Aussagen, in DJZ., 1901, S. 362 ff., ebenso ebenda Hamburger, S. 364 ff.; Feisenberger: Zur Reform d. Strafprozesses, in Ger. S., 1905, Bd. 65, S. 26; Stoos: in Vgl. Darstellung, 1906, besond. Teil, III. Bd., S. 389/92, mit Angabe u. Zitaten d. wichtigsten Literatur zu dieser Frage bis 1903; Sonntag: D. Strafbarkeit uneidlicher falsch. Aussagen, in DJZ., 1908, S. 733 u. 737; Bumke: D. Bestrafg. falsch. uneidl. Aussagen, in ZStW., 1913, Bd. 34, S. 56; Neumann u. Niemayer: D. Bestrafg. d. falsch. uneidl. Aussage, in Mitteilg. d. int. krim. Vereinigung, 1922, Bd. 24, H. 3, S. 72 ff., insbes. S. 98, 100 u. 101; Hellmuth Mayer: Meineid u. falsche Aussagen nach d. Entw., in Ger. S., 1926, Bd. 93, S. 198/204, namentl. auf S. 200, 201 eingehende Auseinandersetzung mit den früheren Lehrmeinungen; Kadecka: Bei Aschrott-Kohlrausch, Reform d. Strafrechts, 1926, S. 277/279; Else Koffka: D. Bestrafg. d. falsch. uneidl. Aussage, in ZStW., 1927, Bd. 48, S. 11 ff.

[23]) Vgl. Begründung z. E. 1927, S. 95, am Ende.

[24]) Vgl. hierzu Hegler, Eidesreform, S. 10, IV A, wo weiter noch von der gleichen Bestimmung im italienischen Recht, im schweizer. Entw. und im griech. Entw. 1924 die Rede ist.

Deutschland und Österreich ein wiederkehrendes Argument[25]). Im übrigen traf der Vorschlag, diese Bestimmung einzuführen, auf heftige Widerstände im Ausschuß und in der Literatur. Anders als bei vielen anderen Fragen fand zwar der Rechtsbegriff der strafbaren uneidlichen Aussage selbst, bei den meisten im Prinzip Zustimmung[26]). Emminger erklärte im Strafrechtsausschuß[27]): Die Bestimmung sei dazu da, „die Wahrheitsliebe im Volke derart zu stärken, daß auch beim Vorwalten persönlichen Interesses der unbeeidigte Zeuge vor Gericht der Wahrheit die Ehre gibt"[28]).

Aber diesem kriminalpolitischen Argument traten von allen Seiten sehr gewichtige sachliche und technische Bedenken entgegen, auf die Emminger auch bei seinen Ausführungen schon hinwies. Zunächst wurde hervorgehoben, daß bei alsbaldiger Einführung des neuen Tatbestandes — also bei unabgeänderter Strafprozeßordnung — das Gebiet der Strafbarkeit nicht eingeschränkt, sondern im Gegenteil weit ausgedehnt würde[29]). Es sei keine Abgrenzung geschaffen, und darum bestehe die Möglichkeit und Gefahr, daß die Bestimmung auch auf die falschen

---

[25]) Vgl. hierzu Emminger: Bericht im 32. Aussch., 53. Sitzg., S. 3, und 21. Aussch., 137. Sitzg., S. 8: „An der strafbaren falsch. uneidl. Aussage des ursprüngl. § 187 hingen die Vertreter des Österreichischen Justizministeriums aus Pietätsgründen, als einer über 100jährigen ethisch und erzieherisch höchst wertvollen, allerdings fast nie angewandten Vorschrift."

[26]) Vgl. hierzu z. B. v. Hentig: Falsche uneidl. Aussage, in Justiz, Bd. 3, S. 164; Floegel: Zur Eidesfrage, DRZ., 1929, S. 219; Loewenthal: Der Gerichtseid, § 30, S. 74/75; anderer Meinung Schlegelmilch: Strafbarkeit der falsch. uneidl. Aussage und Verringerung d. eidl. Aussagen, in DRZ., Bd. 20, 1918, S. 388 ff., der beweisen will, daß eine solche Strafbestimmung nicht nötig sei, aber von unabgeändertem Strafprozeßrecht ausgeht.

[27]) Vgl. 32. Aussch., 53. Sitzg., Emminger, S. 3.

[28]) Es wird hier also mit dem gleichen kriminalpolitischen Grund argumentiert, aus welchem die Österreicher auf ihre Bestimmung nicht glauben verzichten zu sollen. Vgl. dazu Anmerk. 25 am Ende.

[29]) Vgl. hierzu 32. Aussch., 54. Sitzg., Bumke, S. 4, Spalte 2, Abs. 2 am Anf.; Loewenthal: in Justiz, Bd. 4, S. 285/86; v. Hentig: a. a. O., S. 156 ff., spricht davon, daß durch die neue Bestimmung, wenn sie jetzt eingeführt würde, „eine rauschende Quelle neuer Bestrafungen erbohrt" würde.

Aussagen vor Polizei und Staatsanwalt und in der Voruntersuchung angewandt werde. Weiter sei die Frage, wie es mit Anwendung der Bestimmung auf die Aussagen von Eidesunmündigen, Eidesunwürdigen und solchen Zeugen, welchen ein Zeugnisverweigerungsrecht zusteht, gehalten werden solle, völlig ungeklärt.

In der Begründung zum Entwurf 1927 wird bei den Ausführungen zu § 187 um das Problem der Strafprozeßreform herumjongliert. Einerseits wird zwar die Notwendigkeit ihrer künftigen Einführung für den Sinn des Paragraphen vorausgesetzt, anderseits wird argumentiert, als ob die Prozeßreform bereits alles klargestellt habe[30]). Es heißt zwar unter anderem: „Durch die neue Strafdrohung soll nicht der Kreis der geschützten Behörden und Verfahrensarten erweitert, sondern lediglich die Strafbarkeit falscher Zeugen- und Sachverständigenaussagen von der Voraussetzung der Vereidigung unabhängig gemacht werden." Dies ist also die Meinung; eine Garantie dafür ist aber im Gesetz nirgends geschaffen. Diese zu schaffen, wäre Aufgabe der Prozeßgesetze. So kam man auch anknüpfend an den Entwurf 1927 allgemein zu der Auffassung, daß die Einführung der Bestimmung des § 187 vor der Reform der Prozeßgesetzgebung vorweggenommen und verfrüht sei, und es wurde dringend die Forderung erhoben, zunächst in diesen Punkten das Prozeßrecht zu bereinigen[31]). Insbesondere müsse geklärt werden, wann und in welcher Form der Hinweis auf die Strafbarkeit im Verfahren zu erfolgen habe. Hierbei könne und müsse eine Einschränkung zum Schutze der heutigen straflosen uneidlichen Zeugenaussagen gemacht werden[32]).

---

[30]) Vgl. Begründung z. E. 1927, S. 95/96.

[31]) Vgl. hierzu v. Hentig, a. a. O.; Loewenthal, a. a. O.; Emminger, 32. Aussch., 53. Sitzg., S. 3; Barth, 32. Aussch., 54. Sitzg., S. 2, Spalte 2. Über die Wandlung d. Meinungen in der Frage der prozessualen Voraussetzungen der uneidl. Aussage, vgl. insbes. auch Hegler: Eidesreform, 1930, S. 41, Anmerk. 13.

[32]) Vgl. hierzu 32. Aussch., 54. Sitzg., Barth, S. 2, Bumke, S. 4/5 (Bell, 32. Aussch., 53. Sitzg., S. 8 a. A., hält die Abgrenzung in der Strafbestimmung für möglich); 21. Aussch., 43. Sitzg., Emminger, Referat, S. 4, stellt unter c die Frage rein prozessual; vgl. auch S. 6.

In der Folge wurde auch eifrig an Vorschlägen für eine prozessuale Neuregelung gearbeitet. Im Verlaufe dieser Arbeit zeigten sich so schwierige, neue rechtliche und psychologische Einzelprobleme[33]), daß man glaubte, mit der Einteilung: Unbekräftigte Aussage und Eid nicht durchzukommen. Die neu vorgeschlagene Einteilung: Unbekräftigte Aussage, bürgerlich bekräftigte Aussage, Eid, erforderte eine andere Art strafrechtlicher Garantien, als es die alte StPO. oder auch die ursprünglich nur vage geplanten Prozeßänderungen getan hatten. In der 1. Lesung des 21. Ausschusses wurde daher der § 187 des Entwurfs 1927 gestrichen. Statt dessen wurde neben dem Meineid die Bestimmung des § 183 a über die strafbare falsche Versicherung unter Berufung auf die Pflicht zur Wahrheit eingeführt[34]).

Floegel[35]) berichtet von dieser Änderung: Der Reichstagsausschuß habe „als Tatbestandsmerkmal der strafbaren uneidlichen Aussage die Versicherung des zu Vernehmenden eingeführt, die unter Berufung auf die Pflicht zur Wahrheit dahin abzugeben ist, daß die Aussage richtig und vollständig sei. Eine unter dieser förmlichen mündlichen Versicherung wissentlich falsch abgegebene uneidliche Aussage soll mit Gefängnis nicht unter drei Monaten, in besonders schweren Fällen mit Zuchthaus bis zu 5 Jahren bestraft werden ..." Diese referierende Darstellung ist insofern irreführend, als hier der Anschein erweckt wird, als sei mit dem § 183 a, Abs. 1, nur eine leichte Modifizierung des im Entwurf 1927 geplanten § 187 geschaffen. Dies ist aber nicht der Fall. Vielmehr wird mit der Bestimmung des § 183 a auf Grund neugewonnener prozessualer Einsichten von denjenigen Überlegungen völlig abgerückt, die bisher als einzige, neben den prozeßrechtlichen Wünschen[36]) für die Einführung der strafbaren uneidlichen Aussage im Strafrecht geltend gemacht worden waren. Dies gilt insbesondere für das kriminalpolitische Moment. Es ist etwas durchaus anderes, ob die Strafbarkeit der falschen Aussage von einer wie immer ge-

[33]) Vgl. oben I. Teil, II. Kapitel.

[34]) Vgl. synopt. Gegenüberstellung zum II. Teil.

[35]) a. a. O., S. 217.

[36]) Vgl. hierzu insbes. oben I. Teil, II. Kapitel, I, § 1, Ziff. 7, S. 63 ff.

arteten, Versicherung des Zeugen abhängig gemacht wird oder ob schlechthin die falsche Aussage vor zuständiger Behörde, insbesondere vor Gericht strafbar ist. Nur bei der letzten Art kann von einer allgemeinen Wahrheitspflicht vor Gericht die Rede sein. Nur hierbei kann — wenn überhaupt — an die immer wieder erhoffte „erzieherische Wirkung" dieser Einrichtung gedacht werden.

Nun war freilich durch die Bestimmung des Entwurfes 1927 die falsche Aussage auch nur dann für strafbar erklärt, wenn ein Hinweis des Richters auf die Strafbarkeit vor der Aussage erfolgt war. Hegler[37]) meint, mit diesem Hinweis sei man schon mitten in den Verfahrensfragen, und zwar beim Stufensystem. Eine Stufung wäre zweifelsfrei durch den Hinweis auch schon gegeben. Dennoch scheint mir bei der neuesten Regelung sowohl konstruktiv — in der starken Annäherung des Typs an den Meineidstatbestand — als in der Wirkung auf den Zeugen ein erheblicher Unterschied im Verhältnis zum früheren Vorschlag darin zu liegen, daß nicht nur eine Handlung des Richters (Hinweis), sondern eine ausdrückliche Erklärung des Zeugen über die Richtigkeit seiner Aussage zur Voraussetzung der Erfüllung des Tatbestandes gemacht wird.

Noch weiter in dieser Richtung geht der neue Tatbestand, den der 21. Ausschuß in 2. Lesung an Stelle der früheren Tatbestände angenommen hat. Er nähert sich konstruktiv gänzlich dem Meineidstatbestand. Für die Strafbarkeit der falschen uneidlichen Aussage wird bei ihm vorausgesetzt eine „Falsche Beteuerung"[38]).

§ 3. Die Strafbarkeit unerheblicher falscher Aussagen.

Verurteilungen zu schweren Freiheitsstrafen wegen unwahrer Angaben können dann als besondere Härte wirken, wenn die Äußerung, wegen deren die Verurteilung erfolgt, für die Sache unwesentlich war. Gerade solche Fälle sind es, in deren Folge der Laie von „weltfremder Paragraphenjuristerei" redet, und bei denen leicht das Gefühl von Ungerechtigkeit beim Betroffenen

---

[37]) Vgl. Hegler: Eidesreform, S. 11, 1. Abs., vgl. aber dort den Anfang d. Anmerk. 214, S. 80, mit ähnlichen, wie den hier geäußerten Bedenken.

[38]) Vgl. synopt. Gegenüberstellung z. II. Teil, § 184, 2. Lesg., 1930.

und dem Publikum erweckt wird. Darum ist auch dies Problem im Laufe der letzten Jahre in der Öffentlichkeit wiederholt erörtert worden[39]).

Im Entwurf 1927 ist keine Bestimmung vorgesehen, welche eine Beschränkung der Strafbarkeit in dieser Richtung brächte. Wohl aber wurde von dem damaligen Vertreter des Preußischen Justizministeriums, Ministerialrat Schäfer, bei den Verhandlungen des 32. Strafrechtsausschusses erklärt: „Die Beibehaltung der starren Vorschriften über die Bestrafung wegen Meineides usw. auch in Fällen, in denen die unwahre Aussage unwesentliche Punkte betreffe, bringe die Gefahr mit sich, daß das Volk eine Bestrafung in solchen Fällen nicht verstehe. Die Frage hänge insofern mit dem Problem der sogenannten Vertrauenskrise eng zusammen[40]).“

Das anschließend gestellte Verlangen, durch materiellrechtliche Strafvorschriften die Möglichkeit dafür zu schaffen, daß künftig die Strafe in solchen Fällen gemildert werden oder unterbleiben könne, wurde auch mit der Behandlung des Problems im ausländischen Recht begründet[41]). Es wurde hervorgehoben, daß Frankreich, England und Amerika bereits die Einschränkung der Eidesdelikte auf Unwahrheiten von erheblicher Bedeutung hätten[42]).

---

[39]) Vgl. den Hinweis Schäfers im 32. Aussch., 55. Sitzg., S. 1, auf Slings Kampf gegen die Meineidsseuche.

[40]) Vgl. 32. Aussch., 55. Sitzg., S. 1 a. Anf. Gegen diese Auffassung sprach sich Emminger in der gleichen Sitzung (S. 2, Spalte 2 a. Ende) aus. Er meinte, gerade mit Hinblick auf die sogen. Vertrauenskrise könne man beim Meineid ein Absehen von Strafe nicht zulassen.

[41]) Vgl. 32. Aussch., 53. Sitzg., Rosenfeld, S. 4, Spalte 2 a. E., und 55. Sitzg., Schäfer, S. 2, Spalte 1 a. Anf.

[42]) Mit Berufung auf das Französische Recht bringt Bartholomäus in Asch. Monatsschr., 1914, Bd. 11, S. 45 ff., schon ähnliches vor. Den Hinweis auf das Französische Recht vgl. auch bei Rosenberg, a. a. O., S. 381, Anmerk. 2. Neuerdings empfiehlt auch Flad in einem Aufsatz, „Eid und Eidesverletzung in Frankreich“, in Aschaffenburgs Monatsschr., Jahrg. 21, 1930, S. 519 ff. (insbes. S. 523 ff.), in Anlehnung an das Französische Recht, Beschränkung der Strafandrohung und Abstufung der Strafen für die falsche eidliche Aussage. Insbes. glaubt Flad, daß die Mißstände durch einen Abbau des Zeugenbeweises selbst, nach Vorbild des Französischen Rechts, mit der Zeit behoben werden könnten.

Der neue Vorschlag fand im Ausschuß jedoch wenig Anklang.

1. Zur Berufung auf das ausländische Recht wurde eingewandt: einmal wisse man ja gar nicht, ob die betreffenden Länder mit dem geltenden Rechtszustand zufrieden seien[43]). Weiter dürfe man auch nicht Einzelheiten aus einem fremden Rechtsgebiet herausgreifen. Zu einem richtigen Urteil könne man nur gelangen, wenn man die Gesamtheit des fremden Strafgesetzes und seiner Anwendung kenne. Ein besonders eingeholtes Gutachten über das englische Recht habe ergeben, daß dieses von Gedankengängen ausgeht, die dem Deutschen Rechte fremd sind[44]).

Die Frage der Erheblichkeit der Aussage könne nur vom Berufsrichter entschieden werden. Dies sei ein Beweis dafür, daß die Feststellung der Erheblichkeit so schwierig sei, daß man sie nicht einmal im englischen Schwurgerichtsprozeß den Laienrichtern überlassen konnte, obwohl sie doch ausgesprochenermaßen ein wesentlicher Teil der Schuldfrage sei; zudem sei die Frage, was erheblich sei, so extensiv interpretiert, daß man zweifeln könne, ob die Unterscheidung noch einen praktischen Wert habe.

2. Grundsätzlich wurde erklärt, der Gedanke sei in der vorgeschlagenen Form undurchführbar. Die Tendenz, daß unwesentliche Unwahrheiten nicht verfolgt werden sollten, sei richtig, aber die vorgeschlagene Methode falsch. Was an dem Gedanken richtig sei, könne einmal dadurch erreicht werden, daß die Staatsanwaltschaft — z. B. auf Anweisung der Justizverwaltung —

---

[43]) Vgl. hierzu 32. Aussch., 55. Sitzg., Bumke, S. 3.

[44]) „ So hat das Engl. Recht sehr schematische Beweisregeln, indem es gegenüber dem angefochtenen Eid nicht etwa einen Indizienbeweis oder einen Eid für ausreichend zum Nachweis hält, sondern der Beweis muß bestärkt sein, d. h. die Anzahl der Eide, die sich gegenüberstehen, wird schematisch abgewogen. Das Engl. Recht kennt auch die Möglichkeit, daß der Beschuldigte sich selbst zum Eid erbiete. Die Angeklagten lassen sich fast immer als Zeugen in ihrer eigenen Sache vernehmen, werden aber gleichwohl der Straftat für schuldig befunden, welche sie eidlich abgeleugnet haben, anderseits aber wegen Eidesverletzung dann nicht verfolgt." Vgl. zu alledem 32. Aussch., 62. Sitzg., Emminger, Ref. S. 1/2; ders. 32. Aussch., 55. Sitzg., S. 2, u. Bumke, ebenda, S. 3.

ganz besonders prüfe, ob mit Rücksicht auf die Nebensächlichkeit Vorsatz oder Fahrlässigkeit angenommen werden könne. Besonders aber sei dem Mangel richtiger dadurch abzuhelfen, daß man prozessual anordne, daß die Beeidigung nur bei erheblichen Zeugenaussagen zugelassen werde[45]).

Daß die Einführung einer solchen Bestimmung im Strafprozeß aber auch dort besonders ernsten Bedenken begegnen mußte und begegnet ist, wurde im ersten Teil dieser Arbeit eingehend dargestellt. Ebenso die erheblichen Schwierigkeiten, die sich selbst im Falle der Einführung einer entsprechenden prozessualen Bestimmung bei ihrer Anwendung ergeben können[46]).

3. Im Strafrechtsausschuß hat man sich auch nicht etwa mit der einfachen Überwälzung des Problems auf die prozessuale Seite begnügt, sondern mit seinen materiell rechtlichen Einzelfragen recht intensiv auseinandergesetzt. Die vielen, in verschiedenstem Zusammenhang vorgetragenen Überlegungen kehren immer wieder zu zwei Grundfragen zurück.

a) Ist es mit dem Charakter des Delikts überhaupt vereinbar, unwesentliche Aussagen mit geringerer Strafe zu belegen?

b) Nach welchen Merkmalen sollte und könnte bestimmt werden, ob eine Aussage im Sinne der geplanten Strafvorschrift unwesentlich ist?

Zu a). Hierzu wurden allerlei Bedenken geäußert, die sachlich nicht ganz klar begründet wurden, vielmehr teils gefühlsmäßig, teils kriminalpolitisch belegt wurden. So erklärten einzelne: es verstoße gegen ihre Auffassung vom Eide, wenn eine wissentlich unwahre unter Eid abgegebene Aussage darum nicht verfolgt würde, weil sie sich auf eine unwesentliche Tatsache beziehe. Höchstens bei der Bestrafung der falschen uneidlichen Aussage könne eine solche Regelung erwogen werden[47]). Weiter

[45]) Vgl. hierzu 32. Aussch., 55. Sitzg., Emminger, S. 2, Wunderlich, ebenda, S. 2, Bumke, S. 3, Spalte 1 a. Anf., Bell, S. 4, Spalte 1 a. Anf., u. ders. 32. Aussch., 62. Sitzg., S. 3. Für die Einführung d. Neuregelung i. Strafr., Rosenfeld, 21. Aussch., 45. Sitzg., S. 3.

[46]) Vgl. I. Teil, II. Kapitel, II, § 2b, I S. 110ff.

[47]) Vgl. 32. Aussch., 55. Sitzg., Emminger, S. 2. Bezüglich der Forderung für die falsche uneidliche Aussage vgl. auch die Ausführungen von Else Koffka, in ZStW., 1927, Bd. 48, S. 14 u. 16.

hieß es, man nehme der eidlichen Aussage einen großen Teil ihres Wertes und erschüttere in der Bevölkerung das Gefühl dafür, daß unter Eid die volle Wahrheit gesagt werden müsse, wenn man demjenigen, der feierlich versichert habe, die Wahrheit sagen zu wollen, gestatte, einen Unterschied zwischen den Teilen der Aussage zu machen, wo er die Wahrheit sagen muß, und den Teilen, wo er ungestraft lügen darf[48]).

Dagegen wurde befürwortend der systematische Grund vorgebracht, daß die einheitliche, der Höhe nach gleichmäßige Bestrafung für den Meineid ohne Rücksicht auf die Bedeutung des verletzten Interesses doch eigentlich nur in jener Zeit erklärlich gewesen sei, wo jeder Eid in einer Beziehung übereinstimmte, gleichgültig wie groß oder gering die Interessen waren, die er betraf, nämlich im religiösen Charakter. Im Augenblick aber, wo wie heute Einigkeit darüber herrsche, daß Wesen und Zweck der Bestimmung nicht mehr Schutz der Religion, sondern Sicherung der Rechtspflege sei, könne und müsse bei der Bestrafung berücksichtigt werden, inwieweit durch die falsche Aussage die Entscheidung der Behörde beeinflußt werden könnte[49]), [50]).

Zu b). Hier ergab sich zunächst die Frage, ob die Milderung oder der Ausfall der Strafe von

1. subjektiven oder
2. objektiven Merkmalen abhängig gemacht werden solle.

---

[48]) Vgl. 32. Aussch., 55. Sitzg., Bumke, S. 3.

[49]) Vgl. 32. Aussch., 53. Sitzg., Rosenfeld, S. 4, und 55. Sitzung, Schäfer, S. 1.

[50]) Vgl. zu dem Fragenkomplex auch Loewenthal, Gerichtseid, 1930, § 33, S. 86/88. Loewenthal sondert nach drei Gesichtspunkten: 1. Aussagen im Verfahren um geringfügige Dinge. Hier greift die Prozeßreform ein. 2. Die Aussage des Zeugen, die im ganzen für den Prozeß unerheblich ist. Hier erklärt L. aus seiner prinzipiellen Einstellung (keine abgestufte Wahrheitspflicht! Vgl. vorstehende Anmerk. 12), es ginge nicht an, diese Aussage von Gesetzes wegen einer gemilderten Strafdrohung, also einer geringeren Wahrheitspflicht, zu unterwerfen. Er verlangt daher entweder gleiche Strafdrohung oder Straffreiheit für diese Fälle. 3. Die Aussage, die an sich der vollen strafrechtl. Sanktion unterliegt, enthält nur unerhebl. Punkte. — In der Behandlg. im Ausschuß sind Punkte 2 u. 3 dieser Unterscheidung nicht auseinandergehalten. Die meisten Ausführungen beziehen sich aber auf Fälle von Punkt 3.

Zu b) 1. Der Vorschlag im Deliktstatbestand, die weitere Voraussetzung einzufügen, daß der Täter „in dem Bewußtsein" gehandelt habe, daß durch diese Aussage „die Entscheidung der Behörde beeinträchtigt werden könne", wurde allgemein abgelehnt[51]). Dieser Gedanke sei undurchführbar. Einmal könne der Zeuge gar nicht wissen, welche Teile seiner Aussage für die Entscheidung des Gerichts wesentlich sein würden; er kenne ja den durch den Eid verfolgten Zweck gar nicht. Es sei aber auch unzweckmäßig, die Sache darauf abzustellen, daß der Richter den Zeugen belehre, ob es sich um etwas Erhebliches handle oder nicht[52]).

Zum anderen werde so beweisrechtlich eine neue Schwierigkeit in den schon jetzt sehr schwierigen Tatbestand des Meineides gebracht. Der Zeuge, der einen Meineid geschworen habe, könne leicht später geltend machen, es sei ihm der Punkt, wo er die Unwahrheit gesagt habe, nicht wesentlich erschienen. Wie wolle man ihm subjektiv das Gegenteil nachweisen[53])?

Zu b) 2. Gegen den Vorschlag, es dem Gericht zu überlassen, dann die Strafe zu mildern oder von ihr abzusehen, wenn objektiv die betreffende Äußerung für die Sache unerheblich war, wurde eingewandt: Man könne oft sehr verschiedener Meinung sein, was an einer Aussage wesentlich oder unwesentlich sei; ja es sei häufig unmöglich, wesentliche und unwesentliche Umstände nach objektiven Kriterien zu unterscheiden. Insbesondere

---

[51]) Vgl. Schäfer als Vertreter d. preuß. Justizministeriums i. 32. Ausschuß, 55. Sitzg., S. 1.

[52]) Vgl. 32. Aussch., 55. Sitzg., Wunderlich, S. 2, der insbes. auch darauf aufmerksam macht, daß bei der ganzen Frage viel zu sehr nur vom Strafprozeß ausgegangen werde. Im Zivilprozeß sei das Beweisthema vielfach so verschwommen, daß der Richter selbst im Anfang noch nicht wisse, ob eine Aussage, die er aus jemand herausholt, von Bedeutung sein werde oder nicht. — Bumke, ebenda, S. 3; Bell, ebenda, S. 4; vgl. auch Loewenthal, Gerichtseid, S. 88: „Das schwerste Bedenken gegen diesen Vorschlag ist, daß der Zeuge nicht über die oft sehr streitige Frage zu entscheiden hat, ob seine Angaben erheblich sind. Er soll vor Gericht grundsätzlich bei der Wahrheit bleiben. Die subjektive Formel ist daher abzulehnen, so bestechend auch die Erwägung ist, daß die Erheblichkeit der Aussage zum Vorsatz gehört."

[53]) Vgl. 32. Aussch., 54. Sitzg., Barth, S. 1.

stelle man dem Gericht, das über die Eidesverletzung zu entscheiden habe, eine vielfach unlösbare Aufgabe, wenn man von ihm die Feststellung fordere, ob eine bestimmte Bekundung seinerzeit für die Entscheidung wesentlich gewesen sei oder nicht[54]).

Trotz all der vielen Bedenken wurde im 21. Ausschuß in 1. Lesung eine Bestimmung angenommen (§ 183 a, Abs. 3), welche wenigstens für das neue Delikt „falsche Versicherung" — nicht aber für den Meineid — dem Gericht die Möglichkeit geben sollte, dann die Strafe nach freiem Ermessen zu mildern oder von Strafe abzusehen, wenn die Angabe nur in Punkten unrichtig oder unvollständig war, die objektiv „für die Sache ohne jede Bedeutung sind"[55]), [56]).

Bei den Beratungen des 21. Ausschusses wurde die Frage zunächst weniger streitig behandelt. Rosenfeld begrüßte die Neuerung und schlug vor, noch weiter zu erwägen, ob nicht auch beim Meineid die Erleichterung eingeführt werden sollte[57]).

---

[54]) Vgl. 32. Aussch., 54. Sitzg., Barth, S. 1; 55. Sitzg., Wunderlich, S. 2, u. Bumke, S. 3. — Loewenthal, Gerichtseid, S. 88, meint, daß gegen die objektive Wendung zu sprechen scheine, daß hier eine Art negativer Erfolgshaftung vorliege; dem Täter käme die Unerheblichkeit der Aussage zugute, selbst wenn er glaubte, in einem wichtigen Punkt das Gericht irrezuführen. Dies beschwere aber niemand. Daher sei eine solche Vorschr. doch zu begrüßen, besonders weil dadurch der Zeuge davor bewahrt werde, daß ihm jemand aus ungenauen Antworten auf unsachliche Fragen einen Strick drehe. Vgl. auch Loew. i. Justiz, a. a. O. S. 289.

[55]) Ein weiterer Vorschlag, wenigstens einen klar bestimmbaren Punkt der Aussage, die Personalien, generell von der Beeidigung oder Bekräftigung und damit ihre unrichtige Angabe von der Strafbarkeit auszunehmen, wurde schon nicht gerade befürwortend vorgetragen und fand auch (erstaunlicherweise) gar keinen Vertreter. Vgl. dazu 32. Aussch., 55. Sitzg., Schäfer, S. 1; Emminger, S. 2. — Dafür die Ausführungen von Else Koffka, a. a. O., S. 16. Prozeßrechtlich hierzu I. Teil dieser Arbeit, II. Kapitel, II, § 2 b, S. 112.

[56]) Vgl. synopt. Gegenüberstellung z. II. Teil; hierzu auch die Forderung Loewenthals, a. a. O. S. 88, die Unwichtigkeit der Aussage schärfer als mit dem Wort „unwichtig oder unerheblich" zu präzisieren.

[57]) Vgl. 21. Aussch., 45. Sitzg., Rosenfeld, S. 3, auch Ehlermann, S. 1, der das objektive Kriterium betont. Vgl. weiter Emminger. 21. Aussch., 44. Sitzg., S. 11, der nur referierend von der neuen Bestimmung spricht.

Tatsächlich wurde in 2. Lesung ein besonderer § 186 b[58]) eingefügt, der dem § 183 a, Abs. 3, entspricht, sich aber auf alle, wie immer bekräftigten Fälle der falschen Aussage bezieht. In den weiteren Beratungen wurde wieder heftig um diese Bestimmung gekämpft. Ihre Gegner erklärten, sie stehe im stärksten Widerspruch zum ganzen System des Entwurfs, weil man den bösen Willen des Täters ganz unberücksichtigt lasse, und alles von der zufälligen, nicht vom Täter, ja sogar im Moment der Vernehmung nicht einmal vom Richter zu überschauenden Tatsache der Bedeutungslosigkeit abhängig mache.

Von der Gegenseite wurde der neue Paragraph dagegen jetzt „geradezu als das materiellrechtliche Kernstück der Bestrebungen" bezeichnet, „die Verfolgung von Lappalien zu verhindern". Es wurde besonders hervorgehoben, daß nicht „unerhebliche" falsche Angaben straffrei bleiben sollten, sondern solche, die „ohne jede Bedeutung" wären, was viel weniger sei. Auch müsse nicht, sondern es könne nur die Strafe gemildert werden. Es ließen sich durchaus Fälle denken, wo die beeidete Lüge so frech sei, daß das Gericht von seiner Kann-Befugnis keinen Gebrauch mache.

Ein Ventil gegen die in der Öffentlichkeit immer wieder herausfordernde Verfolgung von Lappalien sei aber auch für die Bestimmung von § 184 nötig[59]).

Die neue Bestimmung wurde schließlich im Wege des Kompromisses dadurch angenommen, daß eine andere heiß umkämpfte Neuerung unterblieb. Es scheint darum äußerst fraglich, ob sie aufrechterhalten werden wird.

§ 4. Der fahrlässige Falscheid; die Verletzung der Erkundigungspflicht.

Die Frage nach Beibehaltung oder Abschaffung der Strafbestimmung gegen den fahrlässigen Falscheid ist seit vielen Jahren heiß umkämpft[60]).

---

[58]) Vgl. synopt. Gegenüberstellung.

[59]) Vgl. 21. Aussch., 137. Sitzg., Bericht Emminger, S. 11, Spalte 1 d.

[60]) Vgl. an Literatur vor dem E. 1927 zu der Frage insbes.: Binding: Normen, Bd. IV, S. 327, Note 46; Freudenthal: Über die

Der Entwurf 1927 hat in § 184, Abs. 2, die Strafbarkeit des fahrlässigen Falscheides aufrechterhalten. Die Begründung zu diesem Entwurf geht mit ein paar ganz ungenügenden Sätzen über alle Streitfragen weg[61]).

Die Diskussion darüber wurde im 32. und 21. Strafrechtsausschuß wieder aufgenommen; hierbei wurde vielfach auf Argumente der früheren Literatur — mehrmals sogar durch Zitat — Bezug genommen[62]).

1. Die Gegner der Bestimmung haben Jahrzehnte hindurch geltend gemacht:

a) die Schwierigkeit ihrer juristischen Konstruktion und der tatsächlichen Feststellung;

b) die Gefahr ihrer mißbräuchlichen Anwendung;

---

fahrlässige falsche Aussage, in ZStW., 24, S. 785; Thomsen: Kann der Zeugeneid aus Fahrlässigkeit verletzt werden? In Ger. S., 1902, Bd. 60, S. 56 ff., u. 1904, Bd. 64, S. 219 ff., ders.: Zum fahrlässigen Zeugeneid, in DJZ., 1908, S. 414, 415; Stenglein: Gutachten in den Verhandlungen des 26. Juristentages, 1902, S. 56 ff.: Soll die Strafbarkeit d. fahrl. falschen eidlichen Aussage vor Gericht im Dtsch. Recht beibehalten werden? Und ders. zur Reform der StPO., in Ger. S., 1903, Bd. 62, S. 255; Olshausen: Über die Strafwürdigkeit des fahrl. Falscheides, in GA., 1903, Bd. 50, S. 8 ff., u. ders.: Referat über d. Frage: Soll die Strafbarkeit der fahrl. falschen eidlichen Aussage im Dtsch. Rechte beibehalten, im Österreichischen Recht eingeführt werden? Bei d. Verh. d. 27. dtsch. Juristentages 1904, S. 303 ff. (zu vgl. auch d. weit. Diskussionsausführungen bei dieser Tagung zu obiger Frage); Birkenfeld: Die Strafbarkeit des fahrl. Falscheides, in DJZ., 1904, S. 784; Oetker: Referat über Liepmanns Arbeit: Der fahrl. Falscheid d. Zeugen (Sonderdruck aus d. Kieler Festgaben für Hähnel), in Ger. S., 1907, Bd. 72, S. 464 ff.; Stoos, in Vergl. Darstellg., besond. Teil, III. Bd., 1906, S. 404/07; Klee: Soll der fahrl. Falscheid strafbar bleiben? In DJZ., 1912, S. 275; Frank: Komm. z. RStGB., 17. Aufl., Erläut. 1 zu § 163.

[61]) Vgl. Begründung z. E. 1927, S. 95: „Bei der großen Bedeutung, die dem Eid und der eidl. Aussage im Rechtsleben zukommt, kann auf die Strafdrohung nicht verzichtet werden. Die Voraussetzungen der Strafbarkeit des fahrl. Falscheides sind in der Rechtssprechung d. Reichsger. so genau umschrieben worden, daß eine zu weit gehende Ausdehnung des Tatbestandes nicht zu besorgen ist."

[62]) Vgl. z. B. 32. Aussch., 57. Sitzg., Landsberg, S. 3, u. Bumke, ebenda, S. 3 am Ende, beide unter Berufung auf Olshausen; 53. Sitzg., Rosenfeld, S. 6/7, zit. Stenglein.

c) die Tatsache, daß viele ausländische Rechte die Bestimmung nicht kennen, und daß sie auch vor Einführung des Strafgesetzbuchs im Strafrecht vieler, namentlich der süddeutschen Einzelstaaten nicht vorkam, und sich auch kein Bedürfnis nach ihrer Einführung gezeigt hatte.

Zu a). Bei den Ausschußberatungen hat die früher von einzelnen sehr ernstlich vertetene Meinung, daß die juristische Konstruktion des fahrlässigen Falscheides innere Widersprüche enthalte, und darum das Delikt begrifflich überhaupt nicht denkbar sei, keinen Vertreter gefunden[63]).

Es wurde weniger bestritten, daß die Möglichkeit für das Vorkommen des Delikts theoretisch gegeben sei, als dargetan, daß praktisch seiner tatsächlichen Ermittlung und juristischen Nachweisung die größten Schwierigkeiten im Wege stünden. Eine Handlung, die in ihren psychologischen Momenten so schwer erkennbar sei, weil zwischen fahrlässigem Beobachten, fahrlässig falschem Erinnern und fahrlässiger Wiedergabe zu schwer geschieden werden könne, eigne sich — wie Stenglein schon ausgeführt habe — nicht zur Konstruktion eines strafbaren Tatbestandes[64]). Dies insbesondere auch darum nicht, weil die ohnehin hierbei schon kaum lösbare Aufgabe des Richters noch dadurch erschwert werde, daß ihm zugemutet werden müsse, sich in das Gehirn jedes einzelnen wegen fahrlässigen Falscheides Angeklagten hinein zu versetzen und zu beurteilen, ob gerade d i e s e r Mensch bei genügender Gedächtnisanstrengung zu gewissen Erinnerungen und Vorstellungen hätte gelangen müssen, zu denen voraussichtlich ein sorgfältiger und überlegter Mensch in seiner Lage gelangt wäre[65]).

---

[63]) Vgl. dazu 32. Aussch., 54. Sitzg., Bumke, S. 5, Spalte 1 am Ende: Die Auffassung, daß es begrifflich keinen fahrl. Falscheid gebe, sei in der Begründung zum VE. schon ausführlich widerlegt.

[64]) Vgl. hierzu 32. Aussch., 53. Sitzg., Rosenfeld, S. 7; 21. Aussch., 48. Sitzg., Emminger, Referat, S. 2. Neuerdings auch Loewenthal, Gerichtseid, S. 48: „Vor allem aber zwingen die Schwierigkeiten genauer Beobachtung, Erinnerung und Wiedergabe dazu, auf eine Grenzziehung zwischen fahrlässiger und schuldloser Fehlaussage zu verzichten.“

[65]) Vgl. hierzu 32. Aussch., 57. Sitzg., Landsberg, S. 3, der ausführlich Olshausens Gutachten in GA. (1903), Bd. 50, zitiert; ferner 21. Aussch., 44. Sitzg., Koch-Weser, S. 3, Spalte 1 am Anfang.

Die Schwierigkeit der Feststellung des fahrlässigen Delikts kann aber eine besondere Ungenauigkeit der Abgrenzung zur Folge haben, aus der wieder

b) die Gefahr der mißbräuchlichen Anwendung der Bestimmung entsteht.

Diese mißbräuchliche Anwendung könnte einmal darin bestehen, daß die Bestimmung insofern zu weit interpretiert wird, als vom Zeugen eine objektive Richtigkeit des Erinnerungsbildes und eine Vorsicht in der Formulierung seiner Aussage verlangt wird, wie man sie nicht generell und in jedem Fall verlangen könne. Dadurch bestünde die Gefahr, daß die Strafbestimmung auch auf Fälle schuldlosen Irrtums angewandt werde.

Gegen dies Bedenken wurde im Ausschuß verschiedentlich vorgebracht: Die Abgrenzung nach dieser Richtung sei freilich im einzelnen Fall durchaus nicht leicht. Aber die Judikatur des Reichsgerichts habe — namentlich durch die grundlegende Entscheidung im 57. Band — sich bemüht, das Anwendungsgebiet der Strafbestimmungen gegen den fahrlässigen Falscheid eng und vorsichtig zu begrenzen und insbesondere mit der früher mitunter zutage getretenen Anschauung aufzuräumen, als ob jede objektiv unrichtige Aussage entweder vorsätzlich oder fahrlässig falsch sein müsse[66]). Diese Argumentierung — die ja auch die Begründung zum Entwurf 1927 gebracht hatte — schien aber gegenüber den Bedenken nicht genügend[67]).

Die mißbräuchliche Anwendung sei aber zum andern besonders dann unerträglich, wenn die Bestimmung zu Verurteilungen in solchen Fällen führe, in denen das Gericht an wissentlichen Falscheid glaube, den Beweis dafür aber nicht für möglich halte. Dann bestehe die Gefahr, daß durch die Anwendung des Fahr-

---

[66]) Vgl. hierzu 32. Aussch., 54. Sitzg., Bumke, S. 5, Spalte 2; 55. Sitzg., Bell, S. 3; 56. Sitzg., Emminger, S. 2.

[67]) Vgl. 32. Aussch., 53. Sitzg., Rosenfeld, S. 6, Landsberg, 54. Sitzg., S. 7: „Es sei zuzugeben, daß das Reichsgericht Gedanken ausgesprochen habe, die die Verurteilung wegen fahrl. Falscheides nicht ganz leicht machten ... Aber auch in d. Einschränkung, die das RG. als erforderlich bezeichnet habe, seien immer noch eine ganze Reihe von ungerechten nicht begründeten Verurteilungen wegen fahrl. Falscheides nicht nur denkbar, sondern auch nachgewiesenermaßen vorgekommen."

lässigkeitsparagraphen etwas wie eine „Verdachtsstrafe" ermöglicht werde[68]).

Diesem Einwand wurde entgegengehalten, daß es zwar richtig sei, daß in der Praxis bisher häufig Verurteilungen wegen fahrlässigen Falscheides vorgekommen seien, wo aus allen Tatumständen auf das Vorliegen wissentlichen Meineides zu schließen gewesen wäre. Nicht richtig aber sei, den Schluß daraus zu ziehen, als ob es sich da um Verdachtsstrafen handele. Der Grund, warum hier Fälle einer wissentlichen Verletzung der Eidespflicht auf das Nebengeleise des fahrlässigen Falscheides abgeschoben worden seien, läge vielmehr in der Härte der hohen, keinen mildernden Umständen zugänglichen Strafe für den Meineid. Es handele sich dabei meist um einen Kompromiß in der Überzeugung der Richter, die zwar im Grunde Meineid für erwiesen halten, aber durch Annahme fahrlässigen Falscheides zu einer milderen Strafe als der in Wirklichkeit verwirkten zu gelangen suchen[69]). Die Gefahr für diese Art der Rechtsbeugung sei aber durch die generelle Zulassung mildernder Umstände größtenteils beseitigt[70]).

Es wurde sogar besonders darauf hingewiesen, daß durch Beseitigung des Tatbestandes des fahrlässigen Falscheides eine gewisse Gefahr geschaffen werde, daß dann künftig manches Verhalten als Meineid gewertet werde, was bisher milder als fahrlässiger Falscheid angesehen würde. Begrifflich sei zwar der Unterschied zwischen vorsätzlicher und fahrlässiger Eidesverletzung nicht ein maius und minus, sondern ein aliud. Praktisch aber sei die Sache anders, da die Grenzziehung bezüglich der inneren Vorgänge so schwierig sei. Aus dem Grad der Unrichtigkeit und den übrigen Umständen könne sehr wohl von einem

---

[68]) Vgl. 32. Aussch., 54. Sitzg., Landsberg, S. 7, Spalte 2 am Ende, S. 8 a. Anfang; u. ders. in d. 57. Sitzg., S. 1, Spalte 2; Rosenfeld, 54. Sitzg., S. 2, Spalte 2, unter Berufung auf einen bestimmten Fall u. frühere Äußerungen von Kahl.

[69]) Vgl. besond. Bumke, 32. Aussch., 54. Sitzg., S. 2 u. S. 3/4, unter Berufung auf Olshausens Gutachten am 27. Juristentag; ders. 57. Sitzg., S. 5, mit besond. Hinweis auf Stoos.

[70]) Vgl. 32. Aussch., 54. Sitzg., Bumke, S. 5, u. 21. Aussch., 43. Sitzg., Emminger, Referat, S. 7.

Richter auf Schlamperei und Fahrlässigkeit geschlossen werden, wo ein anderer Vorsatz annähme[71]).

c) Das Argument, daß das Delikt des fahrlässigen Falscheides in den meisten süddeutschen Staaten vor Einführung des StGB. nicht bekannt war, und auch gar keine Tendenz bestand, es einzuführen, so wie daß zahlreiche ausländische Rechte den Tatbestand nicht kennen, ist auch in den Verhandlungen des Strafrechtsausschusses wieder vorgebracht worden. Es wurde unter anderem darauf hingewiesen, daß schon 1912 Kahl in einem Vortrag vor der Österreichischen kriminalistischen Vereinigung in Wien gesagt habe[72]): „Dies und anderes muß um so bedenklicher stimmen, wenn man erwägt, daß neben Österreich, Frankreich, Belgien, England, Italien, Nordamerika, Norwegen, Niederlande, Rußland und Schweiz (Entwurf) keinen Tatbestand des fahrlässigen Falscheides kennen." Auch sei zu berücksichtigen, daß diese Bedenken in einem Punkte für unsere Überlegungen eine sehr akute Bedeutung hätten, insofern nämlich, als Österreich auch heute die Bestimmung über den fahrlässigen Falscheid weder habe, noch sie einzuführen gedenke. Es sei also schon mit Rücksicht auf die deutsch-österreichische Rechtsangleichung zu wünschen, daß auch bei uns die Bestimmung gestrichen werde[73]).

2. Von einigen Seiten wurde im Ausschuß erklärt, daß trotz all dieser theoretischen und praktischen Hemmungen ein krimi-

---

[71]) Vgl. 32. Aussch., 54. Sitzg., Barth, S. 2, Spalte 1, u. 57. Sitzg., Emminger, S. 4, Spalte 2. — Alle diese Argumente standen sich natürlich bei dem verwickelten Gang der Verhandlungen nicht so eindeutig klar gegenüber. Was hier wiedergegeben ist, kann aber als Summe der im Ausschuß geäußerten Meinungen und Gegenmeinungen in diesem Punkt angesehen werden.

[72]) Vgl. hierzu 32. Aussch., 57. Sitzg., Rosenfeld, S. 2/3, u. ebenda, Landsberg, S. 1. Hierzu auch Hegler: Die Eidesdelikte in der neuen Fassung, in Ger. S., Bd. 98, S. 302, der aber trotz Hinweis auf die ausländ. Rechte zum Ergebnis kommt, die Bestimmung müsse aufrechterhalten werden. Besonders freilich mit Rücksicht auf Fälle wie beim Offenbarungseid.

[73]) Vgl. 32. Aussch., 56. Sitzg., Emminger, S. 2, u. 21. Aussch., 45. Sitzg., Rosenfeld, S. 3.

nalpolitisches Interesse an der Aufrechterhaltung der Strafvorschrift bestehe. Es käme doch immer in einer Fülle von Fällen vor, daß Zeugen in der ungeheuerlichsten Weise fahrlässig die Unwahrheit beteuerten. Es dürfe unmöglich beim Publikum der Eindruck erweckt werden, als müsse man es künftig mit seiner Aussage nicht mehr so genau nehmen. Es müsse vielmehr alles getan werden, um leichtfertige Aussagen zu verhüten, da diese ja oft als alleinige Beweismittel für ein Urteil dienten, und so zur Bestrafung eines Unschuldigen führen könnten. Hierzu scheine aber praktisch -- innerhalb der Grenzen, die sich aus der Rechtsprechung des Reichsgerichts ergeben — eine Strafbestimmung gegen den fahrlässigen Falscheid nicht wohl entbehrlich[74]). Es wurde erwähnt, daß auch schon durch die Änderung des Verfahrens die Fälle, in denen der fahrlässige Falscheid vorkommen könne, auf ein geringes Maß zurückgeführt würden. Immerhin wurde, auch von denjenigen, welche die Aufrechterhaltung der Bestimmung forderten, erwogen, ob die Grenzen des Delikts enger bestimmt werden könnten. Hier schien zunächst eine Möglichkeit darin zu liegen, daß man die Strafbarkeit nur bei grober Fahrlässigkeit eintreten lassen wollte[75]). Insbesondere wurde betont, daß zwar auch bezüglich der groben Fahrlässigkeit die Abgrenzung schwierig sei, daß eine

---

[74]) Vgl. hierzu 32. Aussch., 53. Sitzg., Bockius, S. 8; 55. Sitzg., Bell, S. 3, ders. 57. Sitzg., S. 2; 54. Sitzg., Bumke, S. 5, ders. 56. Sitzg., S. 4; 21. Aussch., 43. Sitzg., Referat Emminger, S. 4. Hier wird besonders betont, daß die Vorschrift wegen der Häufigkeit fahrl. eidesstattlicher Versicherung nötig sei. Die Notwendigkeit wegen falschen Offenbarungseides wurde auch verschiedentlich hervorgehoben; beides Momente, die von der Strafprozeßreform unabhängig wären. 21. Aussch., 44. Sitzg., Wunderlich, S. 9.

[75]) Vgl. hierzu 32. Aussch., 53. Sitzg., Bockius, S. 8; 21. Aussch., 44. Sitzg., Bell, S. 5. In der Literatur hierzu, namentlich Heglers Aufsatz in Ger. S., Bd. 98, S. 302, und seine Äußerung i. d. dtsch. strafrechtl. Ges., vgl. Fingers Bericht in JW., 1929, S. 1779 ff.; ebenso gelegentlich der Tagung dieser Gesellschaft in Bamberg, Mai 1929, Oetker, Gerland, Schmidt, Schoetensack, die sich alle für Aufrechterhaltung der Strafbestimmung aussprechen, jedoch erklären, daß die Beschränkung auf das grobfahrlässige Delikt diskutabel sei. Auch z. vgl. Hellmuth Mayer, Meineid u. falsche Aussage nach dem Entw., in Ger. S., Bd. 93, S. 205 ff.

solche aber immer dann angenommen werden müsse und könne, wenn der Täter nachlässigerweise diejenige Erforschung unterlassen habe, die er habe anstellen müssen, ehe er seine Aussage machte[76]). So entstand, aus dem Wunsche so weit als möglich von der Strafbestimmung über den fahrlässigen Falscheid loszukommen und doch die gröbsten, greifbarsten Fälle der Fahrlässigkeit mit Strafe zu belegen, die neue Bestimmung über die „Verletzung der Erkundigungspflicht"[77]). Hierbei wurde die Frage, ob und wann der Zeuge im Strafprozeß überhaupt die Pflicht habe, die Genauigkeit seiner Aussage durch Nachforschung und Prüfung vor der Vernehmung zu sichern, dadurch gelöst, daß im Entwurf eines Einführungsgesetzes parallel eine Bestimmung für den Strafprozeß vorgesehen wurde, die eine solche Pflicht für gewisse Fälle festlegt[78]).

Für diese neue Bestimmung sprach die Überlegung, daß so ein Tatbestand geschaffen werde, dessen Verletzung im wesentlichen durch objektive Kriterien erkennbar sei, so daß die Schwierigkeiten in Feststellung und richtiger Anwendung weitgehend behoben würden. Es soll danach nur noch die Fahrlässigkeit desjenigen Aussagenden strafbar sein, von dem eine Vorprüfung verlangt wurde, und der eine solche Vorprüfung fahrlässigerweise nicht vorgenommen hätte[79]).

Gegenüber dem neuen Tatbestand wurde eingewandt, daß er insofern ungenügend sei, als er nur einen Teil der fahrlässigen, auch der möglicherweise grob fahrlässigen Aussagen umfasse. Solche Fahrlässigkeit sei einmal bei der Vorbereitung der Aussage möglich. Diese werde durch den neuen Tatbestand gedeckt. Sie sei aber auch sehr wohl im Moment der Aussage selbst möglich. Gerade im Strafprozeß ergäben sich hin und wieder Fälle, wo z. B. ein Zeuge aus dem Zuhörerraum vorgerufen werde oder wo einem Zeugen neue, erst durch die Verhandlung nötige,

---

[76]) Vgl. 32. Aussch., 57. Sitzg., Bell, S. 2, Spalte 1.

[77]) Vgl. synopt. Gegenüberstellg., § 186 a, Aussch.-Beschl. 1929.

[78]) Vgl. synopt. Gegenüberstellg. E. eines Ei. G., § 69 a, u. I. Teil, II. Kapitel, II, § 4, S. 135.

[79]) Vgl. hierzu befürwortend Brodauf,, 32. Aussch., 56. Sitzg., S. 4; Koch-Weser, 21. Aussch., 44. Sitzg., S. 3.

unerwartete Fragen gestellt werden müßten. Es sei doch bedenklich, wenn ein Zeuge, der in solchen Fällen darauf losrede und eine unrichtige Aussage gänzlich leichtfertig, ohne gehörige Überlegung mache, nach der neuen Bestimmung straffrei ausgehe[80]).

Schließlich wurde noch erklärt, daß für den Fall der Aufnahme des Paragraphen über die Verletzung der Erkundigungspflicht noch näheres darüber bestimmt werden müsse, wie und wann die „Auflage" des Gerichts zur Vorprüfung zu erfolgen habe[81]).

Trotz aller Bedenken wurde die neue Bestimmung als § 186 a auch in der 2. Lesung des 21. Ausschusses wieder in den Gesetzentwurf aufgenommen[82]).

---

[80]) Vgl. hierzu 32. Aussch., 56. Sitzg., Bumke, S. 4, Lohmann, S. 4, Wunderlich, S. 4, und ders. 32. Aussch., 57. Sitzg., S. 4.

[81]) Vgl. 21. Aussch., 44. Sitzg., Wunderlich, S. 9. Hierzu auch Loewenthal, Gerichtseid, S. 84/85, der grundsätzlich für die Beschränkung der Strafbarkeit der Fahrlässigkeit bei Vorbereitung der Aussage eintritt. Auch er verlangt genauere Anordnung, wann eine solche Auflage zur Prüfung und Erkundigung ergehen solle. Er meint aber — wohl richtig —, daß dies im prozessualen Teil zu regeln sei.

[82]) Vgl. synopt. Gegenüberstellung, § 186 a, 2. Lesg., 1930. — Ganz neue Bedenken wegen der strafrechtlichen Abgrenzung der Bestimmung äußerte Emminger im 21. Aussch., 137. Sitzg. Sie gehen hauptsächlich auf die Möglichkeiten einer Verletzung der Vorschrift im Zivilprozeß zurück.

III. Kapitel.

Kritisches Schlußwort.

Die vorstehende Darstellung will, wie das Vorwort sagt, ein sachliches Urteil über die schwierigen Fragen der Eidesreform ermöglichen. Dabei sollte sich dies Urteil nicht nur auf negatives beschränken, also nicht nur Kritik bedeuten, sondern es sollte auch positiv wirken, also bestimmte Vorschläge fördern.

Wenn auch die eingehende Beschäftigung mit einer so umstrittenen Materie mehr Kenntnis als Erkenntnis bringt, wird doch im folgenden versucht, wenigstens zu den wesentlichsten Punkten Stellung zu nehmen. Hierbei können die prozessualen und strafrechtlichen Fragen nicht so streng wie bei der Darstellung geschieden werden.

I. Grundsätzliches zur Beibehaltung einer Beteuerung, Formel für die Beteuerung. Strafe für ihre Verletzung. Strafmaß.

Der Gedanke, eine allgemeine Wahrheitspflicht vor Gericht einzuführen, so daß jede Beteuerung wegfiele und jede falsche Aussage strafbar wäre, hat in seiner Klarheit und Einfachheit viel Verlockendes. Praktisch scheint er für uns jedoch nicht durchführbar. Der Übergang von der großen, äußerlich so stark in Erscheinung tretenden Bindung des Eides zu der neuen, formlosen Art, wäre zu plötzlich. Insbesondere aber ist bei generell strafbarer, uneidlicher Aussage, kein annehmbarer Weg zu finden, der es ermöglicht, gewisse Personen zwar zu vernehmen, aber ihre Strafverstrickung zu vermeiden, wie dies bei Nichtabnahme des Eides für bestimmte Personengruppen möglich ist.

Wenn der radikale Vorschlag, jede Beteuerung abzuschaffen, keine Lösung bringt, so scheint der Vorschlag, eine neue Beteuerung einzuführen und daneben den Eid bestehen zu lassen, noch viel weniger annehmbar. Zwar gibt es schon seit Jahrzehnten im deutschen Sprachgebiet eine ähnliche Regelung. So hat der Kanton Basel-Stadt ein Dreistufensystem, nur ohne die Möglichkeit, straffreier Lüge vor Gericht. Er kennt nebeneinander: Strafbare falsche uneidliche Aussage, Handgelübde und Eid, und dort ist man mit dieser Einteilung sehr zufrieden. Der Eid wird fast nie, das Handgelübde selten abgenommen.

Es wäre also doch wohl auch bei uns nicht die vielfach prophezeite, furchtbar demoralisierende Wirkung bei einem Stufensystem zu erwarten.

Aber der Unterschied zwischen unserem Vorschlage und der hier genannten Regelung ist doch groß. Die Basel-Städtische StPO. vom 5. Mai 1862 hat in § 86 als Beteuerungsart*) die zwi-

---

*) Die hierzu im wesentlichen interessierenden Bestimmungen der Strafprozeßordnung (StPO.) und des Strafgesetzbuchs (StGB.) für den Kanton Basel-Stadt lauten:

StPO.

§ 84. Jeder Zeuge wird vor seiner Abhörung aufgefordert, die an ihn gerichteten Fragen der Wahrheit gemäß, niemanden zu Lieb noch zu Leid, zu beantworten und seine Aussagen so abzulegen, daß er dieselben eidlich bekräftigen könne.

Hierauf wird der Zeuge nach Anleitung des § 39 vernommen, wonach er mit dem Angeklagten und anderen Zeugen konfrontiert werden kann.

§ 86. Eid und Handgelübde.

Es ist dem Ermessen des Gerichtspräsidenten überlassen, welchen Zeugen er vor oder nach der Abhörung das Handgelübde abnehmen will; es steht jedoch dem Staatsanwalt, dem Angeklagten und seinem Verteidiger sowie jedem Richter zu, Anträge auf Abnahme des Handgelübdes zu stellen, über die das Gericht entscheidet, wenn der Präsident von sich aus nicht willfahren will.

Bei besonders wichtigen Zeugenaussagen kann das Gericht auf den Antrag einer der genannten Personen dem Zeugen auch den Eid auferlegen, welchem aber eine Eidesbelehrung vorausgehen muß.

StGB. Zehnter Abschnitt.

Meineid, falsches Zeugnis, falsche Anschuldigung.

§ 78. Wer einen ihm von einer öffentlichen Behörde abgenommenen Eid wissentlich falsch schwört, wird wegen Meineides mit Zuchthaus bis zu zehn Jahren bestraft.

Abs. 2 . . . .

Abs. 3 . . . .

schen Eid und uneidlicher Aussage steht, noch eine Form gewählt — und wählen können — („Handgelübde"), die einen patriarchalischen Richter voraussetzt. Die Aufrechterhaltung dieser Form scheint auch bei dem doch immer sehr begrenzten Gebilde eines Schweizer Kantons (auch eine Stadt ist ja dort nicht eine Großstadt, sondern ein einigermaßen geschlossenes, übersehbares Gemeinwesen) möglich. Auf uns und unsere Verhältnisse übertragen, paßt dies nicht. Unser Vorschlag verhält sich zum baslerischen Gebilde wie der „Salon-Tiroler" zum Tiroler. Er versucht aus intellektuellem Gespinst, Unmittelbarkeit zu schaffen. Die ganze Abstufung ist bei uns eine nur gedachte, unorganische, unlebendige Lösung. Die vorgesehene Formel „Versicherung unter Berufung auf die Pflicht zur Wahrheit" ist ganz welt- und volksfremd. Der einfache Mensch, der sie in der Verhandlung zum erstenmal hörte, würde sie kaum verstehen, sicher aber würde er nicht irgendwie ernsthaft von ihr beeindruckt.

Eine eindrucksvolle Form der Bekräftigung muß aber zum Ersatz des Eides gewählt werden. Dabei wird man richtig handeln, wenn man mit der neuen Bekräftigungsform den Eid völlig ersetzt, also eine bürgerliche Bekräftigung an Stelle des Eides, nicht neben ihn, setzt. Man darf sich nicht darüber täuschen, daß der Eid — auch der auf die Formel „ich schwöre es" vereinfachte Eid — heute noch auf einen großen Teil der Zeugen einen so starken Eindruck macht, wie dies zunächst eine, wie immer geartete, bürgerliche Formel nicht kann; daß somit das Aufgeben

---

§ 79. Wer ein Handgelübde an Eidesstatt, das ihm von einer öffentlichen Behörde zur Bekräftigung einer Aussage auferlegt wurde, wissentlich falsch ablegt, ebenso wer nach Ablegung eines Handgelübdes an Eidesstatt oder nach geschehener Hinweisung auf seinen Diensteid wissentlich falsch aussagt, wird mit Zuchthaus bis zu fünf Jahren oder mit Gefängnis nicht unter drei Monaten bestraft.

Abs. 2 . . . .

§ 81. Falsches Zeugnis.

Wer vor einer öffentlichen Behörde als Zeuge, Sachverständiger oder Auskunftsperson wissentlich etwas Unwahres versichert, wird mit Gefängnis bestraft.

Abs. 2 . . . .

des Eides einen wirklichen Verzicht des Staates auf ein vielfach sehr wirksames Druckmittel bedeutet. Die Tatsache aber, daß die Wirksamkeit dieses Mittels so durchaus verschieden ist, je nach der persönlichen Gläubigkeit des Schwörenden, noch mehr aber die Tatsache, daß dies Mittel mit seinem Appell an einen Gottes- oder auch an einen Aberglauben nicht mehr in den Rahmen der Selbstbeschränkung paßt, den sich der Staat heute in religiösen Dingen zieht, läßt es richtig scheinen, der nach Abschaffung des Eides drängenden Entwicklung zu folgen, und gleich nach einer möglichst wirksamen, möglichst starken neuen Bekräftigung zu suchen.

Hierbei wäre der Gedanke zu prüfen, ob man diese neue Bekräftigung von jeder allgemein-ethischen Äußerung frei machen soll; ob man vom Zeugen also, nur eine Erklärung darüber verlangen will, daß er in Kenntnis und im Bewußtsein der strafrechtlichen Folgen seiner Handlung, seine Aussage bekräftige. Es wäre die nüchternste, nackteste, konsequenteste Folge des Verlangens danach, daß der Staat sich zum Prozeßzweck und zur Erzielung wahrheitsgemäßer Aussage nur rein staatlicher Mittel bediente, wenn man vom Zeugen etwa folgende Erklärung forderte:

„Ich nehme eine Zuchthaus- (Gefängnis-) Strafe auf mich, wenn ich die Unwahrheit gesagt oder etwas verschwiegen habe."

Eine solche Formel wäre zudem allgemein verständlich und durchaus eindrucksvoll. Ein Hinweis auf die ethische Verpflichtung zur Wahrheit müßte hierbei in die Belehrung des Richters verlegt werden.

Diese Lösung scheint mir aber nicht vollkommen. Wenn auch der Staat auf den Zeugen nicht einen spezifisch religiösen Gewissensdruck ausüben soll, so scheint es mir nicht nur zulässig, sondern sogar wünschenswert, wenn der Zeuge gehalten ist, eine Erklärung abzugeben, aus der nicht nur die Tatsache seiner möglichen Strafverstrickung — also seine Rechtspflicht zur Wahrheit — hervorgeht, sondern in der auch in feierlicher Form seine sittliche Wahrheitspflicht zum Ausdruck kommt.

In einen Konflikt sittlicher Pflichten kann jeder Mensch in jeder Lebenslage kommen, und es muß dann jedem einzelnen überlassen bleiben, welche er für die höhere ansieht, wie demnach er seine Handlungen einrichtet. Es ist also absolut denkbar, daß man einer als höher erkannten sittlichen Pflicht wegen, im Einzelfall von der Wahrheit abweicht. Dies ist auch bei der Aussage denkbar. Daraus folgt, daß dies Abweichen von der Wahrheit möglicherweise als nicht unmoralisch angesehen werden kann, das heißt, daß sehr wohl Fälle möglich sind, in denen eine unwahre Aussage nichts menschlich odioses hat. Nicht folgt daraus: daß nicht dennoch eine allgemeine menschliche Pflicht zur Wahrheit besteht, von der als Grundlage jedes Gemeinschaftslebens ausgegangen werden muß, und die von allen Menschen, welchem Glauben, welcher Partei, welcher Schicht sie auch angehören, gefordert werden kann. Dabei scheint es erzieherisch richtiger und ehrender für jeden Zeugen, und bedeutet mehr Achtung vor seiner Person, wenn der Richter unterstellt, unterstellen muß und will, daß der Zeuge — auch wenn er zum Beispiel ein eben mit Zuchthaus bestrafter ist — sich seiner menschlichen Wahrheitspflicht bewußt ist.

Es muß daher nach einer Formel für die Bekräftigung gesucht werden, bei der zunächst nicht mit der Individualität des einzelnen Zeugen gerechnet werden kann, sondern von der diejenige Wirkung zu erwarten ist, die eine feierliche, zu allgemeinmenschlichen Verpflichtungen ermahnende Handlung auf den Durchschnittsmenschen ausübt. Denn nicht von dem vielleicht in Konflikte gerissenen, in speziellen oder allgemeinen Hemmungen befangenen, oder dem moralisch minderwertigen Individuum muß ausgegangen werden, sondern von dem anständigen Durchschnittsmenschen. Das ist die schematische Grundlage, die der Staat für jede Gesetzgebung braucht. Auf das Individuum kann und soll *nach* diesem Ausgangspunkt insofern Rücksicht genommen werden, als im Strafprozeß gewisse Einschränkungen gemacht und die strafrechtlichen Bestimmungen entsprechend gemildert werden. Aus dem hier Gesagten ergeben sich folgende *Vorschläge*:

1. Der Eid wird abgeschafft; an seine Stelle tritt regelmäßig eine bürgerliche Beteuerungsformel[1]).

[1]) Die strafrechtlichen Beschlüsse d. 21. Aussch. in 2. Lesg. wollten die Möglichkeit für eine solche Regelung schon eröffnen.

2. Diese Beteuerungsformel lautet:

„Ich versichere auf Ehre und Gewissen, daß ich die reine Wahrheit gesagt und nichts verschwiegen habe[2]).“

3. Die Grundstrafe für die falsche bekräftigte Aussage („W o r t b r u c h“)[3]) ist nicht Zuchthaus, sondern Gefängnis nicht unter 3 Monaten.

In besonders schweren Fällen ist die Strafe Zuchthaus bis zu 10 Jahren[4]).

II. Vor- oder Nacheid.

Wie viel sowohl für die eine wie für die andere Lösung gesagt werden kann, ist in der Arbeit ausführlich dargestellt. Die Einführung des N a c h e i d e s ist für die Durchführung fast

---

[2]) Diese Formel, die durchaus gemeinverständlich ist und jedem zugemutet werden kann, drückt mit der Berufung auf die „Ehre“ nicht schlecht den Einsatz der bürgerlichen Existenz u. damit der rechtl. Verpflichtung, mit dem Appell an das Gewissen, das Bewußtsein der menschlichen Wahrheitspflicht aus. Sie tritt bereits in Schweden, Finnland, Norwegen und Ungarn in besonderen Fällen an Stelle des Eides. Auch Hegler (Eidesreform, S. 54, Anm. 130 a. E.) hält sie für geeignet und führt aus, daß das Wort „Gewissen“ eben doch nicht bloß eine spezifisch religiös-ethische, sondern eine allgemein ethische Bedeutung habe.

[3]) Gegen den hier neu vorgeschlagenen Namen Wortbruch sprechen insofern Bedenken, als man üblicherweise unter dieser Bezeichnung nur ein Handeln gegen ein gegebenes Wort versteht. Insofern scheint die Bezeichnung in der heute geläufigen Auffassung nur auf den Fall der Bekräftigung vor der Aussage zu passen. Sie ist aber kräftig und einprägsam und darum geeignet, an Stelle des Begriffs des Meineides zu treten. Begrifflich scheint es auch zu rechtfertigen, wenn man eine auf eine falsche Aussage folgende Beteuerung als ein im Moment der Abgabe schon gebrochenes Wort bezeichnet. Sachlich aber scheint die Möglichkeit der Einbürgerung des Wortes unter seinem neuen Begriff größer als z. B. „Falsche Beteuerung“. Man muß sich nur vorstellen, was populärer wirkt, wenn es künftig heißt: Er (Sie) ist wegen falscher Beteuerung, oder: ist wegen Wortbruches bestraft.

[4]) Bei Festsetzung der Grundstrafe kann und sollte die Tatsache, daß diese Straftat vielfach aus menschlich achtbaren Motiven geschieht, berücksichtigt werden. Die Zuchthausstrafe ist daneben nötig und möglich. Es entspricht auch mehr dem ganzen System unseres künftigen Gesetzes, die leichtere Strafe zur Grundstrafe zu machen.

aller Reformpunkte praktisch nötig. Damit ist die Entscheidung für diese Neuerung gefallen, und es erübrigt sich die Diskussion zu dieser, sonst durchaus nicht diskussionslos zu bejahenden Frage.

III. Verzicht und Bagatellsachen.

Es ist durchaus wünschenswert, daß die Möglichkeit geschaffen wird, die Abnahme der Bekräftigung dann zu unterlassen, wenn die Parteien auf sie verzichten. Durch diese Bestimmung kann manche unnötige Beteuerung erspart bleiben. Dabei scheint es sachlich zweckmäßig, den Bedenken, daß diese Bestimmung in Abweichung von strafprozessualen Prinzipien dem Parteibetrieb näher rückt, dadurch Rechnung zu tragen, daß die Abnahme der Bekräftigung, wenn die Beteiligten auf sie verzichten, nicht unzulässig sein, sondern im Ermessen des Gerichts stehen soll.

Es wäre aber sehr zu erwägen, ob die durch den Verzicht geschaffenen großen neuen Möglichkeiten für das Unterbleiben der Beteuerung nicht durchaus ausreichen, um auch in den Verfahren wegen Übertretungen und im Privatklageverfahren die Abnahme der Bekräftigung genügend einzuschränken. Dies insbesondere dann, wenn man im Privatklageverfahren die Bekräftigung von Aussagen der Angehörigen des Privat**klägers** dem richterlichen Ermessen überließe oder vielleicht noch richtiger, wenn man die Angehörigen des Privatklägers bezüglich Aussage und Bekräftigungsverweigerungsrecht genau so stellte, wie die Angehörigen des Privatbeklagten.

Eine darüber hinausgehende Einschränkung, wie sie vorgesehen ist (Beeidigung nur, wenn sie das Gericht zur Herbeiführung einer wahrheitsgemäßen Äußerung für notwendig erachtet[5]), birgt die große Gefahr in sich, daß aus dem Wunsche, der Person des Zeugen genügend Rücksicht entgegenzubringen, die Interessen des Angeklagten und die des Privatklägers ungenügend gewahrt werden. Man weiß aus der Praxis, wie wenig tatsächlichen Schutz diejenigen Rechtsgüter genießen, die nur auf

---

[5]) Vgl. 21. Aussch., 137. Sitzg., Richtlinien, S. 9.

dem Wege der Privatklage geschützt werden können, und es scheint mehr als bedenklich, die Wahrheitsermittlung in diesen Fällen durch regelmäßigen Wegfall des einzigen Druckmittels noch zu gefährden.

IV. Wegfall der Bekräftigung wegen Unglaubwürdigkeit.

Die Bestimmung, auf Grund deren das Gericht nach seinem Ermessen von der Abnahme der Bekräftigung absehen kann, „wenn die Aussage nach der Überzeugung aller Mitglieder des Gerichts offenbar unglaubhaft ist“[6]), enthält mehr Gefahren als Vorzüge. Der Angriff auf die Person des Zeugen, der Versuch, den Aussagenden als unglaubwürdigen Menschen, und damit seine Sachdarstellung als unglaubhaft, zu charakterisieren, ist schon heute eines der unerquicklichsten und beliebtesten Mittel, deren sich Staatsanwaltschaft und Verteidiger — je nachdem es sich um einen Be- oder Entlastungszeugen handelt — bedienen. Wie viel mehr wird das der Fall sein, wenn die Möglichkeit besteht, eine unerwünschte Zeugenaussage faktisch sichtbar aus den weiteren Erwägungen des Gerichts dadurch auszuschalten, daß sie schon vor Abschluß der Verhandlung durch Gerichtsbeschluß als „offenbar unglaubwürdig“ gekennzeichnet wird. Man stelle sich vor, zu welchen persönlichen Angriffen in allen Prozessen, insbesondere aber bei Strafsachen, in denen besondere persönliche Leidenschaften erregt sind, wie z. B. bei politischen Prozessen, eine solche Bestimmung führen kann. — Dazu kommen, von der Richterseite aus gesehen, die Bedenken, daß ja einerseits gerade durch das Druckmittel der Bekräftigung der Zeuge noch zur Umkehr von der unrichtigen Aussage angehalten werden soll, und daß die Gefahr besteht, daß der Zeuge seine Aussage offenbar unglaubhaft einrichtet, um der Abnahme der Bekräftigung zu entgehen; daß weiter anderseits vor Abschluß der Verhandlung die Überzeugung davon, ob die Aussage wirklich offenbar unglaubhaft ist, noch gar nicht mit absoluter Sicherheit feststehen kann oder sollte.

---

[6]) § 62, Nr. 3, E. eines Ei. G., u. 21. Aussch., 137. Sitzg., Richtlinien, S. 9 f.

Gegenüber diesen Gefahren scheint der Gewinn, den die neue Bestimmung bringen würde, gering. Unter Herrschaft des geltenden Strafgesetzes, wo jeder Meineid — abgesehen von ganz besonderen Fällen— mit einer Zuchthausstrafe belegt werden muß, ist es natürlich, daß man nach Wegen sucht, um zu erreichen, daß die schwere Strafe nicht in unbillig scheinenden Fällen verwirkt wird. So wollte man mit der vorgeschlagenen Bestimmung versuchen, unnötiger Strafverstrickung entgegen zu wirken. Man hat hierbei namentlich an die Fälle gedacht, bei denen ein Zeuge, auf den das Zeugnisverweigerungsrecht nicht paßt, aus irgendwelchen Konflikten nicht anders als falsch aussagen kann, der Richter die Situation erkennt und dennoch die Beteuerung abnehmen muß. Unter der Herrschaft des alten Gesetzes wäre es wohl zu erwägen, ob man für diese schwierigen — wenn auch relativ nicht allzu häufigen — Fälle, eine besondere Bestimmung schaffen müßte. Auch dann wäre noch recht zweifelhaft, ob die vorgeschlagene Bestimmung mit ihren Gefahren des Mißbrauchs hierfür die richtige Lösung gebracht hätte.

Bei der neu vorgesehenen strafgesetzlichen Regelung, wo für die wissentlich falsche Bekräftigung als Grundstrafe Gefängnis und generell die Anwendbarkeit mildernder Umstände gegeben ist, scheint die Möglichkeit einer milden strafrechtlichen Behandlung dieser Fälle so groß, daß es der detaillierten, gefährlichen vorgeschlagenen prozessualen Sonderregelung nicht bedarf.

V. Wegfall der Bekräftigung wegen Unerheblichkeit der Aussage. Strafbarkeit unerheblicher falscher Aussagen.

Das unbefriedigende Ergebnis zahlreicher Meineidsprozesse: schwere Freiheitsstrafe für eine falsche Aussage, die für den Ausgang der Sache in der die Angabe gemacht wurde völlig gleichgültig war, hat dazu geführt, diesem Erfolg durch Reformvorschläge sowohl auf strafrechtlichem als auf strafprozessualem Gebiet entgegen zu arbeiten. Auch hier wäre mit der Neuerung in beiden Gesetzen zu viel getan, auch hier scheint der prozessuale Vorschlag bedenklich, gefährlich und neben der strafrechtlichen, begrüßenswerten Neuerung überflüssig.

Bei der verfahrensrechtlichen Reform ist vorgesehen, daß die Abnahme der Bekräftigung dann unterbleiben muß: wenn nach der Überzeugung aller Mitglieder des Gerichts die Aussage unerheblich und der Zeuge auch nicht in der Lage ist, erhebliches zu bekunden[7]); und darüber hinaus ist geplant das Gericht zu ermächtigen nach seinem Ermessen von der Beeidigung von Zeugen abzusehen „bei Aussagen, die für die Entscheidigung der Sache nur von untergeordneter Bedeutung sind[8])."

Gegen die Bestimmung sprechen die bekannten Bedenken, daß dem Gericht selten eine Grundlage dafür gegeben ist, zu wissen, ob der Zeuge nicht doch Erhebliches bekunden kann, daß es weiter gar nicht wünschenswert ist, wenn das Gericht sich vor Abschluß der Verhandlung eine ausgesprochene Meinung darüber bilden muß, welche Aussagen zur Sache vielleicht unerheblich sind, und daß schließlich die Gefahr besteht, daß der Zeuge seine Aussage unerheblich scheinen läßt, um der Abgabe der Bekräftigung zu entgehen.

Was aber für die Bestimmung spricht, scheint auf anderem, schon ohnehin begangenem Wege, erreichbar.

Die hier vorgeschlagene Nichtabnahme der Bekräftigung kann ja nur die Fälle umfassen, wo die gesamte Aussage unerheblich oder von untergeordneter Bedeutung ist. In diesen Fällen kann aber im Prozeß das gleiche Ergebnis voraussichtlich häufig schon durch die neue Bestimmung über den Verzicht auf die Beteuerung erreicht werden. Wenigstens ist nicht einzusehen, warum bei solch sichtbarer Unerheblichkeit oder Unbedeutendheit der Aussage, bei vernünftiger Prozeßleitung — die auch für die vorgeschlagene Neuerung Grundbedingung wäre — die Beteiligten auf der Abnahme der Bekräftigung in diesen Fällen bestehen sollten. Der Erfolg kann also erreicht werden, ohne daß es einer Bestimmung bedarf, die eine umständliche und bedenkliche, verfrühte Festlegung des Gerichts hinsichtlich des Wertes einer Aussage bedeutet. Wo aber wirklich die Beteiligten hart-

---

[7]) Vgl. E. eines Ei. G., § 61, Nr. 4, u. 21. Aussch., 137. Sitzg., Richtlinien, S. 9, B 1.

[8]) Vgl. 21. Aussch., 137. Sitzg., Richtlinien, S. 9, B 2 d.

näckig und unsachgemäß auf der Bekräftigung einer unwesentlichen falschen Aussage bestehen sollten, hilft die empfehlenswerte strafrechtliche Neuerung unbillige Folgen abzuwenden. Die neue strafrechtliche Regelung sieht vor, daß das Gericht dann die Strafe nach freiem Ermessen mildern oder von Strafe absehen kann, wenn die Unrichtigkeit für die Sache ohne jede Bedeutung ist[9]).

Durch diese neue Bestimmung wird nicht nur die Möglichkeit geschaffen, bei Aussagen, die in ihrer Gesamtheit unbedeutend aber unrichtig sind, von Strafe abzusehen, sondern was besonders wichtig scheint, hierdurch wird wirklich die Möglichkeit eröffnet, einen Zeugen, der auf nicht zur Sache gehörige indiskrete Fragen über sein Privatleben ausweichend oder auch unrichtig antwortet, vor unnötiger Strafe zu schützen.

Diese Möglichkeit ist auch noch auf anderem Wege gegeben, wenn für den „Wortbruch" Gefängnis als Grundstrafe festgesetzt wird. Dann kann, da es sich um ein Vergehen handelt, nach § 153, Abs. 2, StPO. — der nach dem Entwurf eines Einführungsgesetzes noch weiter gefaßt werden soll — in solchen Fällen schon von Erhebung der öffentlichen Klage abgesehen werden.

Unter diesen Gesichtspunkten scheint es auch nicht nötig, die Angaben des Zeugen zur Person von der Bekräftigung auszunehmen, da doch immer ein gewisses Risiko besteht, daß in diesem Falle Nichtgeladene an Stelle des Geladenen auftreten und mit gutem Gewissen „unerhebliche Aussagen" machen.

VI. Der fahrlässige Falscheid und die Erkundigungspflicht des Zeugen.

Wenn man bedenkt, welche Gefahren der Denunziation, welche Möglichkeiten der unberechtigten Anklage, der unberechtigten Verurteilung, welche Schwierigkeiten der sicheren Feststellung selbst im Falle sehr begründet scheinender Vermutung die Bestimmung über die Strafbarkeit des fahrlässigen Falscheides mit sich bringt, wenn man weiter an sich selbst und

---

[9]) Vgl. Aussch., 1929, § 183 a, Abs. 3, u. 1930, § 186 b.

an anderen immer wieder beobachten muß, wie sehr verschieden allein das tatsächliche Erinnerungsbild von ein und derselben Sache — auch bei gewissenhafter Überlegung — aussieht, und wie sich dies noch mit der Zeit und durch Ereignisse neu verschiebt, so wünscht man, die Bestimmung werde sobald als möglich ganz abgeschafft. Wenn man aber dann versucht, sich vorzustellen, wie die Abschaffung in der Praxis wirken würde, so kommen wieder ernste Bedenken.

Es würde wohl die Möglichkeit ausgeschlossen, in den Fällen eine unberechtigte Verdachtsstrafe auszusprechen, bei denen bisher Meineid angenommen aber nicht nachgewiesen werden konnte, und wo es dann „immerhin noch zur Verurteilung wegen fahrlässigen Falscheides gelangt" hat. Der Zeuge würde auch vor vielen, und insbesondere vor vielen unnötigen Unannehmlichkeiten bewahrt, die Menge der Anzeigen, die Menge der Strafprozesse, die Menge der Fehlurteile, die sich auf Grund seiner Aussage gegen den Zeugen richten können, würde bedeutend eingeschränkt.

Dem gegenüber würde aber die Gefahr eines Fehlurteils im Strafprozeß, in dem die unbedrohte Aussage gemacht wird, vergrößert. Gerade weil es so schwierig ist, objektiv richtige Aussagen zu bekommen, scheinen Mittel unentbehrlich, die zum mindesten die Wahrscheinlichkeit vergrößern, daß der Zeuge sich subjektiv bemüht, so richtig als möglich auszusagen. Wenn aber bekannt ist, daß man straflos, auch unter Beteuerung unrichtig aussagen kann, sofern nur die Aussage nicht wissentlich unwahr ist, entfällt ganz gewiß für eine ganze Kategorie von Zeugen das Moment, das sie sonst veranlaßt, ihre Erinnerung gründlich zu prüfen und auch im Moment der Aussage nicht leichtfertig darauf los zu reden.

Auch wenn sich alle Richter immer bewußt wären, wie zweifelhaft der Wert von Zeugenaussagen wegen der vielen Fehlerquellen ist — bei der Ausbildung künftiger Richter müßte der Blick hierfür besonders geschärft werden —, bleibt doch die Tatsache bestehen, daß Zeugenaussagen im Strafprozeß das wichtigste, ja häufig das einzige Mittel zur Wahrheitsermittlung sind.

Aus diesen widersprechenden Erkenntnissen folgt, daß kein Weg bei der Behandlung der Frage über Beibehaltung oder Abschaffung des fahrlässigen Falscheides eine ideale Lösung bringen wird, daß es sich hier vielmehr nur darum handeln kann, von zwei Übeln das geringere zu wählen.

Die Bestimmung in ihrer heute gültigen Fassung ist aus allen angeführten Gründen so unbefriedigend, daß ihre Abschaffung, trotz aller Bedenken zu empfehlen ist.

Dagegen scheint der vielfach geäußerte Wunsch, die Bestimmung in der Form aufrecht zu erhalten, daß zwar nicht jede fahrlässige falsche Aussage wohl aber grob fahrlässige Falscheide (resp. grob fahrlässiger Wortbruch) unter Strafdrohung stehen solle, verständlich. Hierbei ist der Versuch gemacht, einer allzuweiten Ausdehnung des Begriffs der Fahrlässigkeit entgegen zu wirken, und im Vertrauen auf eine einsichtige richterliche Behandlung doch diejenigen Fälle zu erfassen, wo der Zeuge verantwortungslos vor Gericht unüberprüfte Äußerungen getan hat. Es sind in der Tat Fälle denkbar, bei denen ohne jegliche ernsthafte Sachprüfung Zeugen leichthin gutgläubig und unvorsichtig Dinge behaupten, die sie bei näherer Prüfung niemals aufrecht erhalten würden, und der Gedanke, daß solche Aussagen unter Umständen ernste Folgen für den Angeklagten haben können, ohne daß der Zeuge zur Verantwortung gezogen werden kann, ist nicht befriedigend. Hier würde die Strafbestimmung gegen den grobfahrlässigen Wortbruch helfen. Diese Bestimmung trüge aber die meisten der Gefahrenmomente wieder in sich, die gegen die Bestimmung über den fahrlässigen Falscheid überhaupt sprechen. Sie bringt kein konkretes Kriterium dafür, was nun im einzelnen unter „grober Fahrlässigkeit" zu verstehen ist.

Diesen Vorzug eines fest bestimmbaren Kriteriums hat aber die neu vorgesehene Bestimmung über die Verletzung der Erkundigungspflicht. Wenn auch hierin wieder nicht eine vollkommene Lösung des Problems liegt — daß diese nicht gefunden werden kann, liegt, wie ausgeführt, in der Natur der Sache —, so ist doch dieser Vorschlag von allen bisher vorgebrachten am ehesten zu empfehlen.

Die Fälle, in denen unzulängliche Nachprüfung äußerer Vorgänge zur falschen Aussage geführt hat, werden durch die neue Bestimmung im wesentlichen erfaßt. Nicht erfaßt werden dagegen die Fälle, wo während der Verhandlung neu gestellte Fragen leichtfertig falsch beantwortet werden. Gegen solche Leichtfertigkeit muß aber dann eine gute und eindringliche Vernehmung schützen, bei der dem Richter immer der Hinweis auf den Ernst einer Aussage und die dringende Ermahnung zur Wahrheit möglich ist.

So liegt letzten Endes auch für diese, wie für alle hier behandelten Fragen das entscheidende Moment weniger bei einzelnen Formeln und Klauseln als bei der guten Durchbildung und Auswahl des deutschen Richters.

Lebenslauf.

Am 18. Mai 1898 wurde ich, Friederike Margarethe genannt Margrit Boehringer als Tochter des Rechtsanwalts Dr. Daniel Loeb und seiner Ehefrau Berta geborenen Loeb in Darmstadt geboren. Ich besitze die badische und die württembergische Staatsangehörigkeit. Bis zu meinem 16. Jahre besuchte ich in Darmstadt ein privates Lyzeum, führte im Kriege den väterlichen Haushalt und bestand im Frühjahr 1919 am Realgymnasium die Maturitätsprüfung als Externe.

Das Studium der Rechtswissenschaft habe ich 1919 an der Universität Frankfurt a. M. begonnen und 1920 unterbrochen. Nach meiner Verheiratung war ich im Winter 1920 an der Universität München, im Sommer 1921 in Basel immatrikuliert. Seit dem Wintersemester 1921 besuchte ich die Universität Freiburg i. B. bis zur Ablegung meiner ersten juristischen Staatsprüfung im Herbst 1924. Nach Beendigung meiner Vorbereitungszeit bestand ich im Herbst 1927 die zweite juristische Staatsprüfung in Karlsruhe und wurde zum badischen Gerichtsassessor ernannt.

Im Wintersemester 1928/29 und im Sommersemester 1929 studierte ich nochmals Rechtswissenschaft an der Universität Heidelberg.

FSC
www.fsc.org
MIX
Papier | Fördert
gute Waldnutzung
FSC® C083411

Kolibri 360 GmbH
Ferdinand-Jühlke-Straße 7
99095 Erfurt, Deutschland
produktsicherheit@kolibri360.de